Jürgen Engel

MIT DEM WOHNMOBIL IN DIE BRETAGNE

Die Anleitung für einen Erlebnisurlaub

DER WOHNMOBIL-VERLAG
D-98634 Mittelsdorf/Rhön

Bibliografische Information der Deutschen Bibliothek

Die Deutsche Bibliothek verzeichnet diese Publikation in der Deutschen Nationalbibliografie.
Detaillierte bibliografische Daten sind im Internet über <http://dnb.ddb.de> abrufbar.

Titelbild: Die Alignements von Kermario,
Zeugen einer Jahrtausende alten Kultur

2. Auflage 2004

Fotos:
Margit Engel: Seite 37, 40, 67, 68, 100, 106, 138, 176 oben, 185 beide, 186 oben
Manfred Steinhauer: Seite 22, 24 beide, 38, 96, 177
Alle übrigen Fotos und die Landkarten vom Autor

Druck:
Wilhelm & Adam GmbH, 63150 Heusenstamm

Vertrieb:
GeoCenter, 70565 Stuttgart

Herausgeber:
WOMO-Verlag, 98634 Mittelsdorf
Position: N 50° 36.696'; E 10° 08.010'
Fon: 0049 (0) 36946-20691
Fax: 0049 (0) 36946-20692
eMail: verlag@womo.de
Internet: www.womo.de

Autoren-eMail: Engel@womo.de

ISBN 3-928840-60-6

EINLADUNG

Pierres et Calvaires – Steine und Kalvarienberge, das sind die ersten Gedanken bei der Erinnerung an die Bretagne.

Aber auch mittelalterliche Städte fallen mir ein, aussichtsreiche Wanderwege entlang der Küste und im Landesinneren, undurchdringliche Wälder, in denen man auf Schritt und Tritt Asterix, Obelix und seinen Wildschweinen zu begegnen glaubt. Versteckte Badebuchten gilt es zu entdecken und malerische Dörfer mit strohgedeckten Häusern.

Traditionsbewusste Menschen werden Sie treffen, die noch ihre Trachten tragen, bei deren Festen stets das "Bretonische", das "Keltische" im Vordergrund steht.

Die Feinschmecker werden verwöhnt mit Gerichten, zu denen das Meer die frischen Zutaten liefert.

Folgen Sie mit diesem Buch den Spuren von Jürgen Engel und seiner Familie in ein Urlaubsgebiet besonderer Art; erleben Sie die westlichste Halbinsel Frankreichs, deren Bewohner nie richtige Franzosen wurden, sondern stets ihre Eigenständigkeit bewahrten.

Ihre

Waltraud Roth-Schulz

Waltraud Roth-Schulz

Sehr geehrter Leser, lieber WOMO-Freund!

Reiseführer sind für einen gelungenen Urlaub unverzichtbar – das beweisen Sie mit dem Kauf dieses Büchleins. Aber aktuelle Informationen altern schnell und ein veralteter Reiseführer macht wenig Freude.
Sie können helfen, Aktualität und Qualität dieses Buches zu verbessern, indem Sie uns nach Ihrer Reise mitteilen, welchen unserer Empfehlungen Sie gefolgt sind (freie Stellplätze, Campingplätze, Wanderungen, Gaststätten usw.) und uns darüber berichten (auch wenn sich gegenüber unseren Beschreibungen nichts geändert hat).
Bitte füllen Sie schon während Ihrer Reise das Info-Blatt am Buchende aus!

Als Dank für Ihre Mühe wird Sie unser Verlag stets über alle Neuerscheinungen informieren.
Außerdem gewähren wir Ihnen bei Bestellungen direkt beim Verlag (mit beigefügtem, ausgefülltem Info-Blatt) ein Info-Honorar von 10%.

INHALT

Zeichenerklärung für die Tourenkarten

Tourenstraßen / abseits der Touren	Kirche, Kloster
Autobahn (Gebühr)	Burg, Schloss, Ruine
4-spurige Straße	Berggipfel
Hauptstraße	Ausgrabungsstätte
Nebenstraße	Sehenswürdigkeiten
Schotterstraße	Aussicht, Rundsicht
Wanderweg	Trinkwasser, Dusche
S WOMO-Stellplatz	VE Ver-/Entsorgung
geeignet für freie Übernachtungen	WC Toilette
W P B Wander-, Picknick-, Badeplatz	C Campingplatz
W P B geeignet für freie Übernachtungen	Megalith

Anleitung für den Erlebnisurlaub

Sie haben sich also entschlossen, mit Ihrem Wohnmobil in die BRETAGNE zu fahren! Ich kann Ihnen zu dieser Entscheidung nur gratulieren. Sie werden einer vorgeschichtlichen heidnischen Megalithkultur ebenso begegnen wie großartigen Pfarrbezirken mit wunderbaren Kirchen und Calvaires, die von einer tiefen Religiosität ihrer Erbauer zeugen. Das Schönste dieser Gegend ist in meinen Augen jedoch die wilde, unbezähmbare Natur. Viele Gesichter hat dieser rauhe, vom Meer umschlungene Landzipfel. In Armor und Argoat teilen die Bretonen ihr Land ein: In das Land am Meer und das Waldland. Und meist ist es das „Land am Meer", das die Wohnmobilfahrer anzieht. Grund dafür sind die zerklüfteten Küsten deren Charakter sich fast hinter jeder Landzunge ändert. Nicht weniger interessant ist jedoch das Landesinnere mit seinen undurchdringlich erscheinenden Wäldern und seinen melancholischen Heidelandschaften.

Dass der äußerste Westen FRANKREICHS bei Reisemobilisten immer beliebter wird, kann man kaum noch leugnen und wird Ihnen überdeutlich vor Augen geführt, wenn Sie im Juli und August reisen. Die Bretonen reagieren auf diesen Zuspruch aber nicht mit Sperrungen von Parkplätzen, sondern bauen ihr Versorgungssystem für Reisemobile zügig aus. Sie haben jetzt die dritte Überarbeitung meines Reiseführers vor sich liegen und ich kann selbst nur darüber staunen, dass sich die Anzahl der Ver- und Entsorgungsstationen gegenüber der ersten Auflage von 1992 vervielfacht hat. Der Trend ist jedoch eindeutig: Wir Wohnmobilisten werden gezielt auf ausgewiesene Plätze verwiesen. Eine einsame Übernachtung, nur von Meer und Dünen umgeben, ist in den touristisch erschlossenen Gebieten - im Gegensatz zum Landesinnern - kaum noch möglich. Ein freundlicher Polizist wird Sie spätestens am späten Abend auf den nächsten Stellplatz hinweisen. Diese Plätze sind allerdings in ihrer Qualität sehr unterschiedlich. Teilweise stehen Sie dort auf einem Rasenterrain und brauchen nur 20 Meter zum Meer zu gehen, teilweise sind Sie jedoch auch von 100 Wohnmobilen umgeben und haben nur eine Nationalstraße in unmittelbarer Umgebung. Ich werde jeden von mir erwähnten Stellplatz daher kommentieren. Mit vielen Wohnmobilisten habe ich mich auch unterhalten und festgestellt, dass es viele Fahrer gibt, die sich in einer großen Gruppe Gleichgesinnter sehr wohlfühlen. Sie können daher schon beim Lesen den WOMO-Tipps entnehmen, ob dieser oder jener Stellplatz ihren Wünschen entspricht oder nicht.

Kennengelernt haben wir die BRETAGNE im Sommer, auf einem kurzen Abstecher auf der Heimreise von der südlichen

Atlantikküste. Liebengelernt jedoch haben wir sie im Winter, im Herbst und im Frühjahr. Natürlich weiß ich, dass viele meiner Leser nur in der Ferienzeit verreisen können. Damit Sie auch in der Hauptsaison einen stressfreien Urlaub verbringen können, habe ich diesen Führer geschrieben. Es entfällt für Sie das allabendliche Problem einen Stellplatz zu finden, denn ich habe bei jeder Tour Übernachtungsplätze in die Karten eingezeichnet. Sie brauchen auch nicht verzweifelt mit einem leeren Wasserkanister suchend in der Gegend herumzufahren, weil in den Karten auch die Trinkwasserstellen markiert sind. Sie können sich also ganz auf Ihren Urlaub konzentrieren.

Damit Sie nicht an den schönsten Plätzen vorbeifahren, beschreibe ich auf den folgenden Seiten in 16 Touren die großen und kleinen Sehenswürdigkeiten der bretonischen Halbinsel. Da sind weltberühmte Attraktionen wie zum Beispiel der MONT SAINT-MICHEL oder die Alignements von CARNAC. Da sind aber auch Kleinode, die Sie nur in wenigen Reiseführern finden, wie das Kirchlein in TRÉHORENTEUC.

Kommen Sie jedoch bitte nicht auf die Idee, allen Touren zu folgen, wenn Sie nicht mindestens vier Wochen Zeit haben. In Wahrheit haben wir die Reise, so wie sie hier beschrieben ist, gar nicht gemacht. Es ist vielmehr eine fiktive Route, die durch die Erfahrungen, die wir bei weit über 20 Besuchen in der BRETAGNE gesammelt haben, entstanden ist. Mit „wir“ meine ich meine Frau und unsere beiden Kinder, die Ihnen auf den folgenden Seiten noch öfter begegnen werden. Vierzehn Tage Zeit sollten Sie mindestens mitbringen, da Sie für die Anreise in der Regel zwei Tage benötigen. Stellen Sie sich dann Ihre persönliche Route anhand der Übersichtskarte auf der dritten Umschlagseite zusammen. Die einzelnen Touren stellen keine Tagesetappen dar, denn ich kann nicht wissen, was für Sie besonders interessant und wichtig ist. Der Wanderfreund mag mehrere Tage in HUELGOAT oder PAIMPONT verbringen, während der Kulturliebhaber statt dessen längere Zeit bei den berühmten Calvaires verweilt. Um Ihnen bei der Planung etwas behilflich zu sein, gebe ich Ihnen jetzt zu einigen Stichwörtern die Nummern der Touren an, die dafür besonders empfehlenswert sind.

Wandern .... Tour 4, 5, 15,16
Sehenswerte Städte .... Tour 1, 11, 13,16
Beeindruckende Küsten .... Tour 2 - 4, 7 - 10, 12
Kirchen und Calvaires .... Tour 3, 5, 6, 9, 10, 15
Dolmen und Menhire .... Tour 4, 8, 12, 13

Im zweiten Teil dieses Reiseführers finden Sie Tipps und Tricks für einen Wohnmobilurlaub in der BRETAGNE. Dort können

Sie auch die wichtigsten Daten aus der Geschichte des Landes nachlesen. Erklärungen zu den bretonischen Pfarrbezirken und zu den Megalithen habe ich ebenfalls im zweiten Teil untergebracht. Wenn Sie noch nie in der BRETAGNE waren und dazu noch Wohnmobilneuling sind, empfehle ich Ihnen, diesen Teil zuerst einmal durchzublättern und die Kapitel die Sie interessieren zu lesen. Aber auch „Alte Hasen“ sollten von Zeit zu Zeit bei bestimmten Stichwörtern nachschlagen, weil ich in den Tourenbeschreibungen die Kenntnis der wichtigsten Fakten des allgemeinen Teils voraussetzen muss, um mich nicht allzu oft zu wiederholen.

Es schließt sich dann ein dritter Teil an, den ich „Service-Teil“ genannt habe. Sie finden dort eine Packliste, eine Übersicht über kleine und große Feste und was Sie sonst noch an Informationen für einen gelungenen Urlaub brauchen.

Sie werden bei den einzelnen Touren auch Preisangaben finden. Sie sind auf dem Stand vom Sommer / Herbst 2003. Betrachten Sie sie als grobe Anhaltspunkte. Wenn Stellplätze gebührenpflichtig sind, habe ich sie in Kategorien eingeteilt. Dabei spreche ich von einer „geringen Gebühr“, wenn nicht mehr als 3 € verlangt werden. Bei Preisen um 5 € ist von einer „mittleren Gebühr“ die Rede. Eine „hohe Gebühr“ liegt deutlich über 8 €.

Bei meinen letzten Fahrten in die BRETAGNE habe ich mein Manuskript zur Neuauflage dieses Buches noch einmal überprüft und korrigiert. Obwohl ich mir große Mühe bei der Zusammenstellung dieses Büchleins gemacht habe, kann ich natürlich nicht garantieren, dass Sie alles so vorfinden werden, wie es hier beschrieben ist. Weder der Verlag noch ich können garantieren, dass das Übernachten auf allen angegebenen Plätzen auch weiterhin erlaubt ist. Ich will Sie jedoch nicht schon vor Beginn Ihrer Reise abschrecken: Wir hatten bei über 300 Übernachtungen noch nie Probleme. Da ich natürlich auch für Kritik ein offenes Ohr habe, schreibe ich Ihnen hier meine Adresse auf:

Jürgen Engel, Turnerstr. 2, 67685 Weilerbach
Fax 06374/4428, eMail: Engel@Womo.de

Sie können sich jedoch auch direkt an den Verlag wenden. Dessen Adresse finden Sie auf Seite 2. Ich wünsche Ihnen viel Spaß beim Schmökern und stets eine unfallfreie Fahrt. Vielleicht entdecken Sie auch Ihre Liebe zur BRETAGNE und werden, wie wir, immer wieder hinfahren.

Bis dahin

Kénavo.

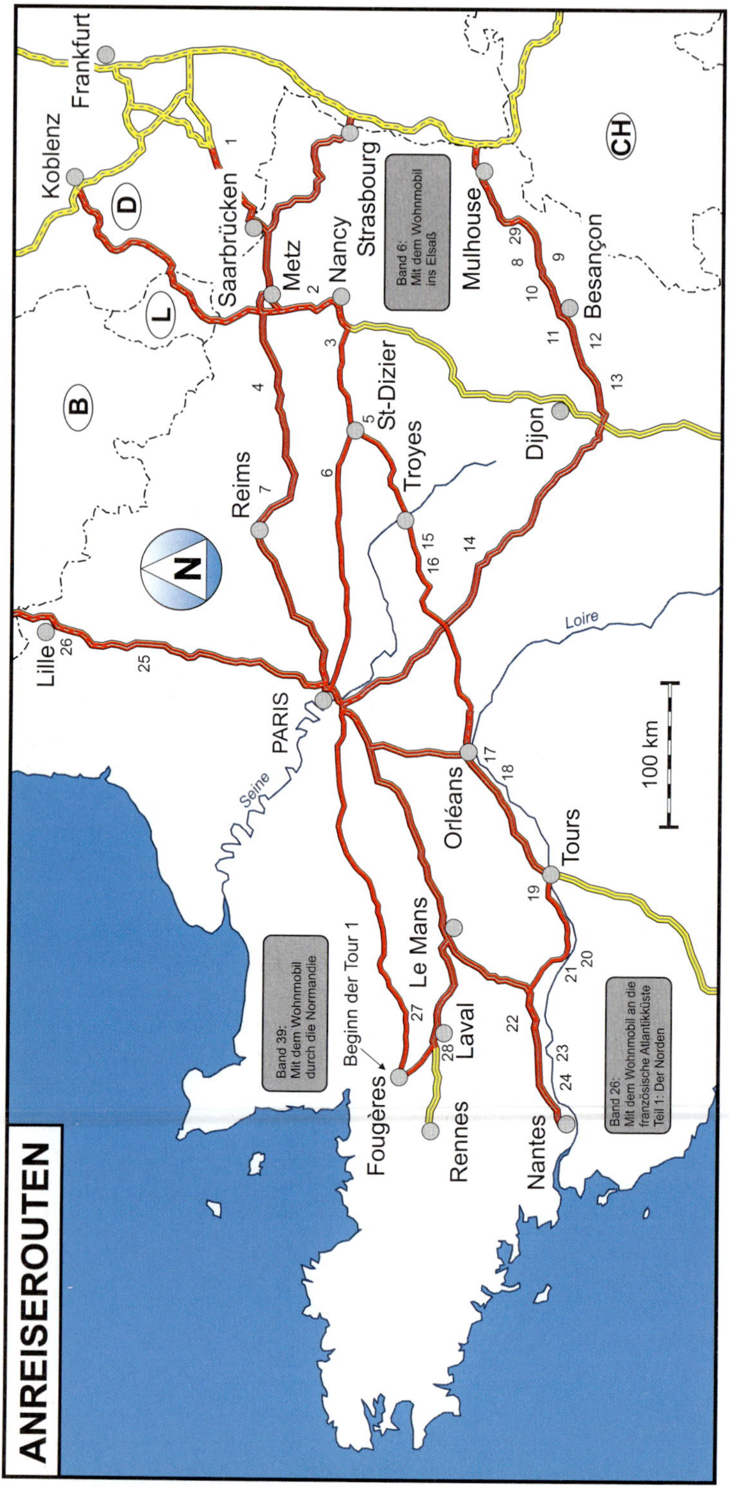

ANREISEROUTEN
Koblenz
Frankfurt
Saarbrücken
Metz
Nancy
Strasbourg
Mulhouse
Besançon
Dijon
St-Dizier
Troyes
Reims
Lille
PARIS
Seine
Loire
Orléans
Tours
Le Mans
Laval
Fougères
Rennes
Nantes
D
L
B
CH
N
100 km
Beginn der Tour 1
Band 6: Mit dem Wohnmobil ins Elsaß
Band 39: Mit dem Wohnmobil durch die Normandie
Band 26: Mit dem Wohnmobil an die französische Atlantikküste Teil 1: Der Norden
1
2
3
4
5
6
7
8
9
10
11
12
13
14
15
16
17
18
19
20
21
22
23
24
25
26
27
28
29

An- und Rückreisereiserouten

Vor Ihren BRETAGNE-Urlaub haben die Götter die Anreise gesetzt. In unserem Fall ist das eine Strecke von circa 800 - 900 Kilometer durch FRANKREICH. Hinzu kommt der Weg bis zur Französischen Grenze. Ich gehe einmal davon aus, dass Sie sich bereits eine Straßenkarte unseres Nachbarlandes gekauft haben. Sie werden dann beim Kartenstudium sehr schnell feststellen, dass alle Wege über PARIS führen. Sie können jetzt tief Luft holen und die Strecke einfach hinnehmen oder aber, wie wir das machen, die Anfahrt bereits in den Urlaub mit einbeziehen. Auf der Hinfahrt ein, zwei Tage in PARIS, auf dem Rückweg an der *Loire* entlang, und schon hat die Strecke ihren Schrecken verloren. Selbst wenn Sie kein Problem damit haben, stundenlang am Steuer zu sitzen, fragen Sie mal Ihre Kinder...

Aber der Reihe nach: Wenn für Sie eine Anreise über BELGIEN in Frage kommt, kann ich nur wenig mit Tipps weiterhelfen. Ich selbst wohne im Südwesten Deutschlands. Folglich benutze ich normalerweise den Grenzübergang SAARBRÜCKEN. Aus meiner Erfahrung von anderen Frankreich-Urlauben kann ich jedoch auch Hinweise auf Übernachtungsplätze und Entsorgungsstationen zwischen MULHOUSE und PARIS geben. Grundsätzlich haben Sie zwei Möglichkeiten nach PARIS zu kommen: Einmal über die Autobahn, das kostet Geld, geht dafür aber schnell. Zum anderen über die Nationalstraßen, das kostet keine Gebühren. Sie müssen dazu allerdings Ortsdurchfahrten und Brummis in Kauf nehmen, die schlecht zu überholen sind. Noch ein Tip: In der Nähe von Städten sind die Autobahnen meist gebührenfrei. Man erkennt das daran, dass auf den Hinweisschildern der Zusatz „péage" weggelassen wird.

Sehr empfehlenswert für diejenigen, die über SAARBRÜCKEN fahren, ist die N 4 (NANCY - PARIS), die in weiten Teilen 4-spurig ausgebaut ist und auf der Sie von Ortsdurchfahrten weitgehend verschont bleiben. Wir selbst fahren am liebsten von METZ aus auf der gebührenfreien Autobahn nach NANCY und von dort über die N 4 in die Französische Hauptstadt. Das ist zwar um einige Kilometer weiter als die direkte Strecke über die N 3, spart uns jedoch eine halbe Stunde Fahrzeit. Der einzige größere Ort, den wir durchqueren müssen, ist VITRY-LE-FRANÇOIS. Dort finden Sie sogar eine Übernachtungsmöglichkeit.

Da PARIS das einzige Nadelöhr bei Ihrer Anreise in die BRETAGNE ist, sollten Sie die Abfahrtszeit von zu Hause so wählen, dass Sie nicht während des Berufsverkehrs durch die Stadt müssen. Sehr ungünstig sind auch Freitag-, Samstag- und Sonntagabend bis 23.00 Uhr. Wir richten es meist so ein, dass wir am frühen Abend wegfahren. Bis wir in PARIS ankommen ist es fast Mitternacht. Auf diese Art haben wir noch nie Probleme mit Staus gehabt. Falls Sie es ähnlich machen wollen, verrate ich Ihnen im nächsten Abschnitt noch einen Übernachtungsplatz. Allerdings können Sie PARIS auch weiträumig auf der A 86 umfahren. Dann können Sie die nächsten drei Absätze überlesen

Ganz gleich, ob Sie über die Nationalstraßen oder die Autobahn gefahren sind, kurz vor der Seine-Metropole erreichen Sie den „Boulevard Périphérique", eine Ringautobahn um den Stadtkern. Um mit der Beschilderung klar zu kommen, sollten Sie sich merken, dass oft nur Himmelsrichtungen angegeben sind. Wenn Sie in PARIS übernachten wollen, müssen Sie diese Autobahn mit uns bei der „Porte de VINCENNES" verlassen. Das heißt also, wenn Sie über die Autobahn A 4 gefahren sind, benutzen Sie die Auffahrt „Périphérique Nord"; von METZ aus über die N 3 kommend, die Auffahrt „Périphérique Sud". Alles klar? Die Benutzer der N 4 aus Richtung NANCY können entweder kostenlos über die „Francilienne" (groß ausgeschildert „Accès à la Francilienne") zur A 4 kommen oder direkt bis JOINVILLE weiterfahren und dann nach der Überquerung der *Marne* rechts abbiegen nach VINCENNES. Sie erreichen das weiter unten beschriebene Château de VINCENNES dann von der anderen Seite. Hier folgt jetzt die Beschreibung vom „Boulevard Périphérique" aus:

Wenn Sie die Ausfahrt „Porte de VINCENNES" erreicht haben, folgen Sie uns weiter Richtung VINCENNES. Nach 2 Kilometern erreichen wir das Château de VINCENNES, in dessen Umgebung wir bisher immer einen Übernachtungsplatz gefunden haben. Von hier aus können Sie ausgedehnte Spaziergänge im Bois de VINCENNES unternehmen oder mit der U-Bahn in 20 Minuten

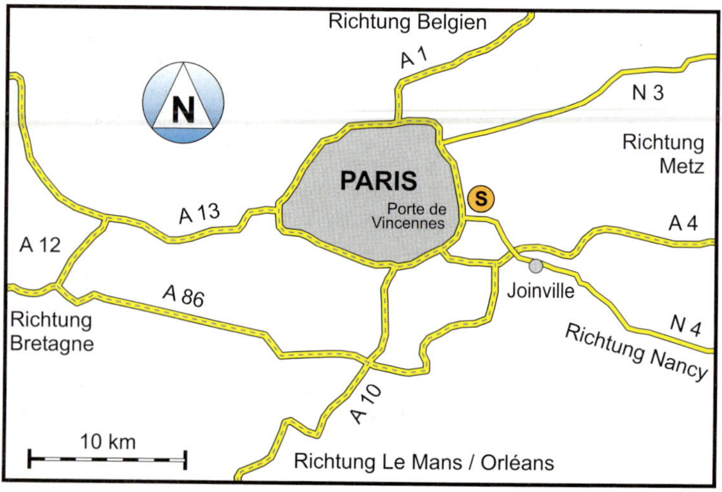

ins Zentrum fahren. Die Endstation der Linie 1 liegt direkt am Schloss.

Wenn Sie die Reiselust wieder packt, fahren Sie zurück zur Stadtautobahn (diesmal „Périphérique Sud“). Sicher haben Sie sich schon überlegt, ob Sie die Autobahn oder die Nationalstraßen vorziehen.

Im ersten Fall müssen Sie auf die Abfahrt „CHARTRES, ORLÉANS, BOULOGNE“ achten, die allerdings sehr gut ausgeschildert ist. Sie folgen dann den Schildern „LE MANS“ und „RENNES“ und verlassen die Straße erst wieder knapp 300 Kilometer später bei LAVAL in Richtung „FOUGÈRES“.

Wenn Sie lieber auf der Nationalstraße fahren möchten, verlassen sie den „Boulevard Périphérique“ in Richtung „ROUEN“. Nach einigen Kilometern folgen Sie jedoch der Beschilderung „DREUX“. Auch diese Strecke ist leicht zu finden. Von DREUX aus geht's dann weiter über ALENÇON und MAYENNE nach FOUGÈRES.

Auf dem Plan der Anreiserouten auf Seite 10 habe ich die wichtigsten Straßen eingezeichnet. Weiterhin finden Sie dort noch Übernachtungsplätze (Ü) und Ver- und Entsorgungsstationen (VE). Eine Zufahrtsbeschreibung habe ich ebenfalls zusammengestellt. Damit die Karte nicht zu unübersichtlich wird, habe ich lediglich Zahlen eingezeichnet. Alle Angaben wie

Stellplatz in Millery

„links" oder „rechts" in den Beschreibungen beziehen sich auf die Fahrtrichtung Paris bzw. nach Westen bis Fougères auf die Hinfahrt, von Nantes bis Orléans allerdings auf die Rückfahrt.

1 Landstuhl: (VE + Ü) Die BAB 6 Mannheim — Saarbrücken an der Ausfahrt Landstuhl verlassen und weiter in Richtung Landstuhl fahren. Ab Ortseingang Landstuhl gut ausgeschildert: zweimal rechts abbiegen, am Bahnhof vorbei, am Schild dann nochmals rechts. 4 Plätze in Zentrumsnähe. Abwasserentsorgung problematisch.

2 Millery: (VE + Ü) Abfahrt von der gebührenfreien Autobahn Metz — Nancy Nummer 25, dann Richtung Pompey. Im nächsten Ort (Marbache) ist Millery ausgeschildert. Langsam fahren, verzwickte Verkehrsführung! Immer den Schildern nach Millery folgen. Im Ort finden Sie ziemlich am Anfang die Einrichtungen auf einem Parkplatz auf der linken Seite zwischen der Straße und der *Moselle*.

3 Toul: (Ü) Direkt an der gebührenfreien Autobahn A 31 gelegen ist die „Aire de repos Toul-Dommartin". Durch das sehr weit verzweigte Parkplatzsystem können Sie auf eine einigermaßen ruhige Nacht hoffen.

4 Verdun - St-Nicolas nord: (VE) an der Raststätte an der A 4.

5 St-Dizier: (VE) Verlassen Sie dazu die Umgehungsstraße und fahren Sie in Richtung Centre Ville. Dort orientieren Sie sich nach den Schildern nach Bar-le-Duc. Rechts sehen Sie dann das große Betriebsgelände der Firma CLC Caravanes. Sie können direkt in das Betriebsgelände einfahren. Eine Euro-Relais Station steht noch vor dem Haupttor und ist somit jederzeit zugänglich.

6 VITRY-LE-FRANÇOIS: (Ü) Verlassen Sie die Umgehungsstraße und fahren Sie in den Ort hinein. Wenn Sie dann der „Itinéraire Poids Lourds“ folgen, finden Sie rechts der Straße Parkplätze auf denen die LKW nachts parken. Fahren Sie dort auf den Eingang des Campingplatzes zu und biegen Sie vorher links ab. Dort finden Sie sicher eine Möglichkeit zum Übernachten.

7 REIMS - CHAMPAGNE nord/sud: (VE) an der Raststätte an der A 4.

8 L'ISLE-SUR-LE-DOUBS: (Ü) Die A 36 bei der Abfahrt 6 verlassen und in den Ort hineinfahren. Direkt neben der Brücke über den *Doubs* finden Sie einen großen Parkplatz zum Übernachten.

9 BAUME-LES-DAMES: (VE + Ü) Abfahrt 5 von der A 36 nehmen. Vom Ortszentrum aus fahren Sie Richtung „Piscine“, am Supermarkt „Super U“ vorbei. Weiter geradeaus fahren und den folgenden Kreisel so verlassen, dass Sie über eine Brücke fahren können. Danach bei der ersten Einmündung rechts abbiegen (Schild „ESNANS“). Fahren Sie jetzt ein Stück am Kanal entlang, bis sie links die Ver- und Entsorgungsstation sehen.

10 CHAMPOUX/MARCHAUX: (VE) an den Raststätten an der A 36.

11 SAMPANS: (VE) 6 km nördlich von DOLE. Kurz vor dem Ortsende geht eine kleine Sackgasse rechts ab zur Firma „Bideau Caravanes“. Dort sind auf der linken Seite zwei Ver- und Entsorgungsstationen: Eine Fiamma-Station mit angeschlossenem Wasserschlauch und ein „Borne Cathare“. Alles ist außerhalb des Betriebsgeländes und somit jederzeit zugänglich.

12 DOLE: (Ü) Abfahrt 2 der A 36. Fahren Sie nach DOLE hinein und folgen Sie einfach den Schildern „Parking Clemenceau“. Sie finden dann einen tristen Parkplatz gegenüber einer Schule mit immerhin 200 Plätzen.

13 ROMANGE: (VE) an der Raststätte an der A 36.

14 GURGY: (VE + Ü) Bei der Abfahrt AUXERRE die A 6 verlassen. Weiterfahren nach MONÉTEAU, in der Ortsmitte dann in Richtung SEIGNELAY nach links abbiegen. Nachdem Sie unter der Autobahn durchgefahren sind, biegt der Weg nach GURGY links ab. Es stehen 3 Plätze zur Verfügung, die Verweildauer beträgt maximal 24 Stunden. Jetons sind auf dem Bürgermeisteramt (Mairie) erhältlich.

15 VILLENEUVE-L'ARCHEVÊQUE: (Ü) an der N 60 zwischen Troyes und Sens gelegen. Auf der rechten Seite der Durchgangsstraße die Kirche anpeilen. Direkt daneben Platz für etwa 3 Womos.

16 SENS: (Ü) In der Ortsmitte der Stadt gibt es unzählige Parkplätze entlang der Durchgangsstraße. Sie dürfen dann freilich am Ortseingang nicht der Umgehung für den LKW-Verkehr folgen. An einen ruhigen Schlaf ist hier wenig zu denken, aber vielleicht wollen Sie abends noch ein wenig bummeln und dann einen kleinen Schlummertrunk zu sich nehmen.

17 MEUNG-SUR-LOIRE: (VE) Direkt an der Nationalstraße ist die „Adria"-Vertretung Ets. Sénéchal. Dort gibt es Frischwasser und man kann eine Nacht stehen bleiben.

18 BEAUGENCY: (Ü) Am Wasserturm fast am Ortsende an der Ampel rechts abbiegen. Ab dann der „Womo-Beschilderung" folgen. Direkt an der *Loire* ist Platz für ca. 10 - 15 Wohnmobile. Lediglich WC vorhanden.

19 FONDETTES: (VE + Ü) Kurz bevor Sie über die N 152 nach TOURS kommen, sehen Sie in dem Ort VALLIÈRES bereits ein Hinweisschild nach FONDETTES. An einer Weggabelung folgen Sie diesem Schild noch einmal und kommen dann im Ort in eine 30-km-Zone. Sie passieren die Post und die „Crédit mutuelle". Gleich danach gabelt sich die Straße. Sie biegen dann links ab und fahren anschließend sofort rechts auf den Parkplatz. .

20 AIRE DE TURQUANT: (VE + Ü) Sie müssen dazu die *Loire* in der Nähe von VARENNES auf der D 952 überqueren und dann in Richtung SAUMUR fahren. Nach etwa 1 km errechen Sie links der Straße die Zufahrt zur AIRE DE TURQUANT. Recht schön gelegen an einem Naherholungsgebiet.

21 PARNAY: (VE + U) Auch dieser Ort ist auf der linken *Loire*-Seite gelegen. Etwa 2 km von der AIRE DE TURQUANT in

Stellplatz in Beaugency

Richtung SAUMUR zu finden. Entsorgungsstation direkt an der rechten Seite der Durchgangsstraße.

22 ANGERS: (VE + Ü) Zuerst Richtung Stadtmitte fahren, dann den Wegweisern zum Schloss (château) folgen. Dort angekommen, über den Fluss (*Maine*) fahren. Nach der Brücke gleich rechts abbiegen. Genau gegenüber des Schlosses sieht man jetzt schon einen Parkplatz. Auf diesen zufahren. Im oberen Teil des Platzes steht eine Ver- und Entsorgungsstation. Zudem sind Plätze für Womos reserviert.

23 CHAMPTOCÉ: (VE + Ü) Etwa 20 km vor ANGERS an der N 23 gelegen. In der Ortsmitte an der Post geht's rechts ab. Ausgeschildert „gare“ und „stade“. Schilder zum Stadion folgen bis zu dessen Eingang. Dort finden Sie 5 - 6 Plätze für Womos und eine einfache Ver- und Entsorgungsmöglichkeit. Betonplatte mit Ablaufrinne für Abwasser, Stutzen zum Entleeren der Cassette und ein Wasserhahn.

24 CHAMPTOCEAUX: (VE) Zwischen NANTES und ANCENIS die N 23 nach OUDON verlassen. Dort überqueren Sie dann die *Loire* und fahren nach der Brücke gleich nach links. Da taucht auch schon das erste Schild zur Ver- und Entsorgungsstation in CHAMPTOCEAUX auf. Im Ort fahren sie immer in Richtung Panorama bzw. Schwimmbad „piscine“. Zum Ablassen des Abwassers finden Sie ein Loch im Boden. Den Schlüssel und Chips für Strom und Wasser gibt's im nahe gelegenen Hotel.

25 AIRE D'ASSEVILLERS (VE) an der Raststätte an der A 1.

26 AIRE DE PHALEMPIN: (VE) an der Raststätte an der A 1.

27 MAYENNE: (VE + Ü) Wenn Sie in Richtung FOUGÈRES fahren, überqueren Sie die *Mayenne*. Direkt nach der Brücke folgen Sie dem Schild „Euro-Relais“ nach links. Danach geht's immer geradeaus weiter bis die Straße mehr oder weniger zu Ende ist. Unter einer Brücke finden Sie dann die Ver- und Entsorgungsstation und drei Übernachtungsplätze. Die ganze Anlage ist äußerst unattraktiv.

28 LAVALL: (VE + Ü) Kurz bevor Sie die *Mayenne* überqueren geht's rechts ab zu einer Ver- und Entsorgungsstation.

29 MONTBÉLIARD: (VE + Ü) Folgen Sie den gut sichtbaren Schilder zum Champ de Foire.

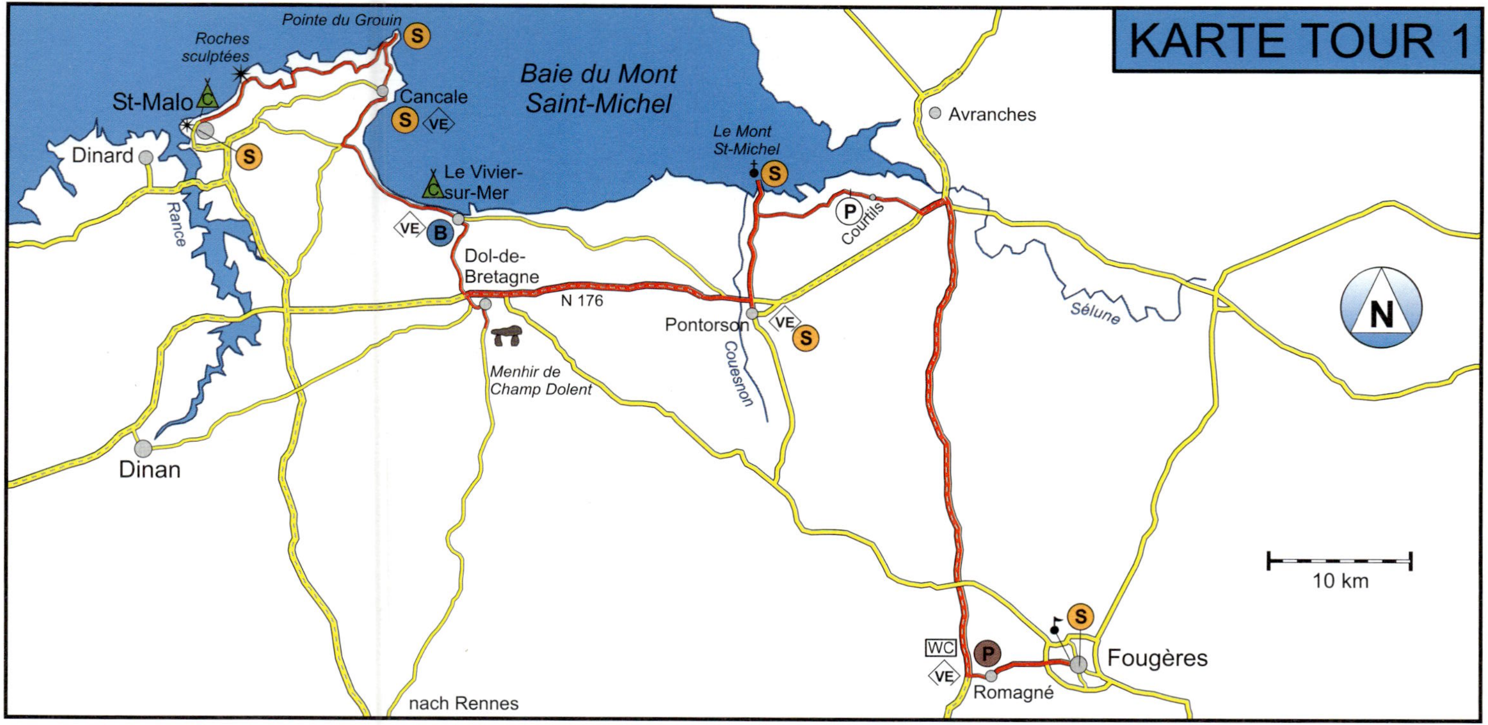
KARTE TOUR 1
Baie du Mont Saint-Michel
Pointe du Grouin
Roches sculptées
St-Malo
Cancale
Dinard
Rance
Le Vivier-sur-Mer
Dol-de-Bretagne
N 176
Menhir de Champ Dolent
Dinan
nach Rennes
Le Mont St-Michel
Courtils
Pontorson
Couesnon
Avranches
Sélune
Fougères
Romagné
WC
VE
S
B
P
C
N
10 km

TOUR 1 (131 km)

Fougères — Mont St-Michel — Le Vivier-sur-Mer — Cancale — St-Malo

Übernachten:	Fougères, Romagné, Le Mont St-Michel, Pontorson, Le Vivier-sur-Mer, Cancale, Pointe de Grouin, St-Malo
Besichtigen:	Fougères, Mont St-Michel, Menhir de Champ-Dolent, Austernbänke von Cancale, Pointe du Grouin, Felsskulpturen von Rothéneuf, St-Malo
Wandern:	Wattwanderung zum Felsen Tombelaine, An der Pointe de Grouin
Baden:	Le Vivier-sur-Mer
Campingplatz:	Camping Municipal Le Vivier, Camping Muni. Les Ilots
Markt:	Fougères (Sa.), Dol-de-Bretagne (Sa.), St-Malo (Di. Fr.)

Im Kapitel „Anreise" haben wir Ihnen bereits den Weg bis FOUGÈRES beschrieben. Wir wollen die BRETAGNE vom Nordosten über den äußersten Westen bis zum Südosten bereisen. Im Osten befinden sich die Touristenhochburgen, die wir eigentlich meiden wollten, aber der MONT ST-MICHEL zieht uns — ebenso wie ST-MALO — immer wieder an.

Beginnen wollen wir allerdings in FOUGÈRES. Schließlich erwartet uns hier die größte mittelalterliche Burganlage Europas. Neben dieser Burg ist auch die Oberstadt recht interessant, so dass ich Ihnen jetzt schon einmal einen zentralen Stellplatz anbieten kann.

WOMO-Stellplatz: Fougères

WOMO-Zahl: 4 - 5 Gebührenfrei

Ausstattung: Mülleimer, Recycling-Container, Telefonzelle, Stadtplan

Zufahrt: Folgen Sie den Schildern zur Stadtmitte (Centre Ville). Sie erreichen dann an einem Busbahnhof einen „eiförmigen" Kreisverkehr. Dort gibt es 2 Schildern zur „Centre Ville"; ein Grünes und ein Weißes. Folgen Sie dem weißen Schild (es ist das Zweite). Fahren Sie dann den Berg hoch und biegen Sie am 2. Kreisel links ab. Sie stehen jetzt auf dem zweigeteilten Parkplatz „Douve". Dort ist die Parkdauer im oberen Bereich zeitlich begrenzt, der untere Bereich, den Sie über eine kleine Rampe in der hinteren Ecke des Platzes erreichen, ist jedoch unbeschränkt und bietet einige recht gerade Stellflächen. Von hier aus sind Sie in wenigen Minuten im Zentrum und an der Kirche, über die Sie noch lesen werden.

Natürlich ist der Parkplatz auch ein guter Ausgangspunkt wenn Sie nicht übernachten wollen. Zuerst möchte ich Sie zur Kirche St-Léonard führen. Es geht bergauf. Vom Parkplatz blicken Sie daher am besten zu der Treppe hin. Die Kirche liegt dann halblinks vor Ihnen. Gehen Sie mit uns die Treppe hoch und folgen Sie Ihrem Gefühl, indem Sie immer mal wieder links und rechts abbiegen. Nach etwa 5 Minuten kommt die Kirche sowieso in Sichtweite. Eine weitere Orientierungshilfe sind die häufig anzutreffenden Stadtpläne. An der Kirche angekommen können Sie, wenn Sie möchten, den Glockenturm besteigen, was wir uns bei der herrschenden Hitze verkneifen. Statt dessen spazieren wir durch den Park direkt an der Kirche. Es erwartet Sie von dort aus ein schöner Blick auf die Burg. Sie können dabei auch die Besonderheit der Festung erkennen: Sie blicken nämlich auf die Burg **herunter**, was ganz und gar untypisch für Wehrbauten ist. Sie werden nämlich in der Regel zur besseren Verteidigung möglichst hoch oben erbaut. Im Fall von FOUGÈRES macht das Ganze dennoch einen Sinn, da der Flusslauf des *Nançon* die Burg mit geringem Aufwand mit einem natürlichen Wassergraben umgibt.

Durch den Spaziergang vom Parkplatz zur Kirche und dem Blick auf die Festung sind wir mittlerweile auch mit der Geografie der Stadt so weit vertraut, dass wir ohne große Schwierigkeiten den Parkplatz am Haupttor der Burg mit unserem Womo ansteuern können.

Um genau zu sein sind es nur deren Überreste. Immerhin hat die Festung bereits 900 Jahre auf dem Buckel, und wie es sich für eine Burg gehört wird sie hin und wieder zerstört, wieder aufgebaut, erobert und belagert. Das hinterlässt natürlich Wunden. FOUGÈRES ist eine der Grenzstädte der BRETAGNE und hat es daher besonders schwer. Viele Kämpfe zwischen der einst selbstständigen BRETAGNE und dem restlichen FRANKREICH werden hier ausgefochten. Auch die englischen Könige mischen

Eingangsbereich der Burg von Fugères

kräftig mit, wenn es um Erbfolgen oder anders gelagerte Machtansprüche geht. Historische Details können Sie im „Allgemeinen Teil" unter dem Stichwort „Geschichte“ nachlesen. Bei der Besichtigung der Burganlage beeindrucken uns vor allem die noch vorhandenen Türme. Kein Wunder, denn sonst ist nur recht wenig erhalten. Trotzdem möchte ich Ihnen nicht davon abraten, sie sind teilweise sehr eindrucksvoll. Der Eintritt kostet 4,50 €, für Kinder 2,00 €.

Mühlräder in der Burg von Fougères

Uns Landratten zieht es jedoch ans Meer. Deshalb verlassen wir die Stadt in Richtung ROMAGNÉ. Wir sind bereits, vom Zentrum her kommend, auf der richtigen Straße.

WOMO-Picknickplatz: Romagné

WOMO-Zahl: 2 Gebührenfrei
Ausstattung: Ver- und Entsorgung, WC, Tische und Bänke, Abfalleimer
Zufahrt: Fougères dort, wo der Burgparkplatz liegt, nach Westen verlassen. Nch wenigen Kilometern erreicht man Romagné. Direkt am Ortseingang liegt rechts der Straße ein Parkplatz. Der Platz ist besonders im oberen Bereich wenig attraktiv. WC und Wasserhahn sind im unteren Drittel zu finden, ebenfalls der Bodeneinlass.

Unser nächstes Ziel ist der MONT ST-MICHEL. Oft genug sind wir die kopfsteingepflasterten Wege des Klosterbergs hinaufgeklettert, haben uns über dessen Vermarktung geärgert, und doch können wir uns keinen BRETAGNE-Urlaub vorstellen, ohne nicht mindestens einen Blick auf dieses Bauwerk geworfen zu haben. Denn was könnte zur Einstimmung auf einen Urlaub in einer von Sagen und Legenden umwobenen Landschaft besser geeignet sein als die Aussicht auf diesen märchenhaften Klosterberg. Wir erreichen den Klosterberg über die A 84, wobei wir bereits im Zentrum von ROMAGNÉ den Hinweisschildern nach CAEN folgen können. Wenig später tauchen auch schon Schilder zum MONT ST-MICHEL auf. Folgen Sie jetzt mit uns der **grünen** Beschilderung. Sie verlassen dann die gebührenfreie Autobahn bei der Ausfahrt 33 und folgen weiterhin den grünen Schildern. Die Beschilderung folgt jetzt genau meiner Tour, die ich 1992 als besonders schöne Route noch umständlich beschreiben musste. Die Straße führt am Meer entlang, und schon bald sehen wir einen der schönsten Anblicke, die die Bretagne zu bieten hat, vor uns: Am Horizont steigt langsam der Mont St-Michel gleichsam aus dem Wasser empor. Verzeihung! — im Moment sind wir ja gar nicht in der Bretagne. Streng genommen gehört der ehemals bretonische Klosterberg zur Normandie. Schuld daran ist das Flüsschen *Couesnon*, das in diesem Bereich die Grenze zwischen der Bretagne und der Normandie bildet und heute westlich des Dammes ins Meer mündet. Kurz nach der Ortschaft Courtils finden Sie rechts der Straße einen Parkplatz. Tische und Bänke laden zu einem Picknick ein und die Aussicht auf den Klosterberg ist von dort aus wirklich sehr schön.

Nach wenigen Kilometern erreichen wir die von Pontorson kommende Straße, die geradewegs auf den Mont St-Michel zuführt. Spätestens jetzt werden wir unserem Vorsatz untreu, den Berg dieses Mal nicht zu besuchen und dem hektischen Treiben zu entgehen. Ein Blick nach rechts, den Damm entlang, wo sich die Autos Stoßstange an Stoßstange langsam vorwärts schieben, ein Blick auf den überfüllten Parkplatz, ein Blick in die von schwitzenden Touristen überquellenden Busse, all' das würde uns an jedem anderen Ort zum hastigen Rückzug bewegen. Nicht jedoch hier: Der Blinker ist schon gesetzt, und wir biegen — wieder einmal — rechts ab, dem Felsen im unüberschaubaren Watt entgegen.

Die Freude unserer Töchter ist unüberhörbar, eignet sich der Mont St-Michel mit seinen verwinkelten Treppen und zahllosen Durchgängen doch so herrlich zum Versteckspiel. Und auch meine Frau und ich ignorieren tapfer den Eingangsbereich und

Der Mont St-Michel

WOMO-Stellplatz: Mont St-Michel

WOMO-Anzahl: >5 Mittlere Gebühr

Ausstattung: WC im Eingangsbereich zum Mont St-Michel

Zufahrt: Über den Damm zum Klosterberg fahren, dann auf den Parkplatz abbiegen. Für die zu entrichtende Parkgebühr können Sie 24 Stunden bleiben. Die Gefahr der Überschwemmung der Parkplätze wird oft übertrieben, sie besteht jedoch! Erkundigen Sie sich bei den Platzwächtern oder informieren Sie sich im Eingangsbereich des Klosterbergs.

die „Hauptstraße“, die eher einem Rummelplatz gleichen als einer Klosteranlage, und versuchen, über kleine Treppchen und auf noch kleineren Gässchen dem Touristengewimmel zu entfliehen. Belohnt werden wir hoch oben in der Nähe der Abteikirche in einem fast menschenleeren Park mit einem unbeschreiblichen Blick über das kilometerweite Watt. 13 Meter beträgt der Gezeitenunterschied hier, und da die Bucht von MONT ST-MICHEL sehr flach ist, zieht sich das Wasser bei Ebbe bis zu 15 km vom Festland zurück. Hier oben haben wir auch die Ruhe, über die wechselhafte Geschichte des Klosterbergs nachzudenken.

Die Gründung der Anlage geht, wie so vieles in der BRETAGNE, auf eine Legende zurück: So soll im Jahr 708 dem Bischof von AVRANCHES der Erzengel Michael erschienen sein und ihn gebeten haben, eine Gedenkstätte zu errichten. Der Bischof ließ eine Kapelle auf einem Berg bauen. Ein Jahr später versank das Land rings um den Berg nach einer Sturmflut im Meer. Das konnte ja nur ein himmlisches Zeichen sein! Aus der Kapelle wurde ein Kloster, und von da an erlebte der MONT ST-MICHEL ein ständiges Auf und Ab. Nachdem die Sakralbauten bis ins 12. Jahrhundert ständig erweitert wurden, fielen viele von ihnen bald darauf Belagerungen und Plünderungen zum Opfer. Man begann anschließend mit dem Bau der Befestigungsanlagen, und die bisher rein geistliche Bestimmung der Anlage endete Mitte des 15. Jahrhunderts durch die Gründung eines militärischen Ordens. In den Wirren der Französischen Revolution wurden die Schätze des Klosters geplündert und der Berg in ein Gefängnis umgewandelt. Erst Mitte des 19. Jahrhunderts wurde das Zuchthaus von MONT SAINT-MICHEL von Napoleon III geschlossen. Zur Ruhe kommen kann der Klosterberg in seiner exponierten Lage jedoch bis heute nicht.

Sie können sich den Besuch unnötig erschweren, wenn Sie immer auf den breitesten Wegen bleiben und sich mit den Menschenmassen an den Andenkenläden und Restaurants vorbeischieben lassen. Durch den Eingangsbereich müssen Sie durch - keine Frage! Aber dann sollten Sie so schnell wie möglich die Flucht in eine kleine Seitengasse antreten. An einer ruhigen Stelle können Sie dann damit beginnen sich zu

La Merveille - Kreuzgang

orientieren. Es gibt einerseits die Klosteranlage und andererseits den Ort.

Beginnen möchte ich mit dem sakralen Teil des Berges. Um ihn zu erreichen müssen Sie zuerst einmal nach oben gehen.

Es gibt dazu verschiedene Gässchen, Treppen und Durchgänge; beachten Sie dabei auch die Hinweisschilder. Die Klosterkirche ist naturgemäß das wichtigste Gebäude eines Klosters, hier allerdings meiner Meinung nach nicht das Schönste. Es gibt einen Teil der Klosteranlage, die sich „La Merveille", „das Wunder" nennt. Dieser Komplex ist hat seinen Namen zu recht verdient. Allein schon der Kreuzgang ist einen Besuch wert. Schauen Sie sich auch das Refektorium mit seinen eigenartigen Lichtverhältnissen an. Es schließen sich auf drei Stockwerken noch verschiedene Gäste- und Aufenthaltssäle an.

Im weltlichen Teil des MONT ST-MICHEL ist zuerst einmal ein Rundgang auf den oder in der Nähe der Wehrmauern (Remparts) zu erwähnen. Die Aussicht über das unendlich wirkende Watt ist von hier oben sehr beeindruckend. Restaurants und Andenkenläden gibt es hauptsächlich an der Hauptstraße, der Grand Rue. Von oben nach unten ist sie etwas leichter zu beschreiten als in umgekehrter Richtung. Sie kommen eventuell noch an der Pfarrkirche St-Pierre vorbei, in der Sie eine schöne Statue des Erzengels Michael entdecken können. Genau gegenüber ist das Archéoscope untergebracht. Hier wird mit Mitteln der Zukunft die Vergangenheit des Klosterberges rekonstruiert. Computergesteuerte Licht- und Toneffekte, Diashows und animierte Modelle sollen Ihnen in 20 Minuten die bewegte Geschichte des Berges näherbringen.

Auch wenn Sie dem Rummel auf dem Berg lieber fern bleiben möchten, bietet Ihnen der MONT ST-MICHEL bleibende Erinnerungen: Ziehen Sie die Schuhe aus, gehen Sie östlich vom Berg ins Watt und wandern Sie um die Felseninsel TOMBELAINE herum. Das Eiland liegt nördlich vom MONT ST-MICHEL und ist bei Ebbe in einer knappen dreiviertel Stunde zu erreichen. Hierzu ist es jedoch unerlässlich, dass sie am „Office de Tourisme“ am Eingang zum MONT ST-MICHEL nachfragen, ob eine solche Wanderung zum momentanen Zeitpunkt möglich ist. Sie können sonst leicht von der Flut überrascht werden, die mit sehr hoher Geschwindigkeit in die Bucht strömt. Lohnenswert ist diese Wattwanderung allemal. Schon der Gegensatz zwischen der Hektik vor und auf dem Klosterberg und der Ruhe und Einsamkeit nördlich davon ist diesen Abstecher wert. Auf dem Rückweg haben Sie dann die Gelegenheit den MONT ST-MICHEL auch einmal von seiner Rückseite aus kennenzulernen. Ein durchaus reizvoller Anblick!

Wir kehren zurück zu unserem Wohnmobil und verarbeiten die gesammelten Eindrücke bei einer Tasse Tee. Und wenn Sie jetzt das gleiche tun und kritisch in diesem Büchlein weiterblättern: Haben Sie keine Angst, wir wollen Sie nicht von einer Touristenattraktion zur nächsten hetzen. Aber schauen Sie noch einmal in den Rückspiegel, wenn Sie über den Damm zurückfahren. Sie müssen zugeben: Der MONT ST-MICHEL ist wunderschön! Wir fahren jetzt, nachdem wir den Damm verlassen haben, weiter geradeaus bis wir PONTORSON fast erreicht haben und schlagen dann die Richtung nach DOL-DE-BRETAGNE ein. Es gibt allerdings auch einen Anlass nach Pontorson hineinzufahren.

WOMO-Stellplatz: Pontorson

WOMO-Anzahl: >5 Gebührenfrei
Ausstattung: Wasser, Abwasserentsorgung
Zufahrt: Am Ortsanfang von Pontorson sehen Sie gleich auf der linken Seite den Supermarkt „Champion“. Auf dessen Parkplatz sind Womo-Stellplätze ausgewiesen. Eine entsprechende Beschilderung leitet Sie auf einen Platz abseits des Hauptgeländes. Wasser gibt es in der Nähe der Waschanlage. Nicht schön, aber akzeptabel für alle, denen am Mont St-Michel zu viel Betrieb herrscht.

Die BRETAGNE ist nicht zuletzt wegen ihrer vorgeschichtlichen Großsteinsetzungen bekannt. Mehrere tausend dieser Megalithen haben wir bereits gesehen, und doch sind wir immer wieder fasziniert. Wenige Kilometer südlich von Dol steht der Menhir de Champ-Dolent, für den wir deshalb gerne einen kleinen Umweg in Kauf nehmen. Wir verlassen Dol in Richtung Rennes und achten nach dem Ortsende von Dol auf die Beschilderung Menhir de Champ-Dolent, die nach links weist. Nach kurzer Strecke auf einem kleinen Sträßchen sehen wir den Menhir bald darauf im Feld stehen.

Der Stein ist mit 9,50 m einer der höchsten aufrecht stehenden Menhire in der Bretagne. Wir fragen uns immer wieder, wie die Menschen früher solche tonnenschweren Steine trans-

Der Menhir de Champ-Dolent

portieren und aufrichten konnten. Wie so oft hilft un eine Legende weiter: Auf dem CHAMP-DOLENT (d zensfeld) tobte einst eine Schlacht. Immer mehr und doch war kein Ende abzusehen, keine Par Gefecht für sich entscheiden zu können. Dieses sinnlose gießen ärgerte die Götter, so dass sie kurzerhand einen Stein vom Himmel herabwarfen. Die Krieger stellten vor Ehrfurcht oder Angst ihre Kämpfe ein. Und wie Sie sich überzeugen können, steht der Stein noch heute hier.

Wir sitzen auf den Holzbänken vor dem Menhir, trinken einen kleinen Schluck Rotwein und vergleichen den vor uns stehenden Megalithen mit den anderen, die wir bereits gesehen haben, während unsere Kinder rund um den Stein Fangen spielen. Von der Form her ist er einer der schönsten, die wir kennen. Man sieht ihm an, dass er bearbeitet wurde. Er „passt" auch hierher, in eine den Touristen umschmeichelnde glatte Landschaft, eingezäunt, auf einer Wiese mit Schautafel und Tischen und Bänken aus Holz davor. Wie groß ist doch der Unterschied zu den Menhiren im Westen, die schief und unförmig mitten in Äckern stehen und nur über unwegsame Feldwege zu erreichen sind. Und wie sehr unterscheidet er sich von den Menhiren der Alignements im Südosten: Dort kommt es nicht auf Schönheit an, tausende von Steinen hinter- und nebeneinander faszinieren auf eine ganz eigene Weise.

Wir fahren jetzt zurück nach DOL und halten uns dann Richtung LE VIVIER-SUR-MER.

WOMO-Badeplatz: Le Vivier-sur-Mer

WOMO-Zahl: >5 Geringe Gebühr

Ausstattung: Ver- und Entsorgung

Von Dol aus kommend stehen auf der rechten Seite kleine schmale Schilder zum „Gare maritime" mit einem Womo-Symbol. Wenn Sie dieser Beschilderung folgen, fahren Sie um einen Campingplatz herum. Dahinter finden Sie einen betonierten Platz zum Ver- und Entsorgen. Besonders schön zum Übernachten ist er allerdings nicht, zum Baden ist er völlig untauglich. Dazu sollten Sie noch ein bisschen in Richtung Cancale fahren. Dort gibt es am Ortsausgang von Le Vivier schöne Übernachtungsplätze in Meernähe, aber keine Ver- und Entsorgungsstation. Der Preis ist allerdings der Gleiche. Ein Gemeindearbeiter kommt morgens zum Kassieren.

WOMO-Campingplatz-Tipp: Camp Municipal Le Vivier-sur-Mer

Öffnungszeiten: Pfingsten - 30. 9.

Zufahrt: Siehe oben beim Stellplatz-Tipp. Gut beschildert.

Ausstattung: Ver- und Entsorgung, schattig, Spielplatz, direkter Meerzugang

Wir erreichen wieder die Bucht von MONT-ST-MICHEL. Der Küstenstraße folgen wir jetzt nach CANCALE. Dieser Ort ist durch seine Austernzucht bekannt, und es wäre eine Schande, wenn wir diese Delikatesse nicht an Ort und Stelle probieren

…n. Eine Verschnaufpause haben wir uns sowieso verdient. …vor wir uns in das Getümmel von ST-MALO stürzen, gönnen …ir uns noch eine Nacht Ruhe. Kurz vor dem Ort folgen wir der Beschilderung „Port“ nach rechts und gelangen auf einem kleinen Weg mit schönem Blick auf CANCALE direkt in den Hafen.

WOMO-Stellplatz: Cancale

WOMO-Anzahl: >5 Gebührenfrei

Ausstattung: Ver- und Entsorgung, Abfalleimer

Zufahrt: Sie kommen laut meiner Routenbeschreibung auf dem abschüssigen Weg ins Hafengebiet von Cancale. Kurz bevor die ersten Parkplätze rechts von Ihnen auftauchen (sie sind im gesamten Hafengebiet für Womos gesperrt!) biegen Sie ganz scharf links ab und fahren wieder leicht bergauf. Ein recht großer Parkplatz erwartet uns Womo-Fahrer auf der rechten Straßenseite. Im oberen Bereich des Platzes findet sich eine Ver- und Entsorgungsstation. Dort sind die Parkbuchten auch einigermaßen gerade. Weiter unten zur Stadt hin stehen Sie mitunter schon in ungemütlicher Schräglage.

Schon oft haben wir den Austernfischern beim Einbringen der Ernte zugeschaut. Auch diesmal gehen wir den QUAY GAMBETTA entlang an der Mole vorbei, hinter der die berühmten Austernbänke liegen. Die Austern stammen meist aus dem Golf von MORBIHAN und werden hier nur „großgezogen“. Das Meerwasser in der Bucht von ST-MICHEL gibt ihnen einen besonderen Geschmack. Wir haben Glück: Es ist gerade Ebbe, und die Austern werden hier am Becken fangfrisch verkauft. Aber auch wenn Sie nicht zur günstigen Zeit hier ankommen, brauchen Sie auf diese Delikatesse nicht zu verzichten. Auf dem Rückweg zum Stellplatz kommen Sie an vielen Restaurants vorbei, von denen Ihnen sicher eines zusagt. Da Sie ja bereits einen Übernachtungsplatz gefunden haben, steht einem typisch bretonischen Abendessen nichts mehr im Wege. „Fruits de mer“ fehlen auf keiner Speisekarte. Und hier, wo uns der Wind noch den Geruch des Meeres um die Nase weht, wo das Geschrei der Möwen von dem rhythmischen Geräusch der Brandung untermalt wird, hier kann man eigentlich gar nichts anderes essen als Fisch, Krebse, Muscheln oder Krabben. Und vergessen Sie auf keinen Fall die Austern.

Wenn Ihnen der Platz in CANCALE zu dicht „besiedelt“ ist, kann ich Ihnen noch eine Alternative anbieten: Fahren Sie noch ein paar Kilometer in Richtung POINTE DU GROUIN aus dem Ort heraus. Dort können Sie bei einem Spaziergang dem Treiben der Vögel auf dem zum Greifen nahe liegenden Naturschutzgebiet ÎLE DES LANDES zuschauen. Der Eingang eines Bunkers wurde dazu genutzt, einige Informationstafeln aufzuhängen. Sie

WOMO-Stellplatz: Pointe du Grouin

WOMO-Anzahl: 4-5 Gebührenfrei

Ausstattung: Abfalleimer

Zufahrt: Fast am Ende der Stichstraße zur Pointe du Grouin finden Sie einen Parkplatz. Fahren Sie bis zum Verbotsschild für Omnibusse und biegen Sie dann rechts ab. Im hinteren Bereich des Platzes finden Sie ruhige Stellflächen.

beschreiben die Arbeit der Seenotrettungsstation an der POINTE DU GROUIN und geben Hinweise zu den Vogelarten, die auf der ÎLE DES LANDES anzutreffen sind. Spät am Abend sehen wir die örtliche Gendarmerie eine Runde auf dem Parkplatz drehen, die jedoch gegen unsere Übernachtungspläne nichts einzuwenden hat.

Am nächsten Morgen werden wir vom Geschrei der Möwen geweckt. Der Tag verspricht sonnig zu werden, und so beschließen wir, vor dem Besuch von ST-MALO, noch einen Abstecher zu einem der Strände einzuschieben. Immer wieder gehen rechts kleine Straßen zum Meer ab, die an einem Parkplatz enden. Auf fast allen diesen Plätzen finden wir das Schild „camping interdit", und wir wissen von früheren Besuchen, dass dieses Verbot auch auf Übernachtungen im Campingbus angewandt wird. Tagsüber sind alle Plätze natürlich auch für Womos zu benutzen.

ROTHÉNEUF ist ein Vorort von ST-MALO und deshalb für uns interessant, weil wir hier die Felsskulpturen eines gewissen Abbé Fouré besichtigen wollen. Dieser Einsiedler verbrachte 25 Jahre seines Lebens damit, das Leben der Familie Rothéneuf in Stein zu hauen. Dass ihm dabei zuweilen gewaltig die Fantasie durchging sei nur am Rande erwähnt. Anderenfalls wären ein paar Skulpturen ja auch längst nicht so interessant. Haben Sie schon den Ortseingang passiert? Dann sollten Sie jetzt den Schildern „Rochers sculptés" folgen. Von der Hauptstraße aus geht es zuerst nach rechts, dann nach einigen Abzweigungen in eine Sackgasse hinein. Keine Angst! Fahren Sie ruhig weiter, bis Sie deren Ende erreichen. Ein großer

Rothéneuf „Eheszene"

Rothéneuf - Ein gewichtiger Herr

Parkplatz ermöglicht sogar Womos mit Reisebusausmaßen das Wenden.

Das Lebenswerk des Abbés finden Sie jetzt indem Sie mit uns zum Meer hinuntergehen. 2003 kostete der Eintritt 2,50 €. Ich erstehe an der Kasse noch ein Heftchen in deutscher Sprache, das die einzelnen Figurengruppen erklärt. Wenn Sie nicht gerade Reiseschriftsteller sind oder eine besondere Vorliebe für Steinmetzarbeiten haben können Sie sich das jedoch sparen. Lassen Sie sich einfach von der Unzahl der Figuren beeindrukken.

Wieder am Womo angekommen, folgen Sie uns weiter nach St-Malo. Dort folgen wir erst einmal der Beschilderung „Centre ville" bzw. „Intra Muros". Letzteres bezeichnet die von einer stattlichen Mauer umgebene Altstadt. Wenn die Stadtmauern in Sicht kommen, fahren Sie bitte nicht durch eines der Tore ins Zentrum; dieser Versuchung erliegen sowieso nur die Fahrer kleinerer Mobile. Die Innenstadt ist leider nicht für den Verkehr gesperrt. Spätestens wenn Sie durch die „Ville close" bummeln merken Sie aber, wie lästig der Autoverkehr bei den engen Straßen und den schmalen Bürgersteigen sein kann. Im Sommer dürfen sowieso nur Anwohner hineinfahren. Die Parkplatzsituation für uns Wohnmobilisten ist in der Nähe der Stadtmauern jedoch schwierig bis katastrophal. Mittlerweile kann ich Ihnen nur einen einzigen Übernachtungsplatz angeben, der noch in einigermaßen erträglicher Entfernung zur Ville Close liegt. Deshalb folgt auch gleich noch ein Campingplatz-Tipp.

WOMO-Stellplatz: St-Malo

WOMO-Anzahl: > 5 Gebührenfrei

Ausstattung: -

Zufahrt: Von Cancale aus kommen Sie ein Stück am Strand entlang. Kurz darauf kommt die Stadtmauer der Ville Close in Sicht. Ordnen Sie sich links ein, wenn Sie rechts das Haupttor der Mauer sehen. Sie kommen dann am OTSI vorbei und überqueren eine bewegliche Brücke. Am nächsten Kreisel fahren Sie geradeaus, achten aber kurz darauf auf die Einfahrt in eine Parkstraße, die parallel zur bisher benutzten Straße führt. Zu Beginn sind dort schräge Parkbuchten eingezeichnet, die für die meisten Womos zu kurz sind. Später finden Sie Längsparkplätze und auch Parkmöglichkeiten vor einer alten Halle. Nicht schön, aber Sie sind in 5 Minuten in der Altstadt.

WOMO-Campingplatz-Tipp: Camp Municipal Les Îlots
Öffnungszeiten: Ostern - September
Zufahrt: Von Cancale aus kommend rechts der Straße gelegen. Ausgeschildert.
Ausstattung: Ver- und Entsorgung, schattig, Spielplatz, direkter Strandzugang.

Die ersten Ansiedlungen auf dem Gebiet des heutigen St-Malo dürfte das von den Römern gegründete Aleth im heutigen Stadtteil St-Servan gewesen sein. Ihren jetzigen Namen verdankt die Stadt dem Einsiedlermönch Malo, der im 6. Jahrhundert Bischof von Aleth wurde. Im 9. Jahrhundert flohen die Bewohner Aleths wegen mehrerer Überfälle der Normannen auf die nördlichere Felseninsel, die leichter zu verteidigen war und dem Gebiet der heutigen Ville Close entspricht. In der Folgezeit wurden die Verteidigungsmauern gebaut und im 12. Jahrhundert der Bischofssitz von Aleth nach St-Malo verlegt. Bald jedoch war die Stadt für die vielen Bewohner zu klein, und man hat das ehemalige Aleth unter dem Namen St-Servan erneut besiedelt. Die nächsten Jahrhunderte waren geprägt von Auseinandersetzungen zwischen den Herzögen der Bretagne, den Königen von Frankreich sowie dem Bischof von St-Malo. Während dieser Zeit konnte St-Malo sich ein Höchstmaß an Selbständigkeit erkämpfen. Während der Hugenottenkriege Ende des 16. Jahrhunderts übte die Stadt volle Selbstverwaltung aus und verhandelte wie eine mittelalterliche Seerepublik mit Seemächten wie Portugal. Seit dem 16. Jahrhundert waren die Seeleute von St-Malo Korsaren und kämpften erfolgreich ge-

Die mächtige Stadtmauer von St-Malo

Intra-Muros, die Altstadt von St-Malo

gen ENGLAND. Im Zweiten Weltkrieg wurde ST-MALO zu fast 80 % zerstört, ist mittlerweile jedoch im Stil des 18. Jahrhunderts wieder aufgebaut.

Den schönsten Eindruck von ST-MALO erhält man bei einem Rundgang auf der Stadtmauer, der in einer guten Stunde zu bewältigen ist. Wir gehen dazu durch eines der Stadttore in die sogenannte Ville close. Neben den meisten Toren führt eine Treppe mit abenteuerlichem Geländer steil zum Wehrgang hinauf. Wir folgen jetzt der Stadtmauer im Uhrzeigersinn. Zu unserer Linken sehen wir fast immer Wasser, was die inselähnliche Lage der Altstadt verdeutlicht. Zuerst ist es der Yachthafen mit seinem Gewirr von Segelmasten, bald darauf der Seehafen von ST-MALO. Rechts sehen wir die herrschaftlichen Häuser der Reeder und Kaufleute, die den ehemaligen Reichtum der Stadt widerspiegeln. Wir erreichen jetzt bei der BASTION PHILIPPE die südwestliche Ecke der Stadt und sehen nördlich der weit ins Meer hinausragenden MÔLE DES NOIRES den PLAGE DU MÔLE, einen schönen Badestrand.

Zur Linken überblicken wir jetzt die *Rance*-Mündung bis DINARD. Einen zweiten Badestrand, den PLAGE DE BON SECOURS passieren wir auf unserem Weg nach Norden. Vom nördlichen Ende des Strandes können wir bei Ebbe auf die Insel GRAND BÉ gehen. Dort liegt der Schriftsteller und Staatsmann

Blick auf die Insel Grand Bé

Chateaubriand begraben, der 1768 in ST-MALO geboren wurde. Vor seinem Tod im Jahr 1848 bat der Dichter darum, auf dieser Insel beigesetzt zu werden.

Sein Grab trägt, ebenfalls nach seinem Wunsch, keinen Namen und keine Inschrift. Direkt gegenüber der Insel liegt der TOUR DE BIDOUANE, den wir auf unserem Rundgang als nächstes erreichen. Hier genießen wir auf einer Plattform die Aussicht über die *Rance*-Mündung und den Blick auf die vorgelagerten Inseln.

Bald erreichen wir an der PORTE ST-THOMAS das Ende der Mauer. Unmittelbar daneben steht der Turm „QUIC-EN-GROIGNE“. Diesen seltsamen Namen verdankt er einer Inschrift, die die Herzogin Anne de Bretagne hier anbringen ließ, und die ihr gespanntes Verhältnis zu der Stadtrepublik zum Ausdruck brachte: „Qui qu'en groigne, ainsi sera car tel est mon bon plaisir.“ *(Möge auch jemand meckern, so soll es sein, denn das ist unser gnädigster Wille*)*. Der Turm beherbergt heute ein Wachsfigurenmuseum. Wir kommen durch ein Tor an den PLAGE L'EVENTAIL, von wo aus man bei Ebbe zum nahe gelegenen FORT NATIONAL gehen kann. Dieses von Vauban errichtete Bauwerk hatte zeitweise die Funktion eines Gefängnisses. Von hier aus wurden aber auch im Jahre 1692 die englische und holländische Flotte abgewehrt. Mehr als 100 Jahre später konnte sich in diesem Fort der König der Korsaren Robert Surcouf gegen 12 Gegner behaupten. Damit dies der Nachwelt auch belegt werden konnte, brachte er nur 11 um und ließ den Zwölften als Zeuge am Leben.

Sie können jetzt eine Besichtigung der Altstadt folgen lassen. Schlendern Sie durch die engen Straßen und ruhen Sie sich am Ende Ihres Spazierganges in einem der zahlreichen Bistros oder Restaurants aus.

* Übersetzung aus: „Die Bretagne“ von Frank und Almut Rother.

KARTE TOUR 2

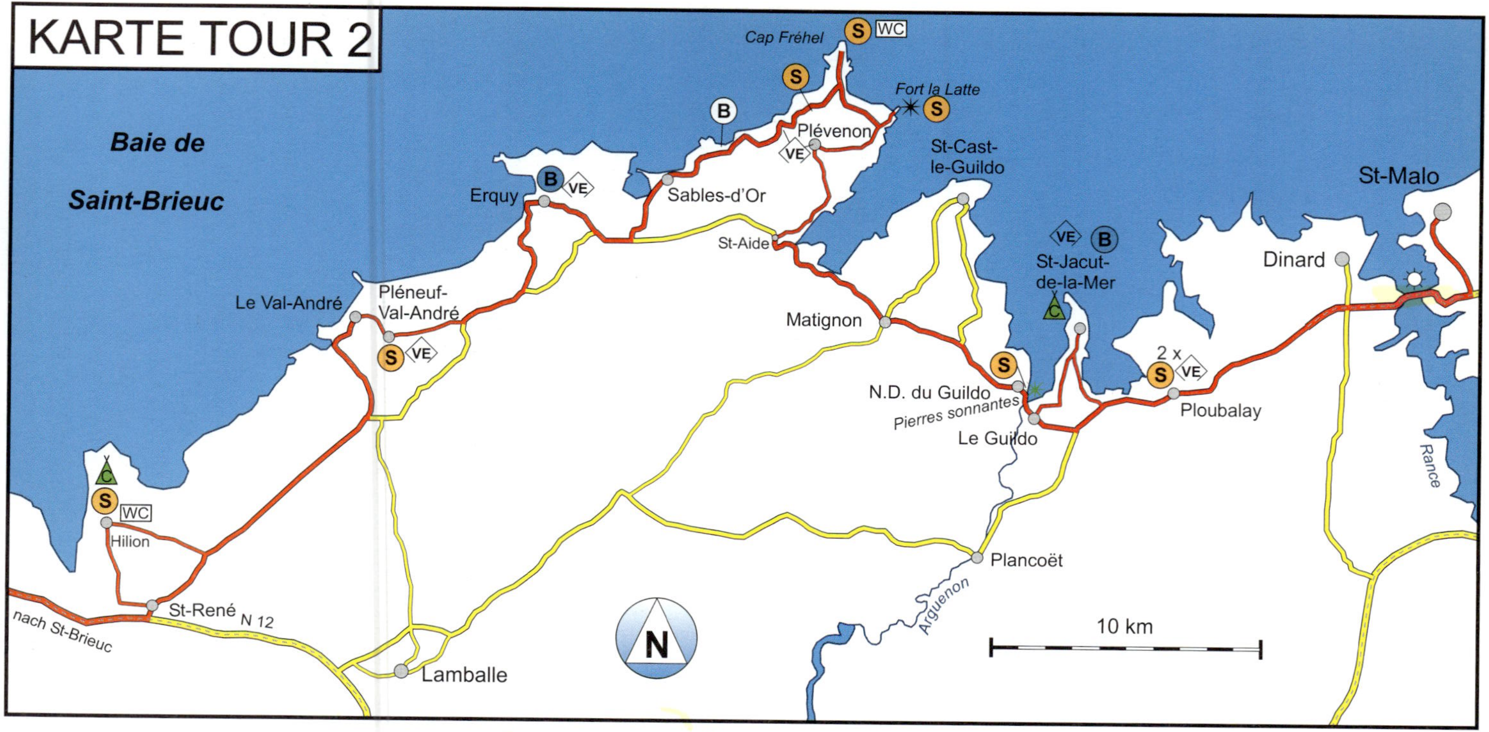

Baie de
Saint-Brieuc
Cap Fréhel
WC
Fort la Latte
Plévenon
VE
St-Cast-
le-Guildo
St-Malo
Erquy
Sables-d'Or
St-Aide
St-Jacut-
de-la-Mer
Dinard
Le Val-André
Pléneuf-
Val-André
Matignon
N.D. du Guildo
Pierres sonnantes
Le Guildo
2 x
Ploubalay
Rance
Hilion
Plancoët
Arguenon
St-René
N 12
nach St-Brieuc
Lamballe
N
10 km

TOUR 2 (101 km)

St-Malo — Fort la Latte — Cap Fréhel — Le Val-André

Übernachten:	Ploubalay, St-Jacut-de-la-Mer, Notre Dame du Guildo, Fort la Latte, Cap Fréhel, zwischen Cap Fréhel und Sables d'Or, Erquy, Pléneuf-Val-André, Hilion
Besichtigen:	Gezeizenkraftwerk der Rance, Pierres sonnantes, Fort la Latte, Cap Fréhel
Wandern:	Am Cap Fréhel
Baden:	St-Jacut-de-la-Mer, zwischen Cap Fréhel und Sables d'Or, Erquy
Campingplatz:	Camping Municipal La Manchette, Bellevue
Markt:	Ploubalay (Fr.), Plurien (Fr.), Pléneuf-Val-André (Di.)

Sehr früh beginnt das geschäftige Treiben im Hafenbereich. Bewegliche Brücken heben sich oder schwenken zur Seite. Frachtschiffe aus aller Herren Länder werden mit Hilfe von riesigen Krankonstruktionen gelöscht. Fähren legen in Richtung der Kanalinseln und ENGLAND ab.

Aufbruch ist angesagt. Wir verlassen die Seeräuberstadt in südlicher Richtung, wobei wir der Beschilderung BARRAGE DE LA RANCE folgen. Den breiten Mündungstrichter der *Rance* überqueren wir auf einem Damm, in dem das erste Gezeitenkraftwerk Europas arbeitet.

Sie erinnern sich, dass hier ein enormer Unterschied zwischen den Wasserständen bei Ebbe und Flut besteht? Dieser gewaltige Tidenhub wird zur Erzeugung elektrischer Energie genutzt. Parkplätze finden sich sowohl auf der Ost- als auch auf der Westseite des Dammes, von denen aus Sie einen schönen Blick auf die *Rance*-Mündung genießen können. Wenn Sie technisch interessiert sind, sollten Sie auf dem westlichen Platz parken und dann das Kraftwerk besichtigen.

Indem wir eine Treppe hinuntergehen gelangen wir in das Innere der Anlage. Bereits in einem Vorraum ist eine große Bilderwand zu sehen. Gegenüber können Sie Teile einer der riesigen Turbinen bestaunen. Auf Knopfdruck wird das Kraftwerk audiovisuell erklärt, auch auf Deutsch. Erstaunliches kommt zutage: 500 Millionen Kilowattstunden Energie werden hier pro Jahr auf umweltfreundliche Art erzeugt. Das entspricht einer durchschnittlichen Leistung von 57 Megawatt. 180 Millionen Kubikmeter Wasser, ein unvorstellbar großes Volumen, strömen innerhalb von knapp sieben Stunden durch die Turbinenschächte. Über eine kleine Treppe erreichen wir eine Aussichtsbrücke oberhalb des Turbinenraumes. Geschäftiges Trei-

errscht unter uns. Ein Videofilm erläutert auf Knopfdruck Deutsch die Arbeitsweise des Kraftwerkes. Völlig klar ist mir, dass die Drehrichtung der Turbinen umkehrbar sein muss, schließlich soll sowohl bei zuströmendem als auch bei abfließendem Wasser Strom erzeugt werden. Die „Propellerflügel" der Maschinen lassen sich in jedem beliebigen Winkel arretieren und können so optimal auf die Geschwindigkeit des Wassers eingestellt werden. Erstaunt bin ich über die Möglichkeit, die Turbinen auch als Pumpen einsetzen zu können: Zu den Zeiten, in denen im öffentlichen Netz wenig Strom abgenommen wird, kann in das Becken der *Rance* weit über das normale Flutniveau hinaus Wasser gepumpt werden. Es steht dann zu den Zeiten erhöhten Verbrauchs eine weitaus höhere Kapazität zur Verfügung; die dadurch abgegebene Energiemenge überwiegt die Kosten des Energieeinsatzes, der zum Betrieb der Pumpen nötig war. Wir verlassen die Brücke und gehen wieder zu unserem Womo zurück.

ST-BRIEUC ist jetzt unsere Hauptrichtung. Wir wollen jedoch nicht auf direkter Route dorthin fahren, sondern einen Umweg über das CAP FRÉHEL machen. Zuerst erreichen wir jedoch PLOUBALAY.

WOMO-Stellplatz: Ploubalay 1

WOMO-Zahl: 3 Gebührenfrei

Ausstattung: Ver- und Entsorgung, Abfalleimer, Recycling-Container

Zufahrt: Auf der rechten Straßenseite sehen Sie im Ort einen „Point vert", einen Markt für Gartenzubehör. Danach fahren Sie am nächsten Kreisel rechts ab nach Lancieux und biegen nach 50 Metern links in einen Parkplatz ein. Offiziell dürfen hier drei Wohnmobile über Nacht stehen.

WOMO-Stellplatz: Ploubalay 2

WOMO-Zahl: 3 - 4 Gebührenfrei

Ausstattung: Toilette, Abfalleimer, Recycling-Container, Ver- und Entsorgung bei oben genanntem Stellplatz, Supermarkt

Zufahrt: Fahren Sie an der Kirche vorbei und biegen Sie bei der nächsten Gelegenheit 2 mal rechts ab. Sie kommen dann auf einen Parkplatz hinter der Kirche.

Ein paar Kilometer weiter lockt wieder das Meer. Deshalb wollen wir einen Umweg über ST-JACUT-DE-LA-MER machen. Die Sonne scheint und die Chance zum Baden wollen wir uns nicht entgehen lassen. Viele andere Touristen haben die selbe Idee und so ist es nicht leicht, einen Parkplatz zu finden. Um so erstaunter sind wir, als wir am Strand „Plage du Rougeret" ein eigens für Womos reserviertes Areal finden. Gegenüber steht noch eine Ver- und Entsorgungsstation. Was will man mehr? Man wünscht sich eigentlich nur noch, dass die Womo-Plätze

WOMO-Badeplatz: St-Jacut-de-la-Mer
WOMO-Zahl: > 5 Gebührenfrei
Ausstattung: Ver- und Entsorgung
Zufahrt: Wie im Text beschrieben.

nicht von PKW belegt werden. Die finden nämlich ein Stück weiter, hinter der 2-m-Schranke, genügend Parkplätze. Bei Ebbe haben Sie wenig Chancen zum Baden, das Watt ist wieder einmal riesengroß. Falls es Ihnen dort jedoch gefällt habe ich noch einen Tipp für Sie.

WOMO-Campingplatz-Tipp: Camp Municipal La Manchette
Öffnungszeiten: 1.4. - 30.9.
Zufahrt: Am Ortsanfang gelegen und gut ausgeschildert.
Ausstattung: Ver- und Entsorgung, schattig, Laden, Spielplatz, direkter Strandzugang.

Es treibt uns weiter. Klingende Steine stehen noch auf unserem heutigen Programm. Zwischen Le Guildo und Notre Dame du Guildo überqueren wir eine Brücke und müssen danach gleich rechts abbiegen. Wir erreichen schließlich eine breite Straße direkt an einer Flussmündung, an der wir parken

WOMO-Stellplatz: Pierres Sonnantes
WOMO-Zahl: 2-3 Gebührenfrei
Ausstattung: -
Zufahrt: An der breiten Straße (eine Sackgasse), von der aus wir, wie beschrieben, zu den „klingenden Steinen“ kommen.

können. Ein Hinweisschild zu den „pierres sonnantes“ steht dort ebenfalls. In Deutsch können wir nachlesen, was es mit diesen Steinen auf sich hat. Leicht belustigt ob der Formulierungen machen wir uns auf den kurzen Fußweg. Sind es jetzt diese Steine, die da klingen sollen, oder jene? Unsicher schlagen wir in unbeobachteten Momenten verschiedene Gesteinsbrocken aufeinander. Keine Spur von einem Klang! Es klingt

Probeklopfen bei den Pierres Sonnantes

halt wie zwei aufeinanderschlagende Steine. Na ja, vielleicht müssen wir noch etwas weiter gehen. Klack, klack, wieder nichts! Unsicher schaue ich mich um und werde die Vorstellung nicht los, dass sich die Einheimischen einen Spaß daraus machen, die Touristen beim Steineklopfen zu beobachten. Um es vorwegzunehmen: Es gibt sie tatsächlich, die klingenden Steine! Gehen Sie ruhig 300 bis 400 Meter am Strand entlang. Die wohltönenden Exemplare finden Sie, wenn Sie sich die großen Felsbrocken genau anschauen. Bei einigen werden Sie muldenförmige Vertiefungen feststellen. Genau dort lohnt es sich, mit einem kleinen Stein zu klopfen. Wenn Sie etwas suchen, finden Sie auch den Stein, der mich dazu veranlasst hat, diesen Abstecher in das Buch aufzunehmen. Er klingt — ohne Übertreibung — wie eine Glocke.

Wir fahren weiter Richtung FORT LA LATTE. Die Beschilderung ist gut, so dass ich mir hier eine detaillierte Wegbeschreibung ersparen kann. Lediglich in dem kleinen Ort ST-AIDE müssen Sie aufpassen, dass Sie die Abzweigung zum FORT LA LATTE nicht übersehen. In dem kleinen Ort PLÉVENON steht sogar noch eine Ver- und Entsorgungsstation, sie finden Sie direkt am Rathaus. Glücklicherweise erreichen wir das Fort schon bald und parken am Ende einer Stichstraße auf einem geräumigen Parkplatz.

Bevor Sie uns auf den folgenden Metern begleiten möchte ich noch ein paar Worte über das FORT LA LATTE loswerden. Bereits im 13. Jahrhundert wird mit dem Bau der Burg an der exponierten Stelle begonnen. Wie es für solche Bauwerke üblich ist, wird es ständig erweitert und dem jeweiligen Stand der Wehrtechnik angepasst. Vauban — der bei fast allen Festungsbauten seine Finger im Spiel hatte (wir trafen bereits bei ST-MALO auf seine Spuren), mischt auch bei diesem Fort im

Das Fort La Latte

WOMO-Stellplatz: Fort La Latte

WOMO-Zahl: > 5 Gebührenfrei
Ausstattung: -
Zufahrt: Einer der Parkplätze am Fort ist speziell für Wohnmobile ausgewiesen. Bei meinem letzten Besuch wurde noch an der Anlage gearbeitet.

17. Jahrhundert mit. Die spektakulärste Sehenswürdigkeit in diesem Bauwerk ist der Ofen, in dem früher die Kanonenkugeln bis zur Glut erhitzt wurden, bevor sie abgefeuert wurden. Ansonsten können sie von einem der Türme die grandiose Aussicht genießen. Vom Parkplatz aus sind es gerade noch ein paar hundert Meter bis zum Fort. Der Eintritt kostete Ende 2003 für Erwachsene 3,90 €, für Kinder 2,00 €.

Nur noch wenige Kilometer trennen uns jetzt noch vom CAP FRÉHEL, das als eines der landschaftlich schönsten Gegenden

WOMO-Stellplatz: Cap Fréhel

WOMO-Anzahl: > 5 Gebührenfrei
Ausstattung: Abfalleimer, Toilette
Zufahrt: Noch bevor Sie den Hauptparkplatz am Leuchtturm erreichen, biegen Sie rechts auf den Wohnmobilparkplatz ab.

in der BRETAGNE gilt. Ich selbst kann mich diesem Urteil nicht hundertprozentig anschließen, aber das ist Geschmackssache. Vergessen Sie aber beim Aussteigen auf gar keinen Fall ihren Fotoapparat, denn Sie werden in der BRETAGNE nie wieder so viele Vögel auf einmal vor Ihr Objektiv bekommen. Richtig geraten: Hier ist, wie schon bei der POINTE DU GROUIN, ein Vogelschutzgebiet ausgewiesen. Aber das ist bei weitem nicht alles, was hier interessant ist. Da wäre zum Beispiel der alte

Am Cap Fréhel

Cap Fréhel

Leuchtturm zu nennen, ein Werk Vaubans (Sie kennen ihn mittlerweile). Auch ein Physiker hat hier Schlagzeilen gemacht: Augustin Jean Fresnel. Er hat das Feuer im Leuchtturm mit einer drehbaren Linse gebündelt und dadurch die Reichweite enorm vergrößert. Falls Sie den Herrn bisher nicht kannten, kann es trotzdem sein, dass Sie eine seiner Erfindungen bei sich haben. Wenn auf Ihrer Heckscheibe eine Plastikfolie klebt, die Ihr Blickfeld beim Rückwärtsfahren vergrößert, so ist das eine Fresnel-Linse. Aber zurück zum Kap. Sie sind mittlerweile sicher schon bis zur äußersten Spitze der Landzunge vorgedrungen. Dann tobt 70 Meter unter ihnen das Meer. Verwegene Naturen klettern jetzt auf den Trampelpfaden in den Felsen herum, wir beschließen allerdings von hier oben die Aussicht zu genießen. Das Wetter meint es gut mit uns und wir erkennen deutlich das FORT LA LATTE. Die POINTE DU GROUIN und die Bucht von ST-BRIEUC liegen wie auf einer Landkarte gezeichnet vor uns.

Ein heftig wehender Wind treibt uns früher als beabsichtigt zum Womo zurück. Bei einer Tasse Tee planen wir unsere weitere Route. Natürlich bleiben wir der Küstenstraße treu. Noch bevor wir nach SABLES-D'OR kommen taucht nach dem einladenden ersten Strand, den wir rechts von uns sehen können, ein Übernachtungsplatz auf der linken Straßenseite auf.

WOMO-Stellplatz: Lande de Fréhel

WOMO-Zahl: > 5 Gebührenfrei

Ausstattung: Ver- und Entsorgung in geringer Entfernung

Zufahrt: Wenn Sie vom Cap Fréhel in Richtung Sables-d'Or fahren, finden Sie den Stellplatz nach dem ersten Strand auf der linken Seite. Ver- und Entsorgung sind noch ein Stück weiter in Richtung Sables-d'Or vorhanden, ebenfalls auf der linken Seite. Der Platz ist im Sommer oft überfüllt.

Einen sehr schönen Strand finden wir noch in PLÉHÉREL-PLAGE. Allerdings herrscht dort ein Übernachtungsverbot für Womos in der Zeit von 20 bis 8 Uhr.

Pléhérel-Plage

Da wir noch einkaufen wollen, müssen wir auch einen größeren Ort anfahren. Unsere Wahl fällt auf ERQUY. Weiter geht's also an der Küste entlang. Der Ort wird in den meisten Reiseführern als „bevorzugter Familien-Badeort in der BRETAGNE" angepriesen. Als Womo-Fahrer mache ich um solche Gemeinden, die mit Superlativen werben, normalerweise einen großen Bogen. ERQUY bestätigt auf den ersten Blick mein Vorurteil. Die Parkplätze sind fast alle mit Stangen in einer Höhe von 1,90 m abgesperrt. Lediglich am nörlichen Ende der Strandpromenade, kurz vor Beginn der Mole, finden wir einen Womo tauglichen Platz. Das macht es schon schwierig den Ort zu besichtigen, denn wir haben hier schließlich einen der ältesten Häfen der

WOMO-Badeplatz: Erquy

WOMO-Zahl: > 5 Geringe Gebühr

Ausstattung: Ver- und Entsorgung, Abfalleimer, Telefonzelle

Zufahrt: Wenn Sie meiner weiteren Route folgen, kommen Sie am Ortsausgang an eine Ampel. Dort biegen Sie scharf rechts ab und fahren hinunter zum Stellplatz. Der liegt direkt am Meer und ist aus diesem Grund stark frequentiert. Die Gebühr wird im 24-Stunden-Takt am Parkscheinautomaten bezahlt.

Die Jakobsmuschel

Sie wächst hier in der Baie de St-Brieuc besonders gut. Im Gegensatz zu den Miesmuscheln wird sie nicht gezüchtet und unterliegt bei der Ernte strengen Bedingungen. Die Fangzeiten im Jahr und dann nochmals die tägliche Dauer des Fangs sind streng reglementiert um die Bestände nicht zu dezimieren. Die entsprechenden Verbote werden auch permanent kontrolliert. In jüngster Zeit werden die Muscheln meist von Tauchern gesammelt, da die bisher verwendeten Schleppnetze das biologische Gleichgewicht am Meeresboden merklich störten. Dieser Aufwand schlägt sich natürlich im Preis nieder. Allerdings schmeckt sie auch unvergleichlich gut.

Ihren Namen haben die Muscheln von den Jakobspilgern, die im Mittelalter ihre Reise nach Santiago de Compostella antraten und dabei eine Hälfte einer Jakobsmuschel als Trinkgefäß mit sich führten. Gleichzeitig wurde sie zum Symbol der Wallfahrer und ist entlang des Pilgerweges häufig an Kapellen und Hospizen in Stein gehauen oder in Holz geschnitzt zu finden.

BRETAGNE vor uns. Ein zweiter Grund, hier noch etwas zu verweilen ist der Beiname des Ortes: „Hauptstadt der Jakobsmuschel“. Wohl bekomm's!

Erfreulicherweise haben wir nach einem ausgiebigen Abendessen am nächsten Morgen den Strand gleich vor der Haustür. Das Wetter meint es gut mit uns — und hoffentlich auch mit ihnen. Wir wollen einen Tag lang faulenzen. Nach mehreren Stunden Nichtstun werde ich jedoch meist unruhig und beginne mit dem Karten- und Reiseführerstudium. Am frühen Nachmittag, wenn die Sonne kein Erbarmen kennt, brechen wir auf und fahren nach Südwesten. Auf unserer Fahrt nach ST-BRIEUC machen wir noch einen Abstecher nach PLÉNEUF-VAL-ANDRÉ.

WOMO-Stellplatz: Pléneuf-Val-André

WOMO-Zahl: > 5 Geringe Gebühr
Ausstattung: Ver- und Entsorgung
Zufahrt: Von Erquy kommend durch den ganzen Ort durchfahren in Richtung „Port de Dahouet“. Auf der linken Seite taucht ein kleiner Weiher auf, dann geht's geradeaus in den Hafen (Sackgasse!). Dort fahren wir jetzt nicht hinein, sondern folgen der abknickenden Straße nach links über die Brücke. Danach gleich wieder rechts abbiegen in Richtung „Bassin de Salines“. Sie sind jetzt in der „Rue des Salines“. An deren Ende ist links ein Stellplatz mit Ver- und Entsorgungsmöglichkeit. Die Gebühr müssen Sie entrichten, indem Sie sich am „Bureau du Port“ anmelden

Wir fahren weiter zum zweiten Ortsteil, der nur schlicht LE VAL-ANDRÉ heißt. Er hat nicht nur einen weiteren schönen Strand zu bieten, sondern ist auch noch als Ausgangspunkt für mehrere Spaziergänge dienlich. Die POINTE DE PLÉNEUF ist von hier aus in kurzer Zeit zu erreichen. Dazu parken wir am Hafen und erreichen nach kurzer Zeit den Aussichtspunkt. Von hier aus haben wir einen guten Blick auf die Insel VERDELET, einem weiteren Vogelschutzgebiet.

Der „Sentier des Douaniers“, von dem Sie noch öfter lesen werden, führt direkt an der Küste entlang und ist immer einen

Spaziergang wert. Zöllner patrouillierten früher entlang dieses Weges. Mehr davon können Sie bei der nächsten Tour lesen.

Im Michelin ist noch eine Tour verzeichnet, die wir selbst nicht gewandert sind. Da es hier sehr schön ist möchte ich sie vollständigkeitshalber erwähnen. Es ist die „Promenade de la Guette". Hinweisschilder zu diesem Wanderweg finden Sie am Südwestende der Mole. Es handelt sich um einen Rundweg, so dass Sie natürlich genau dort wieder ankommen. Für die nächste Auflage werde ich mir die Wanderung vornehmen. Versprochen!

Wir fahren weiter und lassen uns von den Schildern nach ST-BRIEUC bzw. „Vers N 12" leiten.

Fast wären wir auf geradem Weg zur N 12 weitergefahren, wenn uns nicht eine Laune nach HILION geführt hätte. Wir bedauern den kleinen Umweg keine Minute. Wir lernen einen

WOMO-Stellplatz: Hilion

WOMO-Zahl: > 5 Gebührenfrei
Ausstattung: Ver- und Entsorgung, Toilette, Telefon
Zufahrt: Im Ort auf die Kirche zufahren, dann sehen Sie schon das kleine Hinweisschild zum „Parking Foyer Rural. Dort können Sie übernachten. Schöner großer Platz in einem schönen kleinen Ort.

kleinen gemütlichen Ort kennen, der zudem noch wohnmobilfreundlich eingestellt ist. Welch ein Unterschied zu Erquy! Der Platz ist bescheiden - aber leer! Wir bleiben jetzt auf jeden Fall auf dem Stellplatz und machen noch einen kleinen Bummel durch das Dorf. Falls es Ihnen hier so gut gefällt, dass Sie länger verweilen wollen, habe ich noch einen Campingplatz anzubieten.

WOMO-Campingplatz-Tipp: Bellevue

Öffnungszeiten: 1.4. - 30.9.
Zufahrt: In Hilion gut ausgeschildert.
Ausstattung: Ver- und Entsorgung, schattig, Spielplatz, direkter Strandzugang.

Natürlich wollen Sie irgendwann wieder weiterfahren. Da geht es Ihnen nicht anders als uns. Also richten wir uns - wieder einmal - nach den Schildern nach ST-BRIEUC. Sie sind nicht zu verfehlen. Und schon erleben wir eine neue Überraschung, die unseren Abstecher rechtfertigt: Wir fahren bis ST-RENÉ durch eine wunderschöne Allee.

Die N 12 ist dann gleich erreicht und wie's von dort aus weitergeht, erfahren Sie auf der nächsten Seite.

TOUR 3 (74 km)

St-Brieuc — Plouha — Kermaria — Paimpol

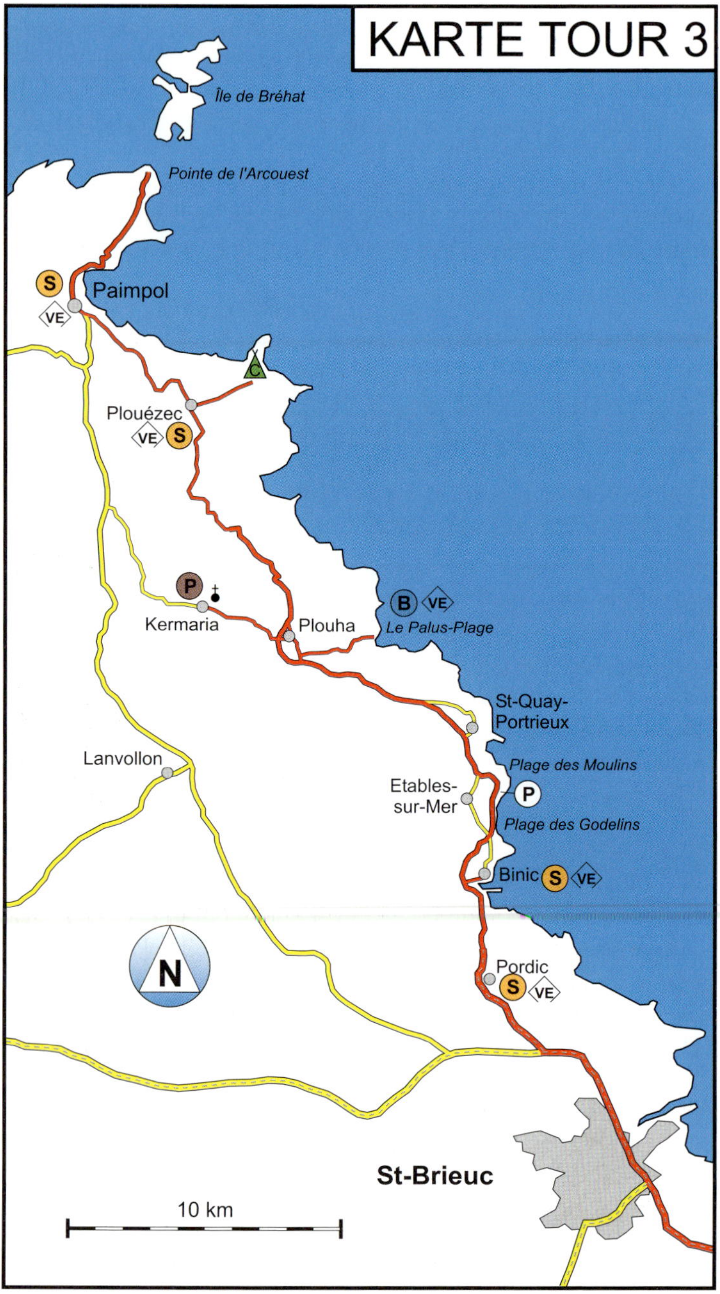

Übernachten:	Pordic, Binic, Le Palus-Plage, Kermaria, Plouézec, Paimpol
Besichtigen:	Kapelle Kermaria-an-Isquit; Pointe de l'Arcouest
Wandern:	Auf dem „Sentier des Douaniers“ zwischen dem Plage des Godelins und dem Plage des Moulins, an der Pointe de l'Arcouest
Baden:	Palus-Plage
Campingplatz:	Le Cap Horn
Markt:	Plouha (Mi.), Paimpol (Di.), Ploubazlanec (So.)

Zufrieden schnurrt unser Wohnmobil im 4. Gang über die autobahnähnlich ausgebaute Nationalstraße. Wir fahren um ST-BRIEUC herum und verlassen die N 12 bei der Ausfahrt Binic / Étables-sur-Mer.

Im ersten Ort auf unserer weiteren Route gibt es schon einen Übernachtungsplatz. Nach wenigen Kilometern begleitet

WOMO-Stellplatz: Pordic

WOMO-Zahl: > 5 Gebührenfrei

Ausstattung: Ver- und Entsorgung

Zufahrt: Wenn Sie in den Ort hereinfahren, sehen Sie bereits die Schilder zum „Parking Jean Audouard“ auf der linken Seite. Die Beschilderung ist gut und das Womo-Symbol ist auch überall zu sehen.

uns das Meer wieder auf unserer weiteren Fahrt. Auch in BINIC besteht die Möglichkeit zu übernachten.

WOMO-Stellplatz: Binic

WOMO-Zahl: > 5 Gebührenfrei

Ausstattung: Ver- und Entsorgung

Zufahrt: Direkt nach dem Ortsschild biegen wir rechts auf eine Parallelspur zur Umgehung ab. Die Straße führt abwärts bis zum Stellplatz.

Bei der Umfahrung von ETABLES-SUR-MER kommen wir an einem Picknickplatz in der Nähe einer kleinen Kapelle vorbei, der den bezeichnenden Namen „Aire de la Chapelle“ trägt. Wir nehmen hier einen kleinen Imbiss zu uns und wollen von hier aus ein Stück auf dem Sentier des Douaniers entlanggehen. Der Weg, der sich an der Küste entlangschlängelt, verheißt schöne Ausblicke auf die Klippen. Mit der Fototasche bepackt wandere ich auf dem schmalen Pfad am Meer entlang. Und in der Tat, jede Wegbiegung eröffnet neue unerwartete Ausblicke auf die Steilküste und die vorgelagerten Inseln. Nach kurzer Zeit kommt mir ein älterer Herr im Trainingsanzug entgegen. Er lässt es sich nicht nehmen, mir, dem Touristen, die Schönheiten seiner Heimat zu schildern. Der SENTIER DES DOUANIERS, so erfahre ich hier, verbindet nicht nur die beiden Strände PLAGE

Blick von Sentier des Douaniers

DES MOULINS und PLAGE DES GODELINS, sondern erstreckt sich über viele Kilometer fast an der gesamten bretonischen Nordküste entlang. (Wir werden ihm noch oft begegnen.) „Früher“, so erzählt er, „gingen die Zöllner von Anbruch der Dunkelheit bis in die frühen Morgenstunden auf diesem Weg entlang, um Schmuggler zu fassen. Diese jedoch kannten die Gegend weitaus besser als die aus »Frankreich« kommenden Beamten, und vor allem“, fügt er augenzwinkernd hinzu, „kannten sie die Zeiten der Patrouillengänge.“ Noch viele Tips für unsere weitere Reise erhalte ich und darf erst weitergehen, nachdem ich versprochen habe, einen Blick auf den neu angelegten Hafen von ST-QUAY-PORTRIEUX zu werfen.

Der Weg zum PLAGE DES MOULINS ist wegen seiner vielen Steigungen und Gefällstrecken etwas anstrengend, jedoch insgesamt recht einfach zu bewältigen. Vor allem die immer wieder überraschenden Blicke auf kleine Buchten machen den Spaziergang so interessant. Kurz vor dem Ziel verlässt der Pfad das Meer und führt um ein Privatgrundstück herum. Der PLAGE DES MOULINS hat sehr viel Ähnlichkeit mit dem PLAGE DES GODELINS. Hier wie dort machen Felsen und Klippen das Schwimmen beschwerlich, wenn nicht gar gefährlich. Beide Strände sind daher bewacht und mit einer Schautafel versehen, auf der die wichtigsten Strömungen beim Gezeitenwechsel eingezeichnet sind.

Zurück am Womo angekommen fahren zügig nach Norden weiter Richtung PAIMPOL. Kurz vor PLOUHA biegen wir nochmals rechts ab zum „Palus-Plage“ und landen mit dieser Entscheidung einen Volltreffer. Vier Kilometer schlängelt sich die Straße durch Feld und Wald und schließlich erreichen wir einen großen Parkplatz mit einer Ver- und Entsorgungsstation. Das ist

WOMO-Badeplatz: Palus-Plage

WOMO-Zahl: >5 Gebührenfrei

Ausstattung: Ver- und Entsorgung, Abfalleimer, Recycling-Container, 50 m zum Strand, Spielplatz

Zufahrt: Auf dem Weg nach Plouha können Sie bereits vor dem Ort zwei Mal rechts abbiegen. Die Abfahrten tauchen etwas überraschend auf. Einfacher geht es, wenn Sie den Kreisel am Ortseingang von Plouha in Richtung Centre Ville verlassen und dann gleich nach rechts abbiegen. Eine enge Straße führt noch wenige Kilometer durch den Wald. Obwohl im Sommer überfüllt, gehört der Platz zu meinen Favoriten.

jedoch noch nicht alles: Ganze drei Tage dürfen Womos auf diesem wirklich schönen Gelände stehen. Um ein Zentrum aus Spiel-, Boule- und Bolzplatz herum finden Sie sowohl asphaltierte Plätze als auch Stellflächen auf Gras. Der nächste Blick gilt dem Strand. Auch hier haben wir nichts auszusetzen. Bei Ebbe liegt ein breiter Sandstand vor uns, der bei Flut allerdings fast völlig verschwindet. Auf jeden Fall ist es wesentlich angenehmer als bei den vorgenannten „Plages". Wir nutzen deshalb die drei Tage aus und faulenzen. Schließlich bin ich nicht nur zum Bücherschreiben hier. Ach übrigens: Wenn es morgens laut hupt, dann ist das der Bäcker.

Frisch erholt wollen wir uns jetzt wieder der Kultur widmen. Zuerst besuchen wir die Kapelle KERMARIA-AN-ISQUIT (bretonisch: Itron-Varia-an-Iskuit) im gleichnamigen Dorf. Diese Kirche, deren Name auf deutsch etwa „Ort der Maria, die heilt" bedeutet, erreichen wir von PLOUHA aus in 10 Minuten. Von der D 786, der Ortsumgehung von PLOUHA, geht's am Kreisel in der Nähe des Zentrums links ab, dann gleich darauf wieder rechts. Bei der Einfahrt nach KERMARIA werden wir durch ein Parkplatz-Schild nach rechts gelotst. Nur wenige Schritte sind es von hier aus zur Kirche.

Statue in Kermaria

WOMO-Picknickplatz: Kermaria

WOMO-Zahl: 2 - 3
Gebührenfrei
Ausstattung: Tische und Bänke
Zufahrt: Von Plouha kommend am Ortseingang von Kermaria dem Parkplatzschild nach rechts folgen. Der Platz liegt direkt neben der Kirche.

Bereits die Vorhalle, mit den Holzfiguren der Apostel ist beeindruckend. Am meisten fasziniert uns jedoch der „danse macabre", ein Totentanz, bei dem nicht weniger als 47 Figuren betei-

ligt sind. Oben im Kirchenschiff ist dieses Fresko zu sehen. Personen aller Stände werden in den Reigen miteinbezogen, zwischen denen sich jeweils ein Skelett einreiht. Wir nehmen auf dem Parkplatz noch einen kleinen Imbiss zu uns und fahren dann gemächlich unserem Nachtquartier in PAIMPOL entgegen.

Dabei kommen wir noch durch PLOUÉZEC. Dort finden wir nicht nur einen Übernachtungsplatz, sondern wenige Kilometer in Richtung Meer entfernt, einen Campingplatz.

WOMO-Stellplatz: Plouézec

WOMO-Zahl: > 5 Gebührenfrei
Ausstattung: Ver- und Entsorgung, Abfalleimer
Zufahrt: In Plouézec an der Tankstelle links abbiegen.

WOMO-Campingplatz-Tipp: Le Cap Horn

Öffnungszeiten: 1.4. - 15.9.
Zufahrt: In Plouézec Richtung Port Lazo nach rechts abbiegen. Ab dort gut ausgeschildert.
Ausstattung: Ver- und Entsorgung, schattig, Laden, Spielplatz, 20 Meter zum Strand.

Kurz vor PAIMPOL liegt die Abtei von Beauport auf der rechten Seite. Wenn Sie die Ruine besuchen wollen, empfehle ich ihnen den zweiten Parkplatz (für Busse) zu benutzen, ansonsten wird es arg eng. Von dieser Prämonstratenserabtei aus dem 13. Jahrhundert stehen nur noch einigen Außenmauern, was sie allerdings besonders reizvoll wirken lässt.

Da der Sonnenuntergang recht malerisch zu werden scheint, beschließen wir, von PAIMPOL aus noch einen Abstecher zur POINTE DE L'ARCOUEST zu machen. Kurz vor dem Ortsende von PAIMPOL sehen wir dabei das Hinweisschild auf „unseren" Parkplatz für „camping-cars". Wir beschließen auf diesem Platz zu

WOMO-Stellplatz: Paimpol

WOMO-Zahl: > 5 Mittlere Gebühr in der Saison

Ausstattung: Ver- und Entsorgung, Abfalleimer

Zufahrt: 20 Meter vom letzten Kreisel in Richtung Île de Bréhat entfernt befindet sich die Einfahrt zu dem Platz. Größere Mobile werden hier schon die ersten Schwierigkeiten haben, weil alles etwas eng geraten ist. Der Platz selbst ist sehr liebevoll angelegt, mit einzelnen Parzellen, die durch Hecken voneinander getrennt sind und einem großen Blumenrondell in der Mitte. Aber auch hier geht es eng zu. Bei der Einfahrt auf den Platz finden Sie die Ver- und Entsorgungsstation.

übernachten und fahren jetzt endlich weiter zur POINTE DE L'ARCOUEST.

Kurz bevor wir die Landspitze erreichen, eröffnet sich uns wieder einmal ein wunderschöner Blick auf die Küste. Hier sieht es so aus, als habe ein Riese gewaltige Felsplatten ins Meer gelegt um trockenen Fußes auf die ÎLE DE BRÉHAT gelangen zu können. Die steil abfallende Straße führt schließlich auch zur Anlegestelle der Fähre. Die Insel liegt keine 2 Kilometer vom Festland entfernt und ist mit dem Schiff in 10 Minuten erreichbar. Allerdings können Sie Ihr Womo nicht mitnehmen, da die ÎLE DE BRÉHAT autofrei ist. Ihr besonderer Reiz liegt in der mediterranen Vegetation. Feigen und Palmen gedeihen auf diesem klimatisch begünstigten Eiland.

Direkt am Meer wurde ein großer gebührenpflichtiger Parkplatz angelegt auf dem wir jetzt stehen. Nach einem ausgedehnten Strandspaziergang fahren wir zurück nach PAIMPOL Vom Stellplatz aus können wir in wenigen Minuten zum Ortszentrum gehen. Hier am Hafen finden wir auch ein Restaurant, das unseren Wünschen entspricht. Bei Meeresfrüchten und Muscadet überdenke ich die vergangene Woche noch einmal. Fünf Tage für 74 Kilometer! Wenn ich so weitermache, wird das Buch nie fertig.

Mit den besten Vorsätzen den weiteren Fortschritt dieses Reiseführers nicht zu gefährden, verbringen wir auf dem Womo-Platz eine ruhige Nacht.

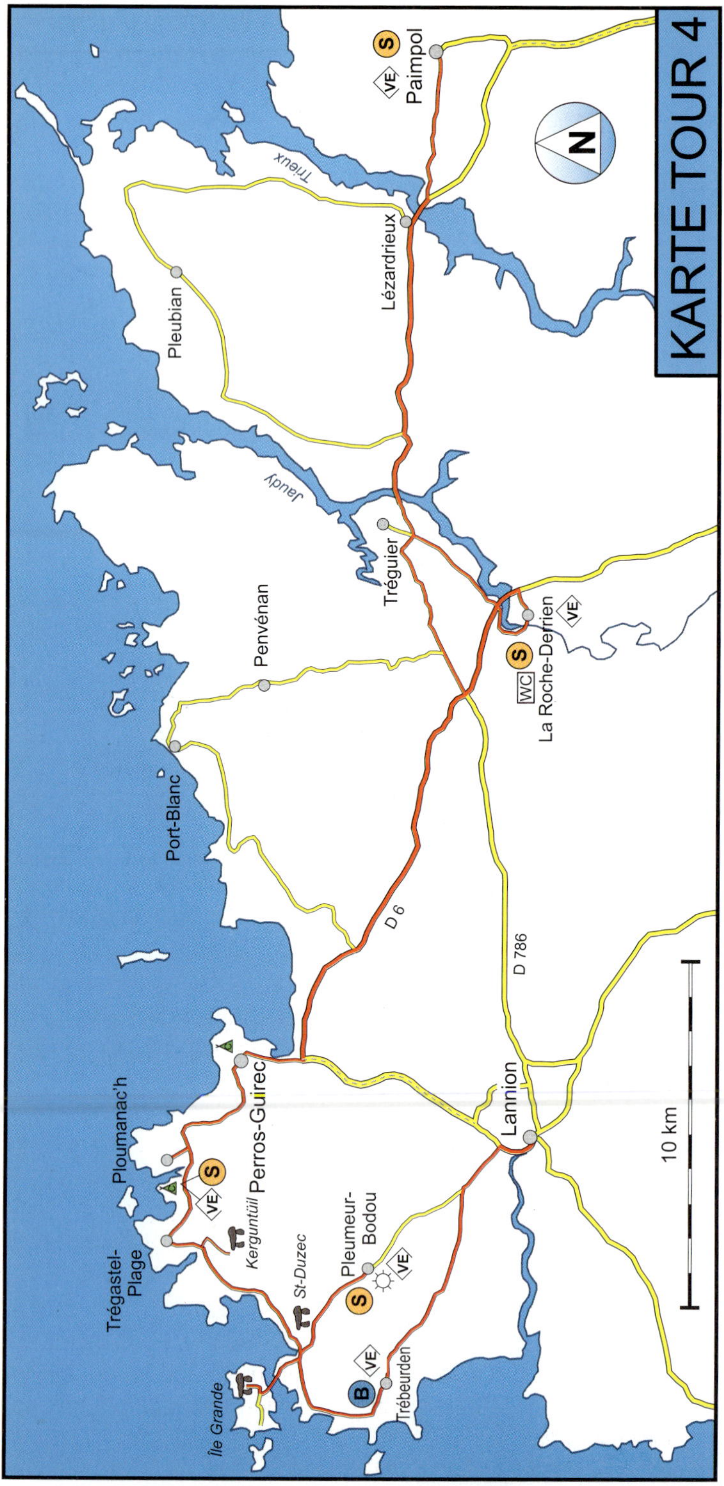
KARTE TOUR 4
N
Paimpol
S
VE
Trieux
Lézardrieux
Pleubian
Jaudy
Tréguier
Penvénan
La Roche-Derrien
WC
S
VE
Port-Blanc
D 6
D 786
Lannion
10 km
Perros-Guirec
Ploumanac'h
S
VE
Kerguntüil
Trégastel-Plage
St-Duzec
Pleumeur-Bodou
S
VE
B
VE
Trébeurden
Île Grande

TOUR 4 (78 km)

Paimpol — Ploumanac'h — Trégastel — Île Grande — Lannion

Übernachten:	La Roche-Derrien, Trégastel, Pleumeur-Bodou am Technikpark Cosmopolis, Trébeurden
Besichtigen:	Oratorium des St-Guirec; Allée couverte von Kerguntüil; Menhir von St-Duzec; Satelliten-Kommunikations-Station und Village Gaulois in Pleumeur-Bodou; Allée Couverte auf der Île Grande
Wandern:	Entlang des „Sentier des Douaniers" zwischen Trégastel und Perros-Guirec; Auf der Île Grande
Baden:	Auf der Île Grande; Trégastel-Plage
Campingplatz:	Trestraou, Tourony Camping
Markt:	La Roche-Derrien (Fr.), Tréguier (Mi.), Perros-Guirec (Fr.), Île Grande (Mi.)

Kaffeeduft breitet sich im Womo aus. Blinzelnd stelle ich fest, dass ich wieder mal der Letzte bin, der noch in den Federn liegt. Rosaroter Granit in den absonderlichsten Formen steht für heute auf unserem Programm. Die leckeren Croissants, die bereits auf dem Frühstückstisch liegen, erleichtern mir das Aufstehen. Ein Blick aus dem Fenster zeigt mir zweierlei: Die Sonne steht ohne jede Wolkenbegleitung am Himmel, und wir sind die einzigen, die hier übernachtet haben. Aber es ist ja auch erst Frühjahr, der große Andrang herrscht hier wohl sicher im Sommer.

Nach dem Frühstück fahren wir weiter nach Westen. Über eine 250 m lange Hängebrücke überqueren wir den Mündungstrichter des *Trieux* und kommen nach LÉZARDRIEUX. Nach wenigen Kilometern Fahrt erreichen wir eine zweite Brücke, die über den *Jaudy* führt. Direkt nach der Überfahrt biegen wir rechts auf einen Parkplatz ein und schauen uns das groteske Panorama an. Die bunten Boote, die hier normalerweise im Wasser des *Jaudy* ankern, liegen jetzt völlig hilflos und schräg im Schlick fest. Ebbe! Wieder einmal erkennen wir, wie sehr der Rhythmus des Meeres das Leben in der BRETAGNE bestimmt. Die Fischer und die Freizeitkapitäne sind gleichermaßen zur Untätigkeit verdammt.

Beim Verlassen des Parkplatzes in Richtung TRÉGUIER folgen wir am Kreisel den Schildern nach LANNION. Falls es Ihnen in PAIMPOL zu eng oder zu voll war habe ich noch einen Stellplatztipp für Sie. Es ist dazu lediglich ein kleiner Umweg von etwa 2 Kilometern erforderlich. Unsere Grobrichtung nach Westen verlassen wir dabei kaum.

WOMO-Stellplatz: La Roche-Derrien

WOMO-Zahl: > 5 Gebührenfrei

Ausstattung: Ver- und Entsorgung

Zufahrt: Achten Sie nach der Überquerung des Jaudy auf die Abzweigung nach La Roche-Derrien auf der linken Seite. Dort angekommen brauchen Sie nur den Womo-Schildern zu folgen. An der Kirche vorbei, dann links, und spätestens ab hier ist der Platz nicht mehr zu verfehlen. Sie dürfen unbegrenzt stehen, Strom, Wasser und Entsorgung sind kostenlos.

Weiter geht unsere Tour nach PERROS-GUIREC. Von LA ROCHE-DERRIEN aus fahren Sie gleich auf die D 6, von TRÉGUIER aus auf der D 786 kommend, achten Sie auf die beschilderte Abzweigung nach rechts, dann erreichen Sie ebenfalls die D 6.

PERROS-GUIREC und insbesondere der Ortsteil PLOUMANAC'H haben durch die konsequente Sperrung sämtlicher Parkplätze für Wohnmobile vor einigen Jahren einen zweifelhaften Ruf erlangt. In letzter Zeit wurde das totale Parkverbot teilweise auf die Nacht beschränkt. Glücklicherweise bemühen sich auch in dieser Gegend einige Gemeinden um die Gunst der Womo-Fahrer, so dass wir diese wunderbare CÔTE DE GRANIT ROSE nicht aus unserem Besuchsprogramm ausklammern müssen.

Uns trennen jetzt nur noch wenige Kilometer von PERROS-GUIREC. Kurz davor haben Sie eine schöne Aussicht aufs Meer und auf die Stadt. Im Ort gibt es einen sehr schönen und bekannten Strand und genau dort habe ich einen Camping-Tipp für Sie.

WOMO-Campingplatz-Tipp: Trestraou

Öffnungszeiten: 1.6. - 10.9.

Zufahrt: In Perros-Guirrec gut beschildert. Avenue du Casino.

Ausstattung: Ver- und Entsorgung, schattig, Laden, Spielplatz, 100 Meter zum Strand.

Den Ort durchqueren wir in Richtung PLOUMANAC'H bzw. TRÉGASTEL. Kurz hinter LA CLARTÉ fahren wir auf einen Parkplatz rechts der Straße, von dem wir eine wunderbare Aussicht auf die Küste haben. Tief unter uns schlängelt sich der SENTIER DES DOUANIERS entlang. Bei klarem Wetter ist hier auch das Naturschutzgebiet der SEPT ÎLES gut zu erkennen. Eine Info-Säule erklärt Ihnen, auch auf Deutsch, die Besonderheiten dieser Gegend.

Vor uns sehen wir jetzt PLOUMANAC'H. Der Ort liegt etwas abseits der Straße, so dass wir rechts abbiegen müssen, um ins Zentrum zu gelangen. Die Geschwindigkeitsbeschränkung auf 30 km/h wird durch Schwellen in der Fahrbahn erzwungen. Doch selbst bei angepasster Geschwindigkeit scheppert und klirrt es verdächtig im Wohnbereich. Die nächste Hürde nehme ich im Schritttempo, damit unser Inventar keinen Schaden nimmt. Da wir nicht zum ersten Mal hier sind, sind wir auf erneute Sperrungen von Parkplätzen schon gefasst. Tatsächlich gibt es nach der Anbringung einer Höhenbegrenzung am Parkplatz der Seenotrettungsstation nur noch einen einzigen erlaubten Platz: Ihn finden Sie, wenn Sie immer weiter geradeaus fahren, am Meer rechts abbiegen und so lange um die Parkbuchten kreisen, bis Sie ein Plätzchen gefunden haben. Diese Vorgehensweise würde ich Ihnen keinesfalls empfehlen, wenn es hier nicht einzigartige Felsformationen zu sehen gäbe. Es wäre schade, wenn Sie sich diese entgehen lassen würden. Inoffziell kann ich noch erwähnen, dass der Parkplatz am Hafen für Wohnmobile zwar gesperrt ist. Besonders die französischen Wohnmobilisten sehen das Verbot allerdings eher locker.

Jetzt heißt es die Wanderschuhe anziehen. Vom Parkplatz aus kommen wir nach wenigen Schritten ans Meer, an den Plage St-Guirrec, den Hausstrand von PLOUMANAC'H. Hier fällt vor allem das Oratorium des gleichnamigen Heiligen auf. St-Guirec war ein gallischer Priester, der in einem Trog aus Granit an dieser Stelle landete, wenn man der Legende Glauben schenken darf. Aus diesem Grund wurde ein Oratorium mit einer Holzstatue errichtet. Da der Heilige den jungen Mädchen des Ortes einen Ehemann verschaffen soll, wenn sie eine Nadel in dessen Nase stecken, wurde die Statue zur Rettung in die naheliegende Kapelle St-Guirec gebracht. Im Oratorium steht nun eine Nachbildung St-Guirecs aus Stein. Auch dessen Nase ist zumindest einen Blick wert... Wenn Sie Ihr Auge gar noch weiter schweifen lassen erkennen Sie gegenüber der Bucht eine Insel mit einem Schlösschen, dem Château Costaérès. Ein Pole kaufte das Anwesen und hatte dort oft einen Landsmann namens Sienkiewicz zu Besuch. Dessen berühmtester Roman „Quo vadis“ soll auf dieser Insel entstanden sein. Heute gehört das Anwesen einem bekannten deutschen Komiker.

St-Guirrec

Château Costaérès

Auf der anderen Seite des Strandes sehen wir schon wieder das Hinweisschild zum SENTIER DES DOUANIERS und erreichen dann die schönsten Felsformationen unserer Reise. Sowohl die Farbschattierungen als auch die Felsen selbst sind faszinierend und haben wohl schon die Fantasie mehrerer Generationen angeregt. Den „Totenkopf“ finden Sie auf dem Wanderweg ebenso wie den „Fuß“ und den „Hut Napoleons“. Unsere Kinder erkennen noch unser Wohnmobil, einen Suppentopf, Nachbars Hund und die Tigerente. Dem Wanderweg können Sie noch stundenlang folgen und es liegt allein bei Ihnen, wann Sie umkehren wollen. Das Schöne dabei: Auf dem Rückweg sehen

La Tête de Mort

Le Pied

die Felsen wieder ganz anders aus. Auch durch den veränderten Lichteinfall wird Ihre Phantasie noch einmal angeregt.

PLOUMANAC'H verlassen wir in Richtung TRÉGASTEL. Kurz nach dem Ortseingang finden Sie einen Übernachtungsplatz.

WOMO-Stellplatz: Trégastel

WOMO-Zahl: > 5 Gebührenfrei

Ausstattung: Ver- und Entsorgung, Abfalleimer

Zufahrt: Nach dem Ortsschild von Trégastel gleich am ersten Kreisel liegt der Platz auf der rechten Seite. Der Platz ist recht groß, aber direkt an der Straße gelegen und dadurch auch sehr laut.

Ruhiger geht es auf dem Campingplatz zu.

WOMO-Campingplatz-Tipp: Tourony Camping

Öffnungszeiten: Ostern - 30.9.
Zufahrt: In der Nähe des oben genannten Stellplatzes. Gut beschildert.
Ausstattung: Ver- und Entsorgung, schattig, Laden, Spielplatz, 10 Meter zum Strand.

Etwas weiter in der Ortsmitte biegen wir nach rechts Richtung „Rochers“ und „Table d'Orientation“ ab. Schließlich erreichen wir einen Parkplatz in der Nähe der übersichtlich gestalteten Orientierungsplattform. Von hier aus gelangen wir auf einem schmalen Fußweg auf den Felsen ROCHER DU ROI GRADLON. Dieser sagenhafte König der versunkenen Insel YS begegnet uns im Kapitel 10 wieder.

Der Felsen Roi Gradlon

Tief unter uns schlängelt sich — Sie können es schon erraten — der mittlerweile bekannte SENTIER DES DOUANIERS an der Küste entlang, der natürlich auch hier einen kleinen Spaziergang wert ist. Westlich des Felsens sehen Sie einen Badestrand, den Sie von hier aus leicht erreichen können.

Uns aber zieht es weiter. Wir wollen als nächstes den Dolmen von KERGUNTÜIL besichtigen und fahren hierzu wieder zurück bis zum Kreisel. In Richtung TRÉBEURDEN fahrend erreichen wir schließlich eine Kreuzung bei der Sie rechts in eine Sackgasse fahren würden. Nach links ist „Le Dolmen“, „Le Menhir“ und „Carrosserie de Dolmen“ ausgeschildert. Wir folgen der weiteren Beschilderung „Dolmen“ nach rechts und sehen schließlich den Dolmen auf der linken Seite im Feld stehen. Etwas enttäuscht erreichen wir unser Ziel: der Dolmen liegt unscheinbar neben der Straße und wäre den Abstecher nicht wert gewesen, wenn wir dort nicht den Hinweis auf eine Allée couverte gefunden hätten, die sich auf der anderen Seite der

Die Allée couverte von Kerguntüil

Weide befindet. Wir gehen auf der Straße auf den Bauernhof zu, an der nächsten Kreuzung nach links und nach ein paar Metern, einem Schild folgend, wieder nach links in den Wald. Nach ca. 100 Metern finden wir die wirklich schöne und gut erhaltene Allée couverte. Dort wo wir zu Fuß an der Kreuzung nach links abgebogen sind, fahren wir mit dem Womo nach der Besichtigung rechts ab und finden leicht die Straße TRÉGASTEL - TRÉBEURDEN wieder.

Von dort aus biegen wir nach einigen Kilometern wieder links ab. In Richtung PLEUMEUR-BODOU liegt unser nächstes Ziel: Der Menhir von ST-DUZEC (auch ST-UZEC). Kurz nach der Abzweigung folgen wir der Beschilderung für Busse wieder nach links. Der Stein ist ein Musterbeispiel für einen christianisierten Menhir. Im 17. Jahrhundert wurde dessen oberer Teil mit biblischen Motiven geschmückt. Damit sollte deutlich gemacht werden, dass das Christentum endgültig über die alten Götter siegte.

Vom Menhir aus möchte ich Sie noch ein paar Kilometer weiter in Richtung PLEUMEUR-BODOU lotsen. Wenn Sie technisch interessiert sind, darf die Satelliten-Kommunikations-Anlage in Ihrem Reiseplan sowieso nicht fehlen. Ansonsten kann ich Ihnen auch noch ein gallisches Dorf, ein Planetarium, ein Telekommunikations-Museum, einen Übernachtungsplatz und eine Ver- und Entsorgungsstation anbieten. Folgen Sie mir? Über die Telekom-Anlage in PLEUMEUR-BODOU wird ein großer Teil der französischen Überseegespräche abgewickelt. Schon von weitem sind die riesigen Nylonhüllen der Radome zu sehen. Was Sie in diesem „Cosmopolis" genannten Zentrum besichtigen wollen hängt von Ihren Interessen ab.

Uns interessiert vor allem das „Village Gaulois", was den Interessen unserer Kinder ebenfalls entgegenkommt. Alle oben

Der Menhir von St-Duzec

genannten Einrichtungen erreichen Sie, wenn Sie der Beschilderung „Cosmopolis" folgen.

Es ist Abend und wir machen es uns erst einmal gemütlich. Vor einigen Jahren haben wir bereits die Telekom-Anlage besucht. Diesmal kommt für uns nur das gallische Dorf in Frage. War es am Anfang nur der Reiz in dieser Hi-Tech Umgebung einen anachronistischen Gegenpol zu finden, so erwarten uns beim Besuch des Dorfes weitere Überraschungen. Das ganze Leben wird von Jugendlichen gestaltet, die auf ehrenamtlicher Basis hier in ihren Ferien arbeiten. Der Erlös aus Eintritt,

WOMO-Stellplatz: Pleumeur-Bodou

WOMO-Zahl: > 5 Gebührenfrei

Ausstattung: Tische und Bänke, Mülleimer, Ver- und Entsorgung in der Nähe

Zufahrt: Den Übernachtungsplatz finden Sie, wenn Sie auf das Telekom-Museum zufahren und dann kurz davor links abbiegen. Dort haben Sie auch die besten Voraussetzungen zum Besuch des gallischen Dorfes und des Planetariums. Die Ver- und Entsorgungsstation haben Sie bis dahin schon passiert.

verschiedenen Spielen, Essen und Getränken fließt zu einem großen Teil nach Afrika um den dortigen Kindern eine Schulausbildung zu ermöglichen. Einige Pavillons sind speziell dieser Thematik gewidmet und veranschaulichen die Hilfeleistungen mittels Tafeln und Videos. Dieses Engagement ist sogar nationenübergreifend. In Gesprächen lernen wir Jugendliche aus Polen, Deutschland und England kennen.

Soviel zum pädagogischen Hintergrund, aber Sie sind ja in erster Linie hier hergekommen um ein gallisches Dorf zu sehen. Die Rekonstruktion ist meiner Meinung nach gut gelungen. Gleich zu Beginn Ihres Besuchs haben Sie Gelegenheit Ihre Euros in Sesterzen umzutauschen. Damit können Sie anschließend in der Crêperie etwas zu essen kaufen oder mit dem Boot eine Runde auf dem See drehen. Natürlich darf die Nachbildung eines Megalithbauwerks nicht fehlen. Hier wurde der Cairn von BARNENEZ rekonstruiert. Wir werden ihn im Lauf unserer Reise noch kennenlernen. Asterix und Obelix werden Sie vergeblich suchen, dafür können Sie einiges über das Leben vor 2000 Jahren kennenlernen. Der Eintritt kostete 2003 für Erwachsene 3,50 €, ermäßigt 3,00 €.

Das gallische Dorf bei Pleumeur-Bodou

Im gallischen Dorf

Wir sind von diesem Abstecher in die Geschichte so begeistert, dass wir die Eindrücke nicht durch weitere Besichtigungen der technischen Anlagen verwischen wollen. Was es noch zu sehen gibt, steht — wie Sie ja bereits gelesen haben — weiter oben.

Unser Weg führt uns zurück zur D 788, der Straße die von TRÉGASTEL nach TRÉBEURDEN führt. Dort biegen wir bei der nächsten Gelegenheit rechts zur ÎLE GRANDE ab. Der Name ist etwas irreführend, da es sich nicht um eine Insel handelt, allenfalls um eine Halbinsel. Außer uns bewegen sich noch eine ganze Menge anderer Fahrzeuge auf den Ort zu. Deshalb beschließen wir, an jeder Weggabelung dorthin zu fahren, wo die wenigsten Fahrzeuge hinwollen. Auf diese Weise kommen wir zwangsläufig auf den Ostteil der Insel, den wir auch nach mehreren Besuchen empfehlen können. Im Ortszentrum folgen

Allée couverte auf der Île Grande

Sie einfach dem Schild „Allée couverte“. Wir parken vor den Steinen, die übrigens sehr fotogen sind. Von allen Seiten leicht zugänglich, stellt diese überdeckte Steinreihe geradezu eine Einladung für alle Fotografen dar.

Hier bauen wir unsere Fahrräder vom Träger ab, um die Gegend gemächlich zu erkunden. Bereits nach wenigen Metern folgen wir dem Schild „Panorama“. An ein Weiterkommen mit dem Rad ist hier nicht mehr zu denken. Zu dicht wuchern Farne und Ginster. Also steigen wir ab und gehen auf den riesigen Felsbrocken zu, der die Aussicht verspricht. Nach einer kurzen Kletterpartie sind wir überwältigt von dem herrlichen Blick, den wir von hier oben genießen. Natürlich sieht die Küste wieder ganz anders aus als nur wenige Kilometer weiter nördlich, aber daran haben wir uns in den letzten Tagen ja bereits gewöhnt. Unser Blick wandert weiter zum Wohnmobil, zur uralten Allée couverte daneben und zu den futuristischen Kuppeln von PLEUMEUR-BODOU.

Eindrücke haben wir für heute genug gesammelt. Jetzt wird für den Rest des Tages gefaulenzt. Das Wander- oder Radwegenetz der ÎLE GRANDE ist gut ausgebaut und führt immer wieder an schönen Stränden entlang. Wo wir schließlich gelandet sind, verrate ich nicht. Selbst wenn ich wollte, könnte ich es nicht. Wie oft wir in welche Richtung abgebogen sind vermag ich nicht mehr nachzuvollziehen. Aber soviel ist sicher: Es ist kein Problem, hier ein schönes Plätzchen zum Verweilen zu finden.

Zurückgekehrt zur D 788 biegen wir nach rechts ab in Richtung Trébeurden. Hier finden wir gleich am Ortseingang einen Stellplatz.

WOMO-Badeplatz: Trébeurden

WOMO-Zahl: > 5 Gebührenfrei

Ausstattung: Ver- und Entsorgung, Mülleimer, Recycling-Container, Telefonzelle

Zufahrt: Am Ortseingang von Trébeurden nach links zum Stellplatz abbiegen. Von der Straße aus zu sehen. Um zum Meer zu kommen, brauchen Sie nur die D 788 zu überqueren.

Unsere Route führt uns weiter in Richtung Lannion. Wie es von dort aus weitergeht können Sie auf der nächsten Seite lesen.

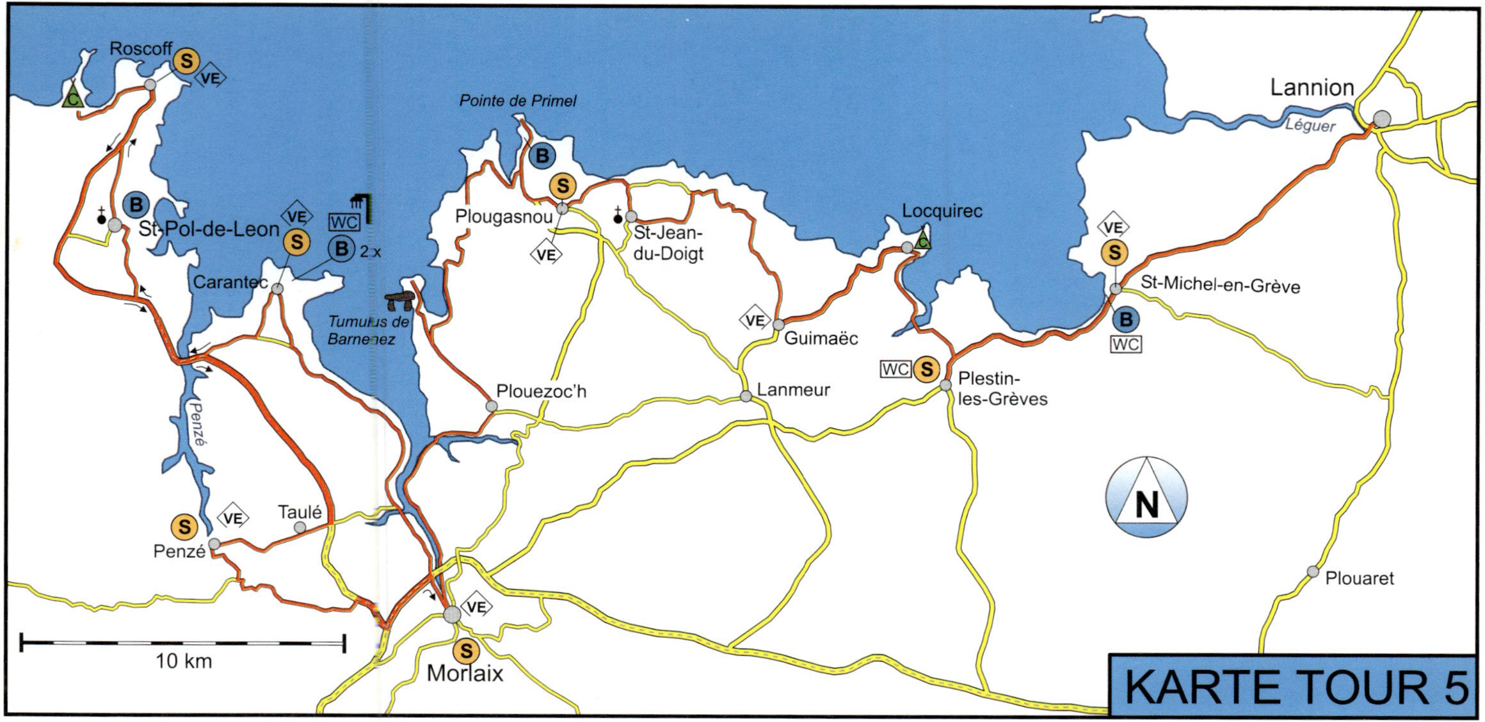
KARTE TOUR 5
Roscoff
St-Pol-de-Leon
Carantec
Pointe de Primel
Plougasnou
St-Jean-du-Doigt
Locquirec
St-Michel-en-Grève
Lannion
Léguer
Tumulus de Barnenez
Plouezoc'h
Guimaëc
Lanmeur
Plestin-les-Grèves
Penzé
Taulé
Morlaix
Plouaret
B 2 x
WC
VE
S
N
10 km

TOUR 5 (89 km)

Lannion — Plestin-les-Grèves — St-Pol-de-Léon — Roscoff — Morlaix

Übernachten:	St-Michel-en-Grève, Plestin-les-Grèves, Plougasnou, Primel, Carantec, St-Pol-de-Léon, Roscoff, Penzé
Besichtigen:	Tumulus de Barnnenez
Baden:	Zwischen St-Michel-en-Grève und Plestin-les-Grèves, Locquirec, Plougasnou, Primel, Carantec, Roscoff
Campingplatz:	Le Rugunay, Camping Municipal de Perharidy
Markt:	Lannion (Do.), Carantec (Do.), St-Pol-de-Léon (Di.), Roscoff (Mi.)

LANNION verlassen wir in Richtung MORLAIX. Nach etwa 10 Kilometern erreichen wir ST-MICHEL-EN-GRÈVE und fahren anschließend an einer großen Bucht entlang, die an vielen Stellen zum Baden einlädt.

WOMO-Stellplatz: St-Michel-en-Grève

WOMO-Zahl: > 5 Gebührenfrei

Ausstattung: Ver- und Entsorgung, Abfalleimer

Zufahrt: Sie erreichen St-Michel-en-Grève auf einer leicht abschüssigen Straße. Achten Sie im Ort auf das Bürgermeisteramt (Mairie) auf der rechten Seite. Dort müssen Sie rechts abbiegen. Ausgeschildert ist dort auch „Salle des Fêtes“. Der kleine Weg ist recht unscheinbar und ich bin selbst schon ein paar Mal vorbeigefahren obwohl ich schon mehrmals dort übernachtet hatte.

WOMO-Badeplatz: St-Michel-en-Grève

WOMO-Zahl: > 5 Gebührenfrei

Ausstattung: Mülleimer, Toiletten

Zufahrt: Fahren Sie weiter die abschüssige Straße hinab und an der Abzweigung zum oben genannten Stellplatz vorbei. Nach einer Linkskurve erreichen Sie das Meer. Etwa 500 m nach dem Ortsausgang sehen Sie den Womo-Platz rechts der Straße. Ihre Toilette können Sie im Toilettenhäuschen entsorgen. Ansonsten finden Sie einen Hinweis auf die obenstehende Ver- und Entsorgungsstation.

Die Suche nach einer Bäckerei führt uns in das Zentrum von PLESTIN. In der Nähe der Kirche finden wir auch einen großen Parkplatz mit Toilettenhäuschen, aber leider keinen von außen zugänglichen Wasserhahn. Dafür genießen wir bei einem Stadtbummel die unerwartete Schönheit des Ortes mit seinen alten Häusern. Unsere weitere Tour führt uns nach Norden und damit kommen wir wieder zur Küste. An der Ampel in PLESTIN heißt

WOMO-Stellplatz: Plestin-les-Grèves

WOMO-Zahl: > 5 Gebührenfrei

Ausstattung: WC

Zufahrt: In der Ortsmitte von Plestin in der Nähe der Kirche gelegener Parkplatz. Leicht abschüssig.

das für uns - und für Sie - dass wir die Richtung nach LOCQUIREC einschlagen. Unterwegs treffen wir immer wieder auf schöne Strände.

LOCQUIREC ist ein bekannter und beliebter Ferienort und da ist meist für Womos wenig Platz. Falls Sie sich allerdings an einem der sechs (!) Strände wohlfühlen, habe ich einen Campingplatz-Tipp für Sie. Wir bleiben weiterhin auf der D 64 und

WOMO-Campingplatz-Tipp: Le Rugunay
Öffnungszeiten: Ostern - 30.9.
Zufahrt: Im Ort sehr gut beschildert.
Ausstattung: Ver- und Entsorgung, schattig, Laden, Spielplatz, 250 Meter zum Strand.

kommen auf diese Weise nach GUIMAËC. Auf der Landkarte sehe ich, dass wir uns zu weit vom Meer entfernen. Da die nächste Tour uns ins Landesinnere führen wird, wollen wir heute noch so weit wie möglich in Meeresnähe bleiben. Zuvor möchte ich Ihnen allerdings noch einen Hinweis auf eine Ver- und Entsorgungsmöglichkeit geben. Wenn Sie an der Kirche rechts abbiegen und dann nach links den Schildern zum Campingplatz „Pont Prenn" folgen, finden Sie außerhalb des Platzes die Station. Wir wenden uns jedoch wieder einmal nach Norden und folgen den Schildern nach „PLOUGASNOU par la Côte" oder „Pointe de Primel".

Der Küstenstraße bleiben wir allerdings nur so lange treu, bis wir Schilder nach ST-JEAN-DU-DOIGT sehen. Dort ist ein sehr schöner Pfarrbezirk zu finden. Das soll auch schon eine kleine Einstimmung auf unsere nächste Tour sein, in der wir die bekanntesten „Enclos Paroissiaux", wie sie auf französisch heißen, besuchen wollen. Der Ort ist so klein, dass Sie die Kirche gar nicht verfehlen können. Fahren Sie so daran vorbei, dass sie rechts von Ihnen liegt, dann finden Sie gleich dahinter einen Parkplatz, ebenfalls auf der rechten Seite.

WOMO-Stellplatz: St-Jean-du-Doigt
WOMO-Zahl: 2 Gebührenfrei
Ausstattung: -
Zufahrt: An der Kirche im Ort links vorbeifahren. Danach rechts abbiegen auf ein Sportgelände, das 2 Wohnmobile verträgt, wenn keine Veranstaltung stattfindet.

Der Aufbau entspricht einem typischen bretonischen Pfarrbezirk. Es gibt die Mauer, das Triumphtor, die Kirche, das Beinhaus und den Friedhof. Im Allgemeinen Teil können Sie unter dem Stichwort „Kirchen und Kalvarienberge" mehr darüber lesen. Hier gibt's als Zugabe noch einen Brunnen und ein zweites Beinhaus.

Der Ortsname setzt sich aus den Begriffen St-Jean (Hl. Johannes) und Doigt (Finger) zusammen. Dazu gibt es natürlich eine Geschichte. Ein Glied des Zeigefingers Johannes' des

Triumphtor und Brunnen in St-Jean-du-Doigt

Täufers ist Teil des Kirchenschatzes. Die Reliquie ist selbstverständlich wundertätig. So ist sie für die Heilung von Augenleiden zuständig. Selbst Anne de Bretagne hat hier erfolgreich für ihren augenkranken Mann gebetet. Als Dank spendete sie eine hübsche Summe um die Kirche und Nebenbauten in ihren heutigen Ausmaßen entstehen zu lassen. Für ein 700-Seelen-Dorf etwas übertrieben, aber wenn das Geld schon mal da ist, ist es legitim das Beste daraus zu machen.

Stehen Sie auf dem oben genannten Parkplatz? Dann folgen Sie uns jetzt auf unserer weiten Route, indem Sie beim Verlassen des Platzes nach rechts abbiegen. Wir fahren jetzt wieder einmal direkt auf das Meer zu. Dort finden wir einige Sandstrände und kommen dann aber auch im Nu nach PLOUGASNOU. Hier hätte ich wieder einen Stellplatz anzubieten.

WOMO-Stellplatz: Plougasnou

WOMO-Zahl: 3 - 4 Gebührenfrei
Ausstattung: Ver- und Entsorgung in der Nähe
Zufahrt: Fahren Sie auf die Kirche zu und biegen Sie dort rechts ab. Fahren Sie dann noch ein Stückchen geradeaus bis auf der rechten Seite ein Parkplatz auftaucht. Der ist zwar nicht die Offenbarung, aber immer noch besser als der offizielle Stellplatz am Salle des Fêtes. Dort können Sie allerdings ver- und entsorgen. Dazu fahren Sie wieder zurück zur Kirche, biegen rechts ab und fahren an der nächsten Ampel wieder nach rechts. Sie sind dann in der Rue de Primel und sehen auch schon bald die Entsorgungsstation.

Wenn Sie an der Ver- und Entsorgungsstation stehen, haben Sie schon die richtige Richtung für unsere Weiterfahrt eingeschlagen. Wir wollen zur POINTE DE PRIMEL, einem bekannten Aussichtspunkt mit schönen Felsformationen. Einer Wegbeschreibung bedarf es nicht, die Beschilderung ist gut. Unsere Fahrt endet in PRIMEL-TRÉGASTEL. Ab hier geht`s zu Fuß weiter. Die Felsen haben eine ähnliche Färbung wie an der CÔTE DE GRANIT ROSE und die Formen erinnern an diese Küste. Bei entsprechendem Wetter haben Sie hier eine enorme Fernsicht. Leider ist gerade im Sommer der Horizont recht diesig, so dass sie meist nur im Frühjahr oder Herbst weit blicken können.

Ihr Wohnmobil haben Sie vermutlich, genau wie wir, in der Nähe des Strandes von PRIMEL-TRÉGASTEL geparkt. Wenn es Ihnen hier gefällt, dürfen Sie gern bleiben.

WOMO-Badeplatz: Primel-Trégastel

WOMO-Zahl: 2 - 3 Gebührenfrei
Ausstattung: -
Zufahrt: Wenn Sie in den Ort hineinfahren, erreichen Sie schon bald den Strand. Es sind dort direkt neben der Straße Parkbuchten aufgemalt. Hier ist der Ausgangspunkt für einen Spaziergang zur Pointe de Primel. Aus eigener Erfahrung wissen wir, dass selbst im Sommer abends und nachts hier kein Verkehrslärm zu erwarten ist.

Meine Vorliebe für prähistorische Steine führt uns zum TUMULUS DE BARNENEZ. Von PRIMEL-TRÉGASTEL aus gibt es sowieso nur eine Richtung in die wir fahren können und dann ist der Tumulus an fast jeder Kreuzung ausgeschildert. Es handelt sich also schon um ein wichtiges Zeugnis aus der Vergangenheit. Im Allgemeinen Teil können Sie unter dem Stichwort „Steine, Steine, Steine“ mehr über den Begriff „Tumulus“ lesen. Wir werden im Lauf unserer Reise noch mehrere Tumuli und deren Verwandte, die Cairns, kennenlernen. Für den TUMULUS DE BARNENEZ wird meiner Meinung nach etwas zu viel getrommelt. Aber lassen Sie uns erst einmal hinkommen. Etwa 4 - 5 Kilometer nach Le Diben taucht rechts der Straße ein Parkplatz

Felsen an der Pointe de Primel

auf, von dem man einen schönen Blick auf die Bucht hat, die von der Halbinsel gebildet wird, auf der wir anschließend den Tumulus (gern auch Cairn) besuchen werden. Der weitere Straßenverlauf geht ab der Abzweigung von der D 76 ziemlich verwegen in engen Kurven bergauf. Schließlich erreichen wir den Parkplatz am Tumulus. Er ist der Neigung der Straße angepasst, und im Sommer müssen Sie schon eine Portion Glück mitbringen um einen einigermaßen waagrechten Platz zu finden.

Aber schreiten wir nach so viel Vorrede jetzt endlich zum Besuch. An der Kasse können Sie Info-Blätter in deutscher

Der Autor nach der Erforschung des Dolmen D

Sprache ausleihen. Vor etwa 7000 Jahren wurde das Grabmal in zwei Bauabschnitten errichtet. Insgesamt sind unter den Steinmassen 11 Grabkammern verborgen, die von A bis J bezeichnet sind. Wenn Sie der Meinung sind, das seien nur 10, dann sollten Sie wissen, dass es neben G auch noch G' gibt. Nur zwei der Kammern sind zugänglich. Die anderen wurden aus Gründen des Denkmalschutzes versiegelt. Auch diese Maßnahme wird uns im Verlauf unserer Reise noch mehrfach begegnen. Insgesamt ist der Besuch des Cairns eher eine wissenschaftliche Exkursion als ein touristisches Erlebnis. Bezahlen mussten wir dafür im Sommer 2003 4,60 €/ 3,10 €.

Nach der Besichtigung gibt es von hier aus nur eine einzige Richtung: Zurück! Sie merken es, wenn Sie die D 76 wieder erreichen. Ab hier geht es erst einmal in Richtung PLOUÉZOC'H, danach folgen wir den Schildern nach MORLAIX. Allerdings steht

MORLAIX erst am Ende dieser Tour auf unserem Programm. Wir fahren daher jetzt an der *Rivière de Morlaix* entlang, die uns auf unserer rechten Seite begleitet. Nach der Einfahrt in den Ort sehen Sie schon das beeindruckende Wahrzeichen Morlaix', das Viadukt. Vorher jedoch ergibt sich eine Möglichkeit die *Rivière de Morlaix* zu überqueren. Wir fahren jetzt auf der anderen Seite der Flussmündung nach Norden. Unser nächstes Ziel ist CARANTEC.

Dieser Ort wartet gleich mit 3 Übernachtungsplätzen auf. Zum Besichtigen des Dorfes parken wir in der Nähe des Zen-

WOMO-Stellplatz: Carantec 1

WOMO-Zahl: >5 Gebührenfrei

Ausstattung: Ver- und Entsorgung

Zufahrt: Am Ortseingang von Carantec den Schildern zum „Centre sportif" nach links folgen. Der Platz ist unattraktiv und eigentlich nur zum Ver- und Entsorgen geeignet.

WOMO-Badeplatz: Carantec 2

WOMO-Zahl: >5 Gebührenfrei

Ausstattung: Toilette, Telefonzelle

Zufahrt: Am Kreisel am Ortsanfang rechts abbiegen nach Le Clouet. Später nach rechts diesem Schild wieder folgen bis zum Strand. Nur für kleinere Wohnmobile geeignet, da die Straße recht eng ist und für die Rückfahrt gewendet werden muss.

WOMO-Badeplatz: Carantec 3

WOMO-Zahl: >5 Gebührenfrei

Ausstattung: Abfalleimer, Spielplatz, Telefonzelle, Toilette, Stranddusche

Zufahrt: Zum schönsten der 3 Carantec-Stellplätze kommen Sie, wenn Sie in der Ortsmitte auf die Kirche zufahren, dann rechts vorbeifahren und anschließend rechts in Richtung „Base nautique" abbiegen. Sie kommen dann auf einer abschüssigen Straße zu einem Parkplatz am Strand. Fahren Sie durch bis in den hinteren Bereich, der für Wohnmobile vorgesehen ist.

trums am Bürgermeisteramt (Mairie). Dort ist ein großzügiger Parkplatz. Auf ihm findet allerdings Donnerstag der Markt statt. Ein Rundgang durch den Ort dauert übrigens nicht länger als eine halbe Stunde. Aufgrund seiner Lage müsste CARANTEC eigentlich völlig von Touristen überlaufen sein. Durch die vielen Strände verteilen sich die Besucher jedoch auf eine große Fläche. Sie werden merken, dass selbst im Sommer der von mir bevorzugte Platz „Carantec 3" zwar stark frequentiert aber nicht überlaufen ist. Die Bilder, die Sie hier sehen wurden Mitte

Der Strand beim Badeplatz „Carantec 3“

August aufgenommen. Die Anzahl der Wohnmobile hält sich in einem überschaubaren Ausmaß und der Strand ist nicht überfüllt. Es bleibt Ihnen überlassen die anderen Strände zu erkunden.

Nur wenige Kilometer trennen uns jetzt noch von ST-POL-DE-LÉON. Auch dieser Ort ist - wie so viele in der BRETAGNE - nach einem Heiligen benannt. In diesem Fall nach dem Heiligen Paul-Aurélien. Er kam aus WALES und lebte auf der ÎLE DE BATZ, die vor der Küste ROSCOFFS liegt. Dieser Mönch hatte es sich zur Aufgabe gemacht die Einwohner der Stadt CASTELLUM LEONENSE PAGUS zu missionieren und ihrem sündigen Treiben ein Ende zu setzen. Diese Arbeit muss er sehr gut verrichtet haben. Zuerst wurde der Ort nach ihm benannt, dann baute man eine Kapelle mit einem riesigen Turm, der noch heute mit 78 Metern der Höchste in der ganzen BRETAGNE ist. Er ist auch Vorbild für viele andere Kirchtürme in der BRETAGNE. Vauban, wir kennen ihn mittlerweile, bezeichnete diesen Turm als das „gewagteste Gebäude, das er je gesehen hat“. Immerhin hat er bisher 600 Jahre gut überstanden.

Die Kirche, zu der er gehört, trägt jedoch immer noch ganz bescheiden den Namen „Kapelle“ (Chapelle du Kreisker), was nun wirklich eine Untertreibung ist, denn sie steht der Kathedrale, die ein paar hundert Meter weit entfernt ist in keiner Weise nach. Der DuMont ist da zwar anderer Ansicht, aber schauen

WOMO-Badeplatz: St-Pol-de-Léon

WOMO-Zahl: > 5 Gebührenfrei

Ausstattung: Ver- und Entsorgung

Zufahrt: Im Ort den Schildern zum „Plage“ folgen. Wenn Sie das Meer erreichen, ist der Stellplatz nicht mehr zu übersehen. Die Ver- und Entsorgungsanlage finden Sie auf der gegenüberliegenden Straßenseite.

Chapelle du Kreisker mit ihrem berühmten Turm

Sie sich die beiden Gotteshäuser einmal an und bilden Sie Ihr eigenes Urteil.

Wir haben die Nacht auf dem nebenstehenden Stellplatz verbracht und möchten Ihnen noch den Rat mit auf den Weg geben auf dem selben Weg zum Ort zurück zu fahren, auf dem Sie den Übernachtungsplatz auch erreicht haben. Wir waren so experimentierfreudig den Parkplatz nach rechts abbiegend zu verlassen. Es war keine gute Idee. Die Straßen werden enger, Einbahnstraßen kommen Ihnen entgegen und als wir den Kreisker-Turm schon zum Greifen nahe vor uns sahen war die einzig mögliche Fahrtrichtung „rechts". Irgendwohin in die Prairie. Wir haben das Zentrum von ST-POL wieder gefunden, sonst könnten Sie dieses Büchlein nicht lesen, aber es wäre einfacher gegangen.

Wie so oft zieht es uns wieder an landschaftlich besonders exponierte Stellen an der Küste. Diesmal ist es ROSCOFF. Der Ort ist von ST-POL aus gut beschildert. Hier kann ich Ihnen einen Stellplatz und, wenn es Ihnenn hier gefällt und Sie länger bleiben wollen, einen Campingplatz anbieten.

WOMO-Stellplatz: Roscoff

WOMO-Zahl: > 5 Gebührenfrei

Ausstattung: Ver- und Entsorgung

Zufahrt: Folgen Sie zuerst den Schildern zur „Car Ferry". Es tauchen dann schon bald die ersten schmalen Schilder zur „Aire de Service St-Barbe" auf. Der Stellplatz ist abseits vom eigentlichen Ortskern und viele Plätze sind auch recht schief. Die Aussicht von der Kapelle Ste-Barbe, die Sie nach einem kurzen Fußmarsch erreichen, ist jedoch recht eindrucksvoll.

WOMO-Campingplatz-Tipp: Camping Municipal de Perharidy

Öffnungszeiten: 1.5. - 30.9.

Zufahrt: Westlich von Roscoff in der Nähe der Pointe de Perharidy gelegen. Beschilderung von Roscoff aus ausreichend.

Ausstattung: Ver- und Entsorgung, kaum schattig, Laden, Spielplatz, direkter Strandzugang.

Wenn Sie meinem Stellplatztipp gefolgt sind, stehen Sie jetzt im Ortsteil Ste-Barbe. Auch wenn Sie nicht dort übernachten wollen möchte ich Ihnen die Zufahrtsbeschreibung dennoch empfehlen, denn von der Kapelle Ste-Barbe, die Sie vom Stellplatz aus ganz schnell erreichen, haben Sie einen sehr schönen Blick auf den Ort. Sie sehen im Nordwesten die ÎLE-DE-BATZ, im Osten sogar die POINTE DE PRIMEL und im Südosten den Fährhafen, von dem die Schiffe nach ENGLAND und IRLAND ablegen.

Ganz in der Nähe des Stellplatzes finden Sie auch die „Les Viviers" genannten Meerwasserbecken. Hier finden Muscheln Hummer, Langusten & Co. eine fast natürliche Umgebung, da

Blick auf Roscoff von der Kapelle Ste-Barbe

bei jedem Gezeitenwechsel frisches Wasser in die Becken strömt. Leicht zu finden, wenn Sie einfach am Stellplatz vorbei weiter fahren. Das sollten Sie allerdings nicht tun, wenn Sie dem Zentrum von ROSCOFF noch einen Besuch abstatten wollen. Das geht nur, wenn Sie von STE-BARBE aus wieder zurück fahren.

Wir wollen heute jedoch noch ein Stück weiterfahren und machen uns deshalb auf den Weg nach MORLAIX. Das geht recht zügig auf breiter Straße. ST-POL-DE-LÉON können wir umfahren und bald darauf geht es schon vierspurig nach Süden. Einen kleinen Abstecher möchte ich all denen empfehlen, die einen nicht überlaufenen Stellplatz für eine Nacht suchen. Die Übernachtungsmöglichkeit in MORLAIX ist nämlich ein wenig kurios und wohl nicht nach jedermanns Geschmack.

Wir verlassen die autobahnähnlich ausgebaute N 12 bei der Ausfahrt „TAULÉ" und fahren durch den Ort, bis wir nach PENZÉ kommen. Das Dorf liegt an der weit ins Landesinnere reichenden Trichtermündung des Flusses *Penzé* und direkt an dessen Ufer möchte ich Sie auf einen Stellplatz lotsen.

WOMO-Stellplatz: Penzé

WOMO-Zahl: 3 - 4 Gebührenfrei

Ausstattung: Ver- und Entsorgung, Tische und Bänke in geringer Entfernung

Zufahrt: Von Taulé aus ist Penzé gut ausgeschildert. Im Ort müssen Sie etwas aufpassen. Wenn Sie eine Brücke sehen, müssen Sie kurz davor rechts abbiegen. Sie sehen dann auf der rechten Seite die Ver- und Entsorgungssäule und auf der linken Seite die Stellplätze.

Das Problem hierbei ist, wie bei allen in diesem Reiseführer erwähnten Plätzen, dass Sie hier viele Wohnmobilisten treffen werden, die ebenfalls einen ruhigen und einsamen Platz suchen. Im Sommer 2003 waren gerade einmal - außer uns - 2 weitere Womos auf dem Platz.

Um unserer Tour weiter zu folgen, fahren Sie über die schon erwähnte Brücke und biegen dann links ab. Jetzt können Sie vertrauensvoll den Wegweisern nach MORLAIX folgen. Welcher absonderliche Stellplatz Sie dort erwartet und was es in der Stadt noch alles zu sehen gibt, erfahren Sie auf der nächsten Seite.

KARTE TOUR 6

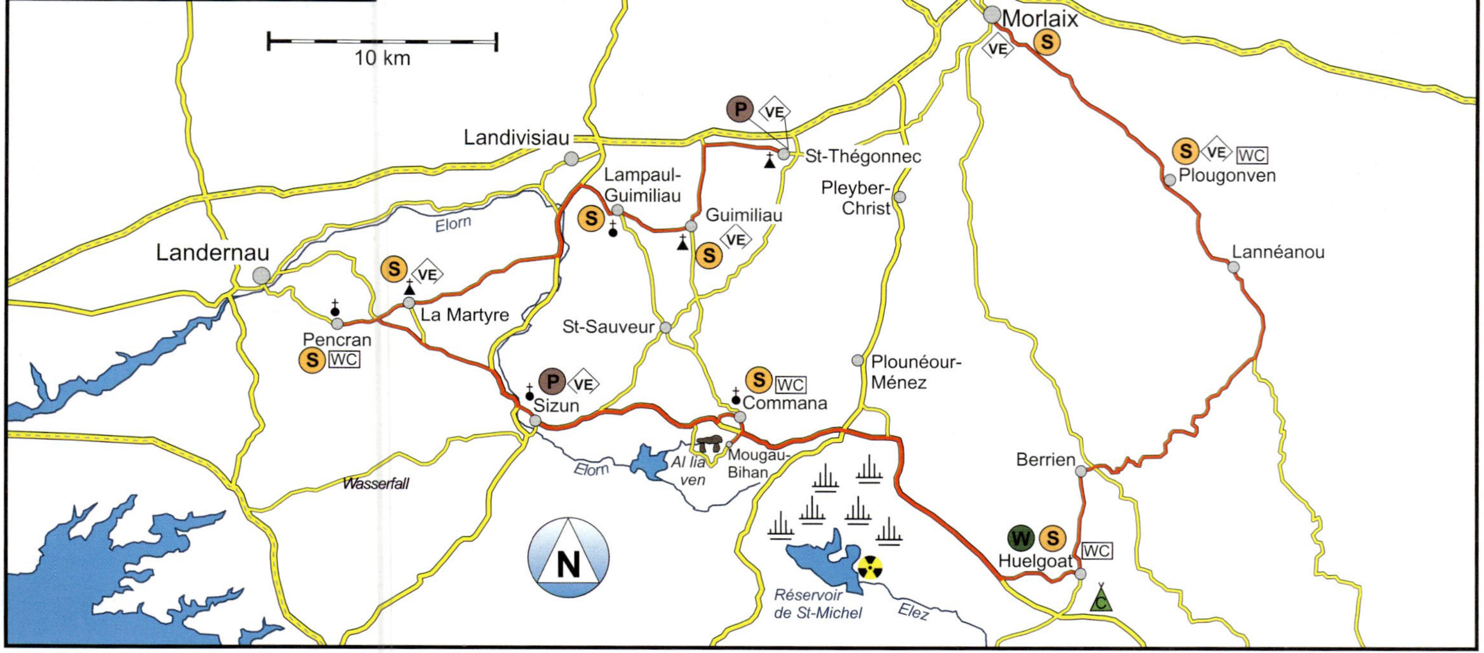

10 km
Morlaix
VE
S
P
VE
St-Thégonnec
Landivisiau
Lampaul-
Guimiliau
S
Guimiliau
VE
S
Pleyber-
Christ
S
VE
WC
Plougonven
Lannéanou
Elorn
Landernau
S
VE
La Martyre
Pencran
S
WC
St-Sauveur
P
VE
Sizun
S
WC
Commana
Plounéour-
Ménez
Mougau-
Bihan
Al lia
ven
Elorn
Wasserfall
Berrien
W
S
WC
Huelgoat
C
N
Réservoir
de St-Michel
Elez

TOUR 6 (119 km)

Morlaix — Huelgoat — Commana — Guimiliau — St-Thégonnec

Übernachten:	Morlaix, Plougonven, Huelgoat, Commana, Sizun, Pencran, La Martyre, Lampaul-Guimiliau, Guimiliau, St-Thégonnec
Besichtigen:	Die Allée couverte von Mougau Bian, Pfarrbezirke und Calvaires von Commana, Sizun, Pencran, La Martyre, Lampaul-Guimiliau, Guimiliau, St-Thégonnec
Wandern:	Im Wald von Huelgoat
Campingplatz:	La Rivière d'Argent
Markt:	Plougonven (Mo.)

Nachdem ich im letzten Kapitel schon auf die etwas absonderliche Übernachtungsmöglichkeit in MORLAIX aufmerksam gemacht habe, möchte ich das Rätsel auch gleich auflösen. Wir wollten eigentlich nur einkaufen und fanden dabei auf ungewöhnlichem Terrain eine Ver- und Entsorgungsstation sowie einen Stellplatz.

WOMO-Stellplatz: Morlaix

WOMO-Zahl: >5 Gebührenfrei

Ausstattung: Ver- und Entsorgung

Zufahrt: Wenn Sie nach Morlaix kommen, folgen Sie den Schildern zum Zentrum und dann nach Brest. Sie kommen dann zwangsläufig in die Rue de Brest. Dort finden Sie einen Intermarché auf der linken Seite. Wenn Sie auf das Gelände fahren sehen Sie zwei Schilder, die auf einen Langzeitparkplatz bzw. auf einen Kurzzeitparkplatz hinweisen. Biegen Sie nicht nach links auf den „Parking longue durée" ab, wenn ihr Fahrzeug höher ist als 3 Meter. Sie müssen ihn dann nämlich entgegen einer Einbahnstraße verlassen, was kein Vergnügen ist (Ich weiß wovon ich spreche!). Auf dem Parkplatz zur Rechten dürfen Sie nicht nur übernachten, sondern können auch noch ver- und entsorgen. Bis zur Ortsmitte sind es nur ein paar Minuten, aber nicht jeder möchte gern auf einem Supermarktparkplatz stehen. Gute Idee, aber nichts für uns.

Selbst wenn Sie hier nicht übernachten wollen, ist dieser Platz ein recht guter Ausgangspunkt um MORLAIX zu erkunden. Das berühmteste Bauwerk, das Viadukt, haben Sie jetzt ja schon mehrmals gesehen. Es gibt in der Stadt allerdings noch mehr zu entdecken.

Nicht weit vom Supermarkt entfernt kommen wir zur Fußgängerzone und können dort alte Fachwerkhäuser sehen, die teilweise mit Heiligenfiguren verziert sind. Das touristische Leben spielt sich zwischen den Kirchen St-Mélaine und St-Mathieu ab. Beide Kirchen können uns nicht begeistern und so schlendern wir ziellos durch die Gassen links und rechts der Grand Rue und sammeln dort viele Eindrücke.

Das Viadukt in Morlaix

Vor dem weiteren Tourenverlauf möchte ich warnen und Sie gleichzeitig davon überzeugen uns trotzdem zu folgen. Sie werden auf den nächsten Seiten nach einer Wanderung im Wald von Huelgoat nur mit Kirchen, Calvaires und einer schönen Allée Couverte konfrontiert werden. Ich bin selbst kein großer Freund von Kirchenbesuchen, die bretonischen Gotteshäuser ziehen mich aber immer wieder in ihren Bann. Mit einer unglaublichen Liebe zum Detail wurden die Figuren in den harten Granit gemeißelt und gleichen fast schon biblischen Bilderbüchern. Die Art und Weise, wie heidnische und christliche Motive wie selbstverständlich in den Kirchenbauten verarbeitet wurden, fasziniert mich.

Wir folgen jetzt in MORLAIX den Schildern nach CARHAIX-PLOUGUER. Nach kaum mehr als 10 Kilometern erreichen wir Plougonven. Fahren Sie mit uns ins Zentrum und parken Sie dann gegenüber der Kirche.

WOMO-Stellplatz: Plougonven 1

WOMO-Zahl: > 5 Gebührenfrei

Ausstattung: Toiletten, Ver- und Entsorgung in kleiner Entfernung

Zufahrt: Auf dem Parkplatz gegenüber der Kirche können Sie übernachten. Achten Sie jedoch auf den Markttag. Ver- und Entsorgung: Ziemlich am Ortsende geht es an einem Kreisel ab nach Lannéanou. An diesem Kreisel fahren Sie jedoch noch ein paar Meter in Richtung Plourin. Nach etwa 20 - 30 Meter steht auf der linken Seite eine Ver- und Entsorgungsstation.

WOMO-Stellplatz: Plougonven 2

WOMO-Zahl: > 5 Gebührenfrei

Ausstattung: Toiletten in der Nähe, Ver- und Entsorgung in kleiner Entfernung

Zufahrt: Vom Stellplatz 1 fahren Sie die - von der Kirche aus gesehen - linke Straße hinab. Dort finden Sie dann auf der rechten Seite noch weitere Parkplätze mit Übernachtungsqualität. Ver- und Entsorgung siehe oben.

Hier verbringen wir auch, unter schattenspendenden Bäumen, die Nacht. An der Einfahrt zum Parkplatz steht ein Schild, dem Sie entnehmen können, wann Markttag ist. Wenn bei Ihnen, wie es bei uns oft der Fall ist, im Urlaub die Tage manchmal durcheinandergeraten, rechnen Sie nochmal nach, ob nicht gerade Sonntag ist. Dann droht Ihnen nämlich am nächsten Tag ein frühes Erwachen, wenn der Gemüsemann erklären will, dass Sie auf seinem Platz stehen und seinen Anspruch durch rhythmisches Klopfen an Ihrer Tür geltend macht. Ach ja, wenn Sie Toiletten suchen, Sie stehen eventuell gerade drauf... Die oben genannte abschüssige Straße führt Sie nach wenigen Metern zu den Örtlichkeiten für „Dames“ und „Hommes“ direkt unter dem Marktplatz.

Der Calvaire von Plougonven

Plougonven - Die Taufe Jesu

Wir gehen hinüber zur Kirche und stehen in einem der ältesten Pfarrbezirke der Bretagne. Ein großartiger Calvaire erhebt sich auf einem achteckigen Sockel. Wenn Sie zum ersten Mal vor einer solchen Skulptur stehen, sollten Sie im Allgemeinen Teil dieses Büchleins unter dem Stichwort „Kirchen und Kalvarienberge" nachschlagen.

Plougonven - Die Versuchung in der Wüste

Wir beginnen unsere Betrachtung in der unteren Reihe mit der Darstellung der Verkündigung Mariä und folgen den Bildern, indem wir rechts um den Calvaire herumgehen. Nach einer dreiviertel Umrundung sehen wir als siebte Darstellung die Versuchung in der Wüste. Die Teufelsfratze ist die wohl berühmteste Figur dieses Kunstwerkes. Mit dem zehnten Bild, der Darstellung des Hl. Yves zwischen dem Reichen und dem Armen, schließen wir die Betrachtung der unteren Reihe ab. Sie kennen St-Yves nicht? Nun, da können wir nachhelfen: Der berühmteste Heilige der BRETAGNE studierte Rechtswissenschaft und wurde dadurch zum Schutzpatron der Juristen. Sein Eintreten für die Belange der Armen machten ihn beim Volk beliebt. Eines seiner Urteile war besonders spektakulär: Ein armer Mann wurde vom Besitzer eines Restaurants verklagt, weil er täglich vor dessen Küchentür den Duft der Speisen einatmete, ohne dafür zu zahlen. St-Yves gab daraufhin die geforderte Summe in einen Beutel und schüttelte diesen vor den Ohren des Reichen. Mit den Worten: „So wie der Duft deines Essens nicht seinen Bauch füllt, so füllt auch der Klang dieser Münzen nicht deine Taschen", soll der Heilige den Streit beendet haben. Die obere Reihe beginnt dann über dem ersten Bild und zeigt Christus unter Schmähungen, von vier Soldaten umringt. Die ganze

Szene gipfelt in der Kreuzigung hoch über dem figurengeschmückten Sockel.

Nach der Besichtigung der Kirche schlendern wir noch durch den Ort, kehren jedoch schnell wieder zum Womo zurück, da sich große graue Wolken mit erschreckender Geschwindigkeit nähern. Der erwartete Regen bleibt jedoch aus, und nach einer Runde Domino steht die Sonne wieder wie gewohnt am Himmel.

Wir verlassen PLOUGONVEN in Richtung LANNÉANOU. Nachdem wir LANNÉANOU passiert haben, folgen wir dem Schild CALLAC. Kurz darauf sehen wir schon einen Wegweiser nach HUELGOAT, unserem nächsten Ziel.

WOMO-Wanderplatz: Huelgoat 1

WOMO-Zahl: 3 - 4 Gebührenfrei
Ausstattung: Toiletten, Abfalleimer, Tische und Bänke
Zufahrt: Gleich nach der Einfahrt in den Ort liegt ein See zu unserer Rechten. Jetzt müssen Sie mit uns an der ersten Kreuzung links und dann gleich wieder links abbiegen. Wir sind jetzt im Stadtzentrum. Nach der Kirche fahren wir rechts in eine kleine Gasse. Ein Schild weist zur „Mairie" und dem „Office de Tourisme". Nach wenigen Metern sehen wir den Parkplatz unter Bäumen

WOMO-Stellplatz: Huelgoat 2

WOMO-Zahl: > 5 Gebührenfrei
Ausstattung: Abfalleimer
Zufahrt: An der oben genannten Kreuzung biegen Sie nach rechts ab in Richtung Brest. Sie umrunden also den See halb. Wenn Sie das Parkplatz-Schild sehen, biegen Sie ab und sind angekommen. Recht idyllisch aber ein Stück weit entfernt vom Ortszentrum.

WOMO-Campingplatz-Tipp: La Rivière d'Argent

Öffnungszeiten: 20.4. - 30.9.
Zufahrt: Von Huelgoat aus in Richtung Carhaix fahren. Etwa 3 km vom Ort entfernt.
Ausstattung: Ver- und Entsorgung, schattig, Laden, Spielplatz, direkt am Fluss gelegen.

Wir stehen auf dem Platz an der Mairie und wollen noch einen Bummel durch den Ort machen. Die wichtigsten Einrichtungen, wie ein kleiner Supermarkt, eine Bäckerei, ein Schreibwarengeschäft und ein Bistro, sind leicht im Zentrum zu finden. Spazieren Sie anschließend mit uns noch zum See. Auf diese Weise lernen Sie HUELGOAT zu Fuß kennen und haben anschließend auch die nötige Bettschwere, um sich für den nächsten Tag gut auszuruhen. Wir wollen nämlich wandern!

Ein ausgiebiges Frühstück bringt auch uns auf die Beine. Etwas zum Trinken und ein paar Brote sind im Rucksack, die Sandalen werden gegen leichte Wanderschuhe ausgetauscht.

WOMO-Wandertipp: Der Wald von Huelgoat

Zuerst wenden wir uns einem Kanal zu, der ganz in der Nähe unseres Übernachtungsplatzes entlangführt und den unsere Kinder am Abend zuvor schon entdeckt haben. Dazu gehen wir einen schmalen Pfad zwischen Mairie und Parkplatz hinunter und folgen dabei dem Schild „L'Ancienne Mine". Nach der Überquerung des Kanals gehen wir rechts weiter. Ab hier folgen wir dem Wasserlauf. Einmal ist eine Straße zu überqueren, aber ansonsten macht es richtig Spaß, hier zu spazieren. Es sind keine nennenswerten Höhenunterschiede zu bewältigen, und unsere Kinder können nach Herzenslust herumtoben. An der Straße angekommen wenden wir uns nach links und überqueren sie nach etwa 100 Metern, wenn ein Weg in den Wald führt, dem wir dann folgen. Das Wasser begleitet uns bis zu einem kleinen Elektrizitätswerk. Dort wählen wir einen steilen Pfad und folgen dem Schild „La Mine". Jetzt schlängelt sich der Weg zwischen uralten Eichen, Buchen und Fichten hindurch. Die Markierung ist in diesem Bereich sehr schlecht. Bei der einzigen ernstzunehmenden Weggabelung entscheiden wir uns für die rechte Abzweigung (gelber Strich). Der Pfad führt weiterhin steil nach unten und urplötzlich stehen wir auf einer kahlen Fläche. Ein trostloses Rinnsal ist auch nicht in der Lage, das Bild aufzuheitern. „La Mine" nennt sich diese Monotonie. Hier wurden früher Silber und Blei abgebaut.

Wir überqueren das Abbaufeld sowie das Bächlein und halten uns links. Bald darauf erhebt sich ein bewaldeter Hügel vor unseren Augen. Hierzu muss angemerkt werden, dass im Herbst 1987 ein gewaltiger Orkan weite Teile der Bretagne heimsuchte. Natürlich sind ihm auch viele Waldflächen zum Opfer gefallen. Hatten bis Mitte 1990 die umgestürzten Bäume links und rechts der bereits freigeräumten Wanderwege die Undurchdringlichkeit dieses Waldes noch unterstrichen, so verlor er ab 1991 durch die Aufräumungsarbeiten viel von seinem Charakter. Glücklicherweise wurde gleichzeitig mit den Rodungsarbeiten der Wald wieder aufgeforstet. Bei unserem letzten Besuch 2003 waren die Sturmschäden kaum noch wahrnehmbar.

Nachdem wir nochmals, immer auf dem Weg weitergehend, einen kleinen Bach auf einer Brücke überqueren heißt es aufpassen. Unscheinbar weist ein Schild nach links wieder in den Wald hinein zum „ Mare aux Fées" und „Gouffre". Die Markierung ist jetzt rot/weiß. Nach einem kurzen Aufstieg windet sich ein sprudelnder Bach links neben dem Weg entlang. Moosbewachsene Steine im Flussbett und dichtes Ufergras lassen uns die urwüchsige Atmosphäre dieses Waldes wieder spüren. Allerdings kommen wir auch an stark orkangeschädigten Abschnitten vorbei, so dass uns die Wanderung bis zum „Gouffre" die Gewalt eines Naturereignisses deutlich vor Augen führt. Bereits aus einiger Entfernung hören wir die Wassermassen des Silberflusses in die Tiefe stürzen. Bevor wir uns dem Lärm weiter nähern, machen wir erst einmal Brotzeit an einem der rustikalen, aus abgesägten Baumstämmen bestehenden Tischen.

Das tosende Geräusch wird mit jedem Meter, den wir näherkommen, lauter. Jetzt können wir von einer Brücke aus sehen, wie der Fluss im „Gouffre“ verschwindet. Die Schreie, die bereits nach wenigen Minuten aus den Tiefen der Schlucht zu Ihnen heraufdringen, stammen von den Liebhabern der Fee Dahud, die ihre Unzufriedenheit mit ihnen dadurch zum Ausdruck brachte, dass sie sie von hier aus hinabwerfen ließ. Dahud war übrigens die Tochter des Königs Gradlon. Die ganze Geschichte können Sie in Kapitel 10 nachlesen. Über eine steile Treppe erreichen wir eine Straße, die wir überqueren und uns dann nach links wenden. Nach 5 Minuten erreichen wir einen Waldparkplatz mit einer ausführlichen Karte über den weiteren Verlauf des Wanderweges. Camp d'Artus, Mare aux Sangliers und Grotte d'Artus sind weitere Stationen. Begleiten Sie uns an der Stelle in den Wald hinein, wo Sie das Schild zum „Mare aux Sangliers“ sehen. Dem Schild können Sie weiterhin folgen, bis Sie den „Wildschweintümpel“ erreicht haben. Gehen Sie anschließend mit uns über die Brücke und orientieren Sie sich dann eher nach links.

Die Grotte d'Artus taucht schon wenig später auf der rechten Seite auf, ist allerdings wenig spektakulär. Aufpassen müssen wir bei der nächsten Abzweigung auf der rechten Seite. Dort stehen Schilder zum „Camp d'Artus“ und dem „Sentier des Amoureux“, dem Weg der Liebenden. Die Wege trennen sich nach einiger Zeit.

Nur wenn Sie sehr großes Interesse für Geschichte mitbringen, lohnt sich der Umweg zum Camp d'Artus. Es handelt sich hierbei um das am besten erhaltene keltische Oppidum in Westfrankreich. Cäsar hat in seinem „Gallischen Krieg“ den Aufbau dieser Anlage bis ins Detail beschrieben. Dem „Pfad der Liebenden“ folgend, nähern wir uns jetzt wieder Huelgoat und die Kulisse wandelt sich: Aus dem Wald wird ein Felsenchaos. Riesige Granitblöcke liegen kreuz und quer und zwingen ein Flüsschen zu ständigem Richtungswechsel. „Le Ménage de la Vierge“, also den Haushalt der Jungfrau, durchqueren wir jetzt. Und wirklich, mit viel Fantasie erkennen wir Kochtöpfe, Stühle, Kissen und sonstige Utensilien, die im Leben einer bretonischen Jungfrau wohl eine große Rolle gespielt haben. Sehr beeindruckend ist der etwas abseits liegende, aber ausgeschilderte Roche

Der „Roche Tremblante“

Tremblante, ein ca. 100 Tonnen schwerer Felsblock, der sich ohne große Mühe in eine schaukelnde Bewegung versetzen lassen soll. Obwohl ich mir die größte Mühe gegeben habe und auch heimlich meine Position anhand der im Ort angebotenen Ansichtskarten überprüft habe, ist es mir nicht gelungen das Ungetüm auch nur ansatzweise zum Schaukeln zu bringen. Die Bemühungen dürften jedenfalls um Mitternacht eher von Erfolg gekrönt sein, da der Felsen sich, der Legende zufolge, einmal um sich selbst dreht, wenn er die zwölf Glockenschläge hört. Zum Abschluss des Rundweges sollten Sie es nicht versäumen, in die GROTTE DU DIABLE hinabzusteigen. Über abenteuerlich anmutende Leitern klettern wir zwischen den riesigen Steinblöcken in die Tiefe. Den Ablauf des Stausees unter uns und die zusammengewürfelten Felsen hoch über uns, stellt sich schon ein leicht mulmiges Gefühl ein, zumal es eine gewisse Zeit dauert, bis sich unsere Augen an das Dunkel gewöhnt haben.

Durch ein Tor aus meterhohen Felsen erreichen wir nach kurzer Zeit den Ortsrand von HUELGOAT. Wir sind jetzt wieder am Stausee angekommen und gehen links die Straße hoch, wo wir nach wenigen Minuten unser Wohnmobil erreichen.

Von HUELGOAT aus wenden wir uns in Richtung BREST um auf die Umgehungsstraße zu gelangen. Die Straße steigt sanft an, schließlich überqueren wir die MONTS D'ARRÉE. Bei einer höchsten Erhebung von 384 Metern ist es allerdings etwas vermessen, von einem Gebirge zu reden. In der Höhe des Fernsehturms, kurz vor der Überquerung der D 785, haben wir links einen schönen Blick auf den Stausee „RÉSERVOIR DE SAINT MICHEL". Getrübt wird der Blick allerdings durch die Aussicht auf die am östlichen Seeufer gelegene Nuklearanlage von BRENNILIS. Ursprünglich wurde der See angelegt, um den Kühlwasserbedarf dieses Kernkraftwerkes zu decken. Die Anlage wurde jedoch 1987, mangels Rentabilität, stillgelegt. Was bleibt, ist eine Kraftwerksruine und ein gewaltiger Eingriff in die Natur. „Yeun Elez" nannten die Bretonen das Hochmoor, das sich einst an dieser Stelle erstreckte. Hier war der Eingang zur Unterwelt, hier stiegen nachts die Seelen der Toten aus den Sümpfen...

Wir nähern uns einer großen Kreuzung und ich muss meine Gedanken zugunsten der Verkehrssicherheit wieder weltlichen Dingen zuwenden. Die Straße MORLAIX - QUIMPER überqueren wir in Richtung LANDIVISIAU. Nach 5 km biegen wir links ab nach MOUGAU BIAN, um dort die Allée couverte „AL LIA VEN" zu besichtigen.

Der Ort erweist sich als Ansammlung von Bauernhöfen, und wäre uns nicht ein Reisebus auf den Fersen, hätte ich Zweifel, noch auf dem richtigen Weg zu sein. Bald darauf erreichen wir jedoch den Parkplatz neben der Allée couverte und nehmen angesichts des neben uns parkenden Busses erst einmal eine kleine Mahlzeit zu uns.

Die Allée couverte von Mougau Bian

Nachdem nur noch eine schwarze Dieselwolke von unserem Nachbarn übriggeblieben ist, verlassen wir unsere Behausung.

Einer Tafel entnehmen wir, dass verschiedene Tragsteine mit Symbolen geschmückt sind. Es ist jedoch nicht leicht, die Steinzeichnungen zu entdecken, und sie sind im Vergleich zu denen in der Gegend um den Golf von MORBIHAN recht bescheiden. Der gesamte Komplex der Allée couverte wurde früher von einem Tumulus bedeckt, der jedoch durch Erosion verschwunden ist.

Unser weiterer Weg führt uns wieder zurück nach MOUGAU BIAN und dann weiter nach COMMANA. Wir überqueren dazu die D 764 und erreichen nach wenigen Kilometern unser nächstes Ziel.

WOMO-Stellplatz: Commana
WOMO-Zahl: 2 - 3 Gebührenfrei
Ausstattung: Abfalleimer, Toilette
Zufahrt: Folgen Sie den Schildern an der Kirche zum Busparkplatz. Im hinteren Bereich sind schöne Plätze unter Bäumen.

Hier ist es nicht, wie in PLOUGONVEN, der Calvaire, der uns beeindruckt, sondern das prächtig ausgestattete Kircheninnere. Besonders der Altar der Ste-Anne zieht uns in seinen Bann. Ganz aus Holz geschnitzt und wunderbar bemalt, ist er ein äußeres Zeichen für die tiefe Verehrung der Heiligen Anna. Schließlich soll sie, der Legende zufolge, Bretonin gewesen

Anna-Altar in Commana

sein. Von ihrem eifersüchtigen Ehemann wegen ihrer Schwangerschaft verjagt, wurde sie von Engeln nach NAZARETH gebracht, wo sie schließlich Maria gebar. Sie merken, dass sich die biblischen Geschichten auf bretonisch etwas anders lesen, als Sie sie bisher kennen. Aber gerade das macht die Geschichten lebendig und für mich interessant.

Etwas mehr als zehn Kilometer trennen uns jetzt noch von SIZUN. GUIMILIAU, ST-THÉGONNEC, LA MARTYRE, PENCRAN, LAMPAUL-GUIMILIAU, alle diese bekannten enclos paroissiaux konzentrieren sich in dieser Gegend. Der Grund dafür liegt im Flachsanbau, der im Mittelalter betrieben wurde. Hierdurch siedelten sich auch Leineweber an, und der ernorme Bedarf an Segeltuch brachte den Gemeinden großen Reichtum. Die Orte begannen untereinander um den schönsten Pfarrbezirk zu konkurrieren was schließlich dazu führte, dass kleine Ortschaften über Kirchen verfügten, die für den eigenen Bedarf um etliche Nummern zu groß waren.

SIZUN liegt in Richtung LANDERNAU und ist nach 10 Kilometern erreicht. Hier ist es die Triumphpforte, der den Pfarrbezirk besonders sehenswert macht. Im Beinhaus ist noch eine kleine Ausstellung zu sehen, eine Art kirchliches Heimatmuseum.

Triumphbogen in Sizun

Unser weiterer Tourenverlauf würde uns einfach geradeaus weiterführen. Sie können hier jedoch auch übernachten.

WOMO-Picknickplatz: Sizun

WOMO-Zahl: 3 - 4 Gebührenfrei

Ausstattung: Ver- und Entsorgung, Abfalleimer, Telefonzelle, Tische und Bänke

Zufahrt: Am Triumphbogen in Sizun links abbiegen (von unserer Fahrtrichtung aus gesehen). Wir folgen den Schildern „Piscine" und „Camping". An einer Straßengabelung steht direkt auf einer Ecke die Ver- und Entsorgungsstation auf dem Bürgersteig.Gegenüber können Sie längs eines Parkes übernachten.

Wir folgen jetzt den Schildern nach LANDERNAU. Auf unserem Weg zweigt rechts eine Straße nach La Martyre ab. Dort wollen wir zwar auch noch hin. Zuvor möchte ich mit Ihnen jedoch noch nach Pencran fahren. Und dazu müssen wir 2 Kilometer später nach links abbiegen. Gemeinerweise geht`s dann nach wenigen Metern gleich wieder nach rechts weiter. Im Ort brauchen Sie sich nur noch nach der Kirche zu richten und finden gegenüber auch noch eine akzeptable Übernachtungsmöglichkeit.

WOMO-Stellplatz: Pencran
WOMO-Zahl: 2 - 3 Gebührenfrei
Ausstattung: Abfalleimer, Toilette
Zufahrt: Gegenüber der Kirche.

Zum ersten Mal war ich hier, weil ich in einem Reiseführer gelesen hatte, dass Neptun und Amphitrite am Beinhaus dargestellt sein sollten. Das erschien mir, trotz des bekannt lockeren Umgangs der Bretonen mit den biblischen Figuren, etwas außergewöhnlich. Leider habe ich die Beiden trotz intensiver Suche nicht gefunden. Mittlerweile bin ich ein wenig schlauer und weiß, dass die Figuren im Innern des Beinhauses zu finden wären. Den Konjunktiv benutze ich, weil das Beinhaus in Privatbesitz ist und nicht besichtigt werden kann. Dafür habe ich aber im Inneren der Kirche ein nicht weniger interessantes Fenster gefunden. Die Inschrift ist nicht wie üblich in Latein, sondern in Bretonisch, und da wird aus Johannes dem Täufer eben Sant Yann.

Wir fahren weiter nach LA MARTYRE und müssen dazu die paar Kilometer bis zur D 764 zurückfahren. Diese wird dann überquert und bald ist LA MARTYRE erreicht. Bevor wir dort die Kirche besichtigen möchte ich Sie auf einen Parkplatz führen.

WOMO-Stellplatz: La Martyre

WOMO-Zahl: > 5
Gebührenfrei
Ausstattung: Ver- und Entsorgung, auf der anderen Straßenseite Recycling-Container
Zufahrt: An der Kirche vorbeifahren. Kurz vor dem Ortsende-Schild ist auf der rechten Seite am „Maison du Plateau“ die Ver- und Entsorgungsstation, daneben der Übernachtungsplatz. Wasser erhalten Sie hier, wenn`s gerade mal wieder funktioniert, kostenlos.

Vom oben genannten Parkplatz können Sie auf Ihrem Weg zurück zur Kirche noch durch einen Park gehen, wenn Sie einfach auf die dem Parkplatz gegenüberliegende Straßenseite wechseln. Dort sehen wir zu unserer Überraschung schöne Skulpturen aus unterschiedlichen Materialien von verschiedenen Künstlern. Mir hat der „gefangene Baum“ am Besten gefallen.

Karyatide in La Martyre

Hier, in La Martyre, wartet der Pfarrbezirk mit einer Reihe von Kuriositäten auf. Der Begriff der Renaissance wurde teilweise sehr weit gedehnt: Aus der Antike wurde eine Karyatide entliehen, und für eine bretonische Inschrift, die ein Engel am Beinhaus auf einer Banderole ausbreitet, muss die keltische Mythologie herhalten. Von „ifern ien“, von der kalten Hölle ist da die Rede, einer Vorstellung vom Totenreich, die mit dem christlichen Glauben wenig gemeinsam hat. Auch „Ankou“, der Tod, ist gegenwärtig. Am Kirchen-

Banderolenengel mit bretonischer Inschrift

eingang über dem Weihwasserbecken erinnert er, in Gestalt eines Skelettes, jeden Besucher an die Vergänglichkeit des Lebens.

Sie suchen den Calvaire? Er bildet hier, wie auch in SIZUN, mit dem Triumphtor eine Einheit. Sie können über eine Treppe eine Plattform erreichen, von der aus Sie die Figuren des Calvaires genau betrachten können.

Den Stellplatz verlassen wir indem wir nach rechts fahren. Wir erreichen bald darauf die Straße SIZUN - LANDIVISIAU. Dort biegen wir links ab und achten kurz vor LANDIVISIAU auf die Abzweigung, die uns rechts nach LAMPAUL-GUIMILIAU führt.

Dort angekommen fahren wir einfach auf die Kirche zu. In dem kleinen Kasten können Sie nachlesen, wo Sie übernachten können.

WOMO-Stellplatz: Lampaul-Guimiliau

WOMO-Zahl: 2 - 3 / 5 Gebührenfrei

Ausstattung: -

Zufahrt: Kurz nach der Kirche fahren Sie rechts ab. Kleine Wohnmobile können dann gleich rechts auf einen Parkplatz fahren. Alles was deutlich größer als ein Kastenwagen ist, sollte noch ein Stück weiter fahren, biegt dann ebenfalls rechts ab und parkt vor einer Sporthalle. Dort ist in jeder Hinsicht mehr Platz.

Ich hatte Sie gewarnt: Es wartet schon wieder ein Pfarrbezirk auf unsere Besichtigung: Und was für einer! Hier ist es vor allem die Kirche, die eine Menge an Sehenswürdigkeiten zu bieten hat. Aber lassen Sie uns den Besuch der Reihe nach durchführen. Natürlich kommen wir wieder durch das Triumph-

Triumphtor in Lampaul-Guimiliau

tor ins Innere der Anlage. Im Gegensatz zu SIZUN ist es eher schlicht. Das Motiv des mittleren Kreuzes auf dem Tor findet sich im Innenhof als Calvaire wieder.

Das Kircheninnere ist besonders eindrucksvoll. Nicht weniger als sechs Altäre schmükken den Raum, der von einem Triumphbalken aus dem 16. Jahrhundert beherrscht wird. Auch wenn Ihnen der Begriff nicht geläufig ist, werden Sie beim Betreten der Kirche sofort merken was damit gemeint ist, wenn Sie Ihren Blick zur Decke richten. Es lohnt, die unzähligen Themen, die hier verarbeitet wurden, näher zu betrachten.

Detail der Grablegung

Johannesaltar in Lampaul-Guimiliau

Dann wenden wir uns den Altären zu. Am eindrucksvollsten ist wohl der Johannesaltar, auf dem Szenen aus dem Leben Johannes' des Täufers dargestellt sind. Nich weniger beeindruckend ist jedoch auch auf der anderen Seite des Hauptaltares der Passionsaltar. Beachtenswert ist auch das Taufbecken und die Grablegungsszene.

Von hier aus ist es jetzt nur noch einen Katzensprung nach GUIMILIAU. Der Ort ist direkt an der Kirche schon ausgeschildert.

WOMO-Stellplatz: Guimiliau

WOMO-Zahl: >5 Gebührenfrei

Ausstattung: Ver- und Entsorgung, Abfalleimer, Toiletten in der Nähe

Zufahrt: Im Ort den Schildern zum „Salle polyvalente" folgen. Davor ist der Stellplatz mit Wassersäule und Abflussrinne auf der linken Seite zu finden. Von hier aus sind es gerade mal 2 Minuten zu Fuß zum berühmten Calvaire.

Vom Stellplatz aus brauchen Sie nur von der Einfahrt aus immer geradeaus zu gehen um das Ortszentrum zu erreichen.

Giumiliau - Die Flucht nach Ägypten

GUIMILIAU ist der „Vorzeige-Calvaire" der Bretagne. Nicht weniger als 37 Figurengruppen lassen die biblische Geschichte granitene Gestalt annehmen. Der Aufbau ist — im Gegensatz zu PLOUGONVEN — nicht strikt chronologisch, sondern thematisch gegliedert. Im Westen sehen wir die Kreuzigung und die Auferstehung, im Süden die Kreuztragung, im Osten die Kindheit und den Tod und im Norden den Leidensweg. Ein beliebtes Thema der bretonischen Bildhauer können wir an der südwestlichen Ecke erkennen: Der Höllenschlund verschlingt die vollbusige Katel Gollet, die Geliebte des Teufels.

Wir wenden uns jetzt der Kirche zu, und da finde ich an der äußeren Pforte schon mein Lieblingsmotiv: Links kultiviert Noah den Weinstock, und auf der rechten Seite ist er nach dem übermäßigen Genuss seines Erzeugnisses dargestellt.

Das Kircheninnere beeindruckt durch seine prunkvolle Ausstattung. Das Taufbecken, das vollständig aus Holz geschnitzt und von einem wunderbaren Baldachin überspannt ist, verdient besondere Beachtung. Auf verschiedenen Altarbildern ist die Geschichte St-Miliaus dargestellt. Der Missionar kam im 5. oder 6. Jahrhundert von den Britischen Inseln auf den Kontinent und soll dann König der CORNOUAILLE geworden sein. Sein eifersüchtiger Bruder schlug ihm eines Tages den Kopf ab, Miliau lief jedoch mit dem Kopf unter dem Arm weiter.

Von hier nach ST-THÉGONNEC sind es wieder nur ein paar Minuten. Für heute brauchen wir keinen Schlafplatz mehr zu

WOMO-Picknickplatz: St-Thégonnec

WOMO-Zahl: > 5 Gebührenfrei

Ausstattung: Ver- und Entsorgung, Abfalleimer, Recycling-Container, Tische und Bänke

Zufahrt: Den Ort können Sie auf einer Umgehungsstraße umfahren. Sie folgen dann der Beschilderung „Vers N 12“. Am Ortsausgang liegt links gegenüber des LKW-Parkplatzes ein Übernachtungsplatz für Wohnmobile mit einer Euro-Relais Station.

suchen, und so können wir gemächlich zurück in den Ort spazieren, um der Kirche und dem Kalvarienberg einen Besuch abzustatten.

Den Pfarrbezirk betreten wir, vom Parkplatz kommend, durch einen der kleineren Eingänge und müssen zuerst um die Kirche herumgehen bis wir endlich vor dem Calvaire stehen. Mit GUIMILIAU verglichen wirkt er eher schlicht, aber auch bei weitem

Der Calvaire von St-Thégonnec

nicht so überladen. Mich beeindrucken vor allem die wesentlich ausdrucksstärkeren Gesichter der Figuren. Der überhebliche Blick, der Pontius Pilatus dem gefesselten Jesus zuwirft, spricht Bände.

Beachtenswert ist hier auch das Beinhaus. Dieses Gebäude, dessen ursprünglicher Zweck darin bestand, die Gebeine der Toten aufzunehmen, die wegen Platzmangel auf dem Friedhof nach einiger Zeit wieder ausgegraben wur-

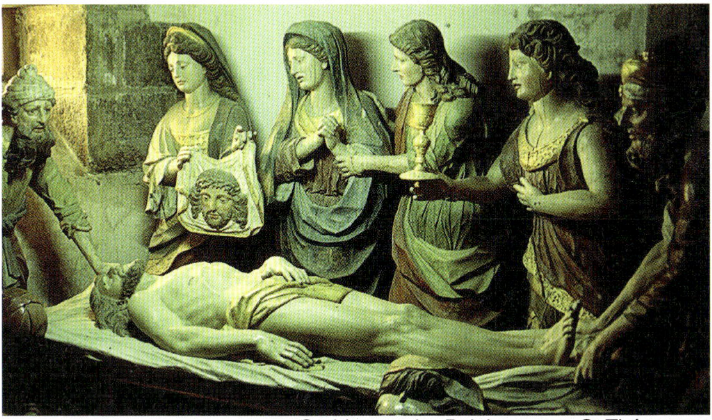

Grablegung im Beinhaus von St-Thégonnec

den, entpuppt sich als wahrer Prachtbau. Über eine Treppe gelangen wir in das Untergeschoss, wo eine Grablegungsszene dargestellt ist, die ein Schmuckstück jeder großen Kirche sein könnte. Wir steigen die paar Stufen wieder nach oben und gehen zur Kirche hinüber. Die hat leider durch einen Brand stark gelitten und es wird wohl noch einige Jahre dauern bis die Restaurationsarbeiten abgeschlossen sind.

Über dem Eingang begrüßt uns St-Thégonnec. Der Heilige soll mit seinem alten Pferdekarren die Steine, die zum Bau der Kirche benötigt wurden, von weit her transportiert haben. Dieser religiöse Eifer gefiel dem Teufel nicht, so dass er sich in einen Wolf verwandelte und das Zugpferd des Heiligen kurzerhand verspeiste. St-Thégonnec wiederum zähmte den Wolf und spannte ihn statt des Pferdes vor den Karren.

Im Kircheninneren beeindruckt mich die wunderbar geschnitzte Kanzel. An den vier Ecken sind die Kardinaltugenden Klugheit, Mäßigung, Gerechtigkeit und Stärke dargestellt.

Durch das Triumphtor verlassen wir diesen Pfarrbezirk und wollen noch einen kleinen Spaziergang durch den Ort folgen lassen. Hierbei wird uns wieder das Missverhältnis zwischen Kirchen- und Ortsgröße deutlich vor Augen geführt. Nach allen Richtungen hin verlassen wir bereits nach wenigen Schritten das Zentrum und gehen an uninteressanten Wohnhäusern entlang. Also lenken wir unsere Schritte zum Womo. Ein kleines Bistro liegt glücklicherweise am Weg, in dem wir etwas zu trinken und — ganz arg wichtig! — die Kinder ein Eis bekommen.

Gegen Abend ist auf dem Womo-Parkplatz kaum noch jemand anzutreffen. Der Verkehr lässt auch nach, so dass unsere Kinder ungestört herumtoben können. Zeit für die Eltern, Pläne für den morgigen Tag zu schmieden.

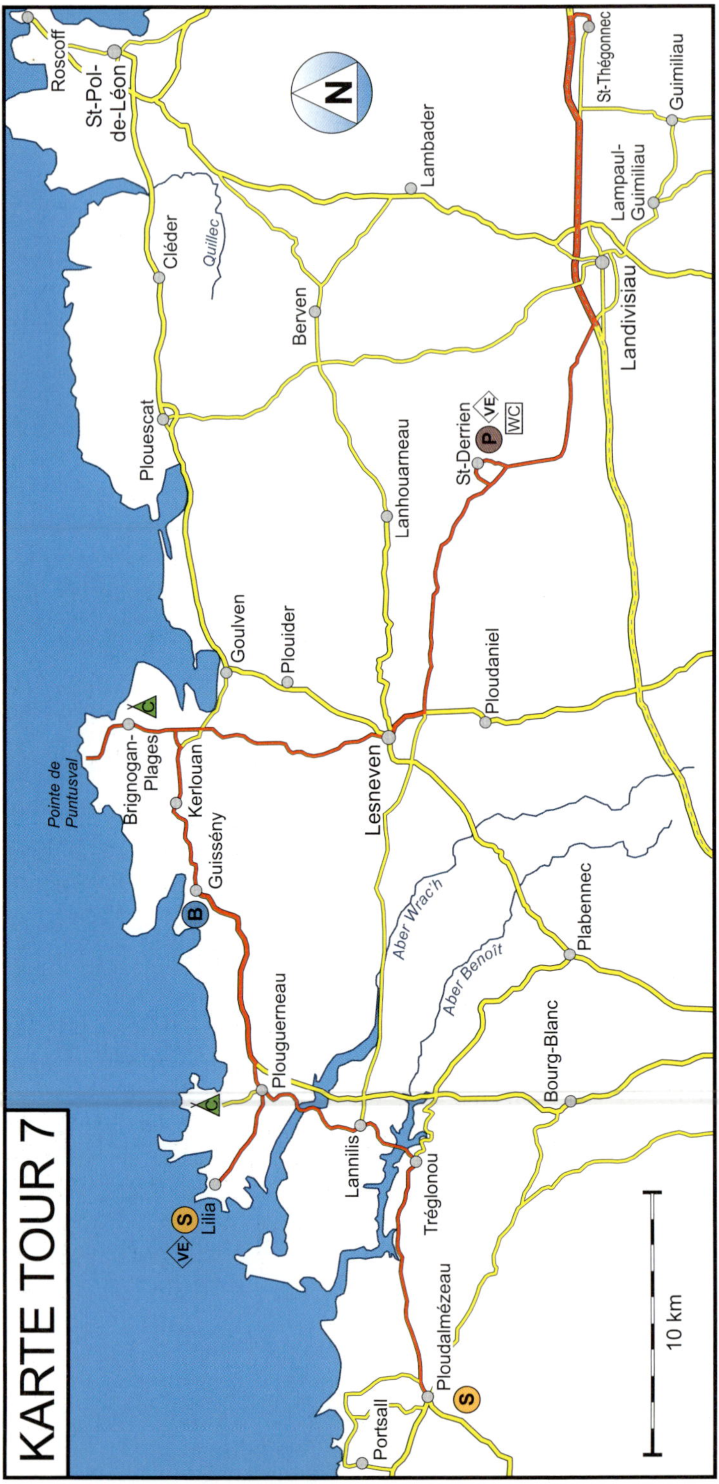
KARTE TOUR 7
Roscoff
St-Pol-de-Léon
Cléder
Quillec
Lambader
St-Thégonnec
Guimiliau
Lampaul-Guimiliau
Landivisiau
Berven
Plouescat
St-Derrien
P
VE
WC
Lanhouarneau
Goulven
Plouider
Ploudaniel
Brignogan-Plages
C
Pointe de Puntusval
Kerlouan
Lesneven
Guissény
B
Aber Wrac'h
Aber Benoît
Plabennec
Plouguerneau
Bourg-Blanc
Lannilis
Tréglonou
Lilia
S
Ploudalmézeau
Portsall
10 km

TOUR 7 (93 km)

Lesneven — Brignogan-Plages — Plouguerneau — Ploudalmézeau

Übernachten:	St-Derrien, Guissény, Lilia, Ploudalmézeau
Besichtigen:	Mündungstrichter Aber Wrac'h und Aber Benoît
Wandern:	An der Pointe de Pontusval
Baden:	Guissény, Lilia
Campingplatz:	La Côte des Légendes, La Grève Blanche
Markt:	Lesneven (Mo.)

Nur ein paar hundert Meter liegen zwischen unserem Nachtlager und der N 12. Mit gemischten Gefühlen fahren wir weiter nach Westen, den Schildern BREST und LANDIVISIAU folgend. Die CÔTE DES ABERS haben wir bereits mehrmals bei strömendem Regen besucht, aber wenn die Sonne scheint, fühlen wir uns in dieser Gegend seh wohl. Wenig Spektakuläres ist hier zu finden, und aus diesem Grund blieb dieser Landstrich vom großen Touristenandrang verschont. Das heißt jedoch nicht, dass es hier nichts zu sehen und zu entdecken gibt. Noch etwas ist bemerkenswert: Verbote für Wohnmobilisten gibt es hier wenig.

Mittlerweile haben wir die Ausfahrt BODILIS erreicht und verlassen hier die N 12. Wenn Sie das Übernachtungsangebot in ST-THÉGONNEC nicht wahrgenommen haben, können Sie jetzt einen Abstecher nach ST-DERRIEN machen.Da wir diesbezüg-

WOMO-Picknickplatz: St-Derrien

WOMO-Zahl: >5 Gebührenfrei

Ausstattung: Ver- und Entsorgung, Abfalleimer, Toilette, Tische und Bänke

Zufahrt: Achten Sie im Ort auf die kleinen schmalen Schilder zum Stellplatz. An der Straßengabelung geht's nach rechts, dann gleich links auf den Parkplatz fahren. Es gibt einen kleinen See in der Nähe, aber leider keine Bäckerei im Ort.

lich keine Bedürfnisse haben, fahren wir an der Abfahrt nach ST-DERRIEN geradeaus weiter. Der Ort LESNEVEN, den wir nach kurzer Zeit erreichen, ist einen Stadtbummel wert. Hierzu finden Sie in der Ortsmitte mehrere Parkplätze. Uns aber zieht es ans Meer. Deshalb fahren wir weiter in nördlicher Richtung nach BRIGNOGAN-PLAGES.

WOMO-Campingplatz-Tipp: La Côte des Légendes
Öffnungszeiten: 29.3. - 28.10.
Zufahrt: In Brignogan gut ausgeschildert
Ausstattung: Ver- und Entsorgung, kaum schattig, Laden, Spielplatz, direkter Zugang zum Strand.

Dort finden wir im Ortszentrum den obligatorischen Parkplatz mit Toilettenhäuschen. Die Mehrzahl „Plages“ im Ortsnamen verheißt etliche Strände, wir entscheiden uns für die POINTE DE PONTUSVAL. Dazu folgen wir zuerst der Beschilderung „Phare“. Nach einigen Kilometern geht an einem christianisierten Menhir die Straße nach links ab in Richtung „PLAGE DU PHARE“. Bald darauf erreichen wir einen Parkplatz am Leuchtturm.

Brignogan-Plages - Pointe de Puntusval

Fast wird mir die Tür aus der Hand gerissen, so stark bläst heute der Wind. Ein Blick zum Himmel lässt mich jedoch alle Befürchtungen vergessen. Wenige Meter sind es nur von hier bis zum fast menschenleeren Strand. Wir gehen Richtung Leuchtturm und finden dort wieder riesige Felsbrocken, die das Ufer säumen. Das Auf- und Abklettern macht nicht nur unseren Kindern Spaß und daher verbringen wir fast den ganzen Nachmittag zwischen Felsen und Sandstrand. Gegen Abend legt sich der Wind, und da immer noch keine Wolken den Himmel trüben, sind wir, was den weiteren Verlauf unserer Reise betrifft, zuversichtlich.

Über KERLOUAN fahren wir weiter nach GUISSÉNY. Mitten im Ort biegt die Hauptstraße rechtwinklig nach links ab. Wenn wir jetzt nach rechts fahren müssten wir eigentlich zum Meer kommen. Die derzeit herrschende Temperatur nötigt uns geradezu dem rechten Weg zu folgen.

Ich kann vorwegnehmen, dass wir den Abstecher nicht bereut haben. Zwischen mehreren Gruppen von Boule spielenden Bretonen (in dieser Gegend noch von Franzosen zu sprechen wäre ein faux pas), finden wir einen idyllischen Platz, auf dem wir auch übernachten. Für die Kinder sind ein Spielplatz

WOMO-Badeplatz: Guissény

WOMO-Zahl: 2 - 3 Gebührenfrei
Ausstattung: -
Zufahrt: Im Ort nach rechts abbiegen, wenn die Hauptstraße einen scharfen Knick nach links macht. Beschilderung „La Mer". Am Ufer dann links abbiegen und einen schönen Platz finden.

und mehrere Kletterfelsen ganz in der Nähe, und uns tut die Ruhe und Abgeschiedenheit am späten Abend richtig gut. Im Campingstuhl am Strand sitzend, lassen wir die bisherigen Stationen unserer Reise noch einmal Revue passieren: ST-MALO, die CÔTE DE GRANIT ROSE, der Wald von HUELGOAT, die Calvaires, sie alle haben unauslöschliche Eindrücke hinterlassen. Aber hier, unter einem sternenklaren Nachthimmel sitzend, hier genießen wir einfach die Ruhe.

Auch der nächste Morgen beschert uns einen wolkenlosen Himmel. Wir scheinen diesmal Glück mit dem Wetter zu haben. Auf unserer weiteren Fahrt nach PLOUGUERNEAU sehen wir immer wieder Stichstraßen, die zum Meer führen. Wir sind nicht allen gefolgt, aber ich kann Ihnen fast schon versprechen, dass Sie keineswegs auf überlaufene Strände treffen werden. Vielleicht finden Sie hier Ihren bevorzugten Küstenabschnitt.

Kurz vor PLOUGUERNEAU geht die Straße nach BREST links ab. Ich möchte Ihnen jedoch empfehlen, ins Zentrum von PLOUGUERNEAU zu fahren, weil die alte Straße nach LANNILIS einen weitaus schöneren Blick auf den *Aber Wrac'h* ermöglicht als die Umgehung. Zudem können Sie uns dann noch bei einem Abstecher nach LILIA folgen.

Im Zentrum von PLOUGUERNEAU sehen Sie schon den entsprechenden Wegweiser. Die 5 Kilometer bringen wir schnell hinter uns und sehen dann am Ortseingang auf der linken Seite

WOMO-Stellplatz: Lilia

WOMO-Zahl: 3 Gebührenfrei
Ausstattung: Ver- und Entsorgung, Abfalleimer, Recycling-Container
Zufahrt: Direkt am Ortsanfang von Lilia finden Sie den Stellplatz.

eine Ver- und Entsorgungsstation mit Übernachtungsmöglichkeit. Von hier aus können Sie zu vielen Stränden abbiegen. Suchen Sie sich einen aus! Wenn es Sie zur Weiterfahrt drängt, müssen Sie zurück nach PLOUGUERNEAU und sich dann in Richtung LANNILIS orientieren oder den Schildern „Les Abers" folgen.

WOMO-Campingplatz-Tipp: La Grève Blanche

Öffnungszeiten: 1.6. - 30.9.

Zufahrt: In Plouguerneau nach Norden in Richtung St-Michel fahren. Der Campingplatz ist gut ausgeschildert.

Ausstattung: Ver- und Entsorgung, kaum schattig, Laden, Spielplatz, direkter Zugang zum Meer, Strand in 3 km Entfernung.

Zwischen diesen beiden Orten überqueren Sie den *Aber Wrac'h*, die „Mündung der Hexe". Die Abers, nach denen dieser Küstenabschnitt benannt ist, sind tief ins Land reichende, fjordähnliche Flussmündungen. Mehrere Parkplätze ermöglichen eine schöne Aussicht auf diese tiefen Geländeeinschnitte.

Der Aber Wrac'h

LANNILIS verlassen wir Richtung PLOUDALMÉZEAU, wobei wir kurz nach dem Ort den *Aber Benoît* überqueren. Nach weiteren 10 Kilometern stehen wir mitten im Zentrum des Ortes. Mehr oder weniger unbeabsichtigt sind wir den Schildern „Centre ville", „PORTSALL" und „LE CONQUET par la côte" gefolgt. Jetzt stehen wir auf einem von Bäumen umgebenen Parkplatz und nehmen unser Mittagessen zu uns. Von hier aus haben wir eine gute Ausgangsposition, um den Ort etwas näher zu erkunden.

WOMO-Stellplatz: Ploudalmézeau

WOMO-Zahl: 5 Gebührenfrei

Ausstattung: Abfalleimer

Zufahrt: Auf dem oben genannten Platz. Hier warten allerdings alle Schüler einer benachbarten Schule auf ihre Busse und kommen dort morgens auch alle an. Dadurch empfiehlt sich der Platz zum Übernachten nur während den Schulferien, es sei denn, sie haben einen so tiefen Schlaf, dass Sie bei der Ankunft von ein paar hundert Schulkindern morgens noch durchschlafen können.

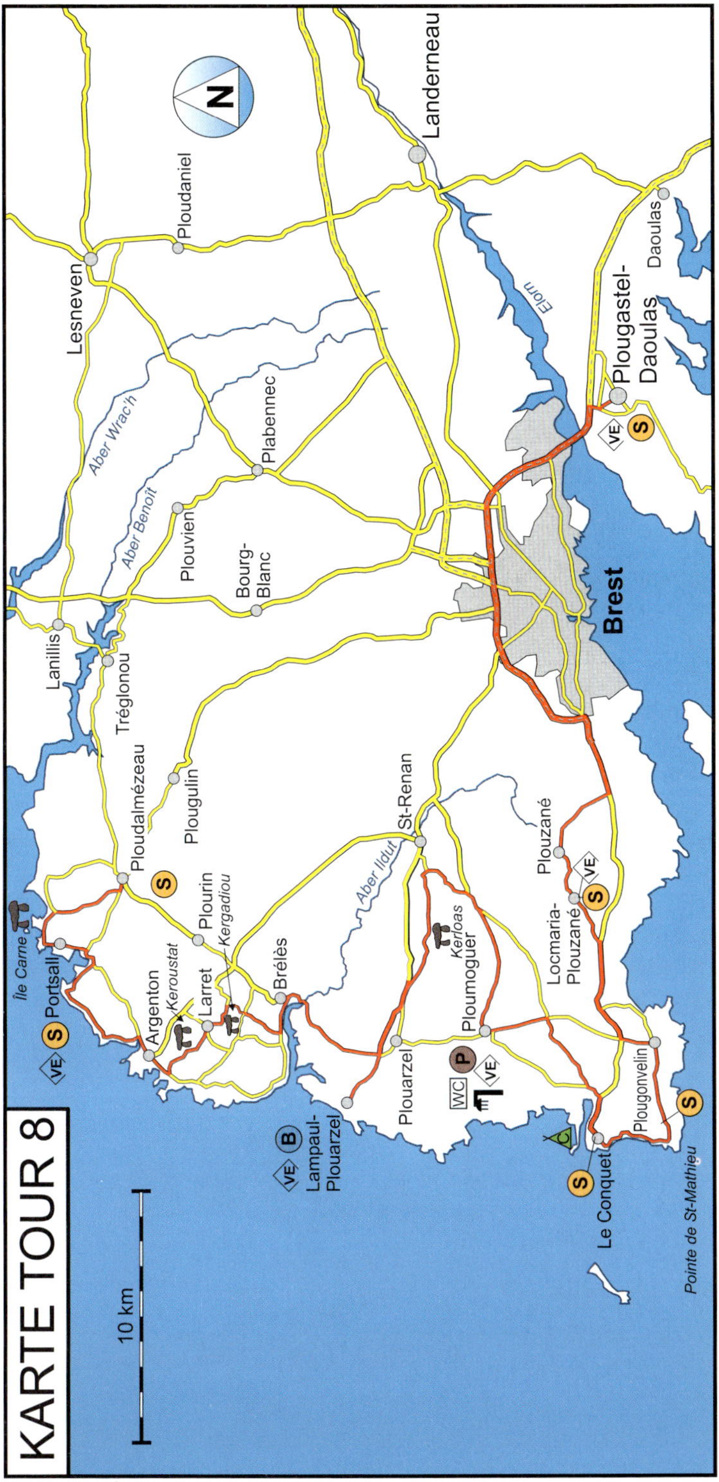
KARTE TOUR 8
10 km
N
Landerneau
Ploudaniel
Lesneven
Daoulas
Plougastel-Daoulas
Elorn
Aber Wrac'h
Aber Benoît
Plabennec
Plouvien
Bourg-Blanc
Brest
Lanilis
Tréglonou
Ploudalmézeau
Plougulin
St-Renan
Plouzané
Locmaria-Plouzané
Île Carne
Portsall
Plourin
Kergadiou
Keroustat
Argenton
Larret
Brélès
Aber Ildut
Kerloas
Ploumoguer
Plouarzel
Lampaul-Plouarzel
Plougonvelin
Le Conquet
Pointe de St-Mathieu
S
VE
B
P
WC

TOUR 8 (101 km)

Île Carne — Keroustat — Le Conquet — Plougastel-Daoulas (Karte siehe Seite 99)

Übernachten:	Portsall, Lampaul-Plouarzel, Ploumoguer, Le Conquet, Locmaria-Plouzané, Plougastel-Daoulas
Besichtigen:	Menhire von Keroustat, Kergadiou und Kerloas, Calvaire von Plougastel-Daoulas
Wandern:	Zwischen Le Conquet und Pointe de St-Mathieu
Baden:	Zwischen Portsall und Argenton und zwischen Le Conquet und Pointe de St-Mathieu
Campingplatz:	Le Théven
Markt:	St-Renan (Sa.), Le Conquet (Di.)

Ganz in unserer Nähe liegt die Insel CARNE mit ihrem sehenswerten Tumulus. Wir verlassen deshalb PLOUDALMÉZEAU in Richtung „GRÈVE DE TREOMPAN". Bald erreichen wir die Küste und wenden uns dann nach links. Nach einigen Minuten können wir die ÎLE CARNE schon sehen. Ein Netz kleiner Fahrwege durchzieht die Dünen in diesem Bereich. Irgendwann biegen wir von der Küstenstraße ab und nähern uns holpernd dem Strand. Unmittelbar gegenüber der Insel finden wir einen herrlichen Platz in den Dünen. In den letzten Jahren wurden jedoch an verschiedenen Stellen Absperrungen errichtet, die die Zufahrt für Womos unmöglich machen oder Nachtparkverbote verhängt. Da es in unmittelbarer Nähe einen schönen Stellplatz gibt, kann ich gut damit leben.

Kaum halten wir, sind Kathrin und Eva schon in ihre Badesachen geschlüpft und marschieren Richtung Strand. Da zur Zeit

In den Dünen gegenüber der Île Carne

gerade Flut herrscht, können wir die ÎLE CARNE sowieso nicht erreichen. Der „ouest-france“ entnehme ich, dass wir erst am nächsten Tag trockenen Fußes auf die Insel gelangen können. Diese Zeitung erweist sich als recht nützlich. Gerade hier, wo es durch den oft sehr großen Tidenhub wichtig ist, zu wissen wann die Flut einsetzt, hat uns die Lektüre der letzten Seiten schon manche unangenehme Überraschung erspart. Im Regionalteil finden wir auch immer Hinweise auf lokale Umzüge, Feste und sonstige Veranstaltungen, die in keinem Reiseführer — auch in diesem nicht — erwähnt werden.

Also bleibt uns für heute nichts mehr zu tun als zu faulenzen. Die Sonne scheint, das Wasser ist angenehm, der Strand gut besucht, aber nicht überfüllt. — Wie ist das Leben doch so schön!

Gegen Abend wandelt sich das Bild. Die Pkw in den Dünen werden weniger, dafür nähern sich kleine und kleinste Pritschenwagen: Fischer, die emsig schwere Kisten von ihren Booten in die bereitstehenden Transporter tragen. Wir machen uns jetzt auf den Weg um zu übernachten und am nächsten Morgen bei Ebbe zur Insel zu gehen.

WOMO-Stellplatz: Portsall

WOMO-Zahl: > 5 Gebührenfrei

Ausstattung: Ver- und Entsorgung, Abfalleimer

Zufahrt: Von Ploudalmézeau kommend biegen Sie links ab, wenn Sie die Dünen erreichen. Ab hier können Sie schon den Schildern „Aire Camping Car Kerros“ folgen. Sie brauchen immer nur möglichst nahe am Meer entlang zu fahren, dann können Sie den Platz nicht übersehen.

Der erste Blick gilt heute dem Wetter. Kleine Wölkchen am Horizont stellen keine Gefahr dar. Das Meer hat sich mittlerweile auch dezent zurückgezogen, so dass die Furt, über die wir die Insel CARNE erreichen können, schon deutlich erkennbar ist. Nach dem Frühstück bereitet es uns gar keine Schwierigkeiten mehr, trockenen Fußes das Eiland zu betreten.

„Hopp, hopp, hopp!“ Die tiefste Stelle der Furt ist nur mit einigen Sprüngen zu bewältigen, aber selbst für unsere Kinder stellt sie kein großes Problem dar. Der Cairn überdeckt drei Grabkammern, die mehr oder weniger gut zugänglich sind. Glücklicherweise haben wir an unsere Taschenlampe gedacht und können uns in allen drei Kammern umschauen. Der Eingang zur letzten Kammer ist jedoch so niedrig, dass ich nur auf allen Vieren kriechend hineingelange und bin dabei für die umstehenden Besucher — und besonders für unsere Kinder —

Der Cairn auf der Insel Carne

von großem Unterhaltungswert. Am eindrucksvollsten ist jedoch die erste (rechte) Grabkammer. Der kreisrunde Grundriss verjüngt sich nach oben hin und gipfelt in einem Gewölbe, das die darüberliegenden Steinmassen abstützt. 6000 bis 7000 Jahre alt sind diese Gräber bereits, wie sich anhand verschiedener Tonkrüge und Feuersteinklingen, die in den Grabkammern gefunden wurden, feststellen ließ. Ein kaum vorstellbares Alter!

Der Rest der Insel ist uninteressant, es sei denn, Sie empfinden Freude beim Anblick von Bunkern aus dem 2. Weltkrieg. Dafür macht es uns aber um so mehr Spaß, auf dem Rückweg Steine hochzuheben und allerlei wohlschmeckendes Meeresgetier zu beobachten. Zur Begeisterung unserer Kinder hat die Flut auch noch viele schöne Dinge zum Sammeln zwischen den Felsen zurückgelassen, und wir erreichen vollbepackt mit Schätzen unser Womo. Auch wenn es noch so schön hier gegenüber der ÎLE CARNE ist. Jetzt wollen wir weiterfahren, denn schließlich erwarten uns noch einige Menhire und

Küste zwischen Kersaint und Argenton

weitere Strände, sowie einer der schönsten Stellplätze der Bretagne auf unserem Weg nach Süden.

Langsam rollt unser Womo wieder aus den Dünen auf die Asphaltstraße. Über PORTSALL erreichen wir KERSAINT. Dort biegen wir rechts ab und folgen dem Wegweiser „ARGENTON — Route touristique". Ab jetzt führt die Straße an einer ganzen Reihe von Stränden vorbei. Hier ist das Fahren und Parken auf den Dünen ausdrücklich untersagt; nicht nur für Wohnmobile, sondern auch für PKW. Aber da längs der Straße viele Parkplätze existieren ist das nicht weiter tragisch.

In ARGENTON orientieren wir uns an der Beschilderung nach LE CONQUET, biegen jedoch kurz nach dem Ort nach links zum Menhir von KEROUSTAT ab. Wenige Minuten vergehen, bis wir den Stein auf der linken Seite sehen können. Mitten in einem Feld steht der Megalith. Kein Parkplatz, kein Hinweisschild, keine Frittenbude, noch nicht mal ein Pfad, der zu dem Stein hinführt. Als sei es das Selbstverständlichste auf der Welt, steht hier ein Jahrtausende alter Zeuge einer längst vergangenen Kultur mitten im Acker.

Den liegenden und den stehenden Menhir von KERGADIOU wollen wir als nächstes besuchen. Ein Blick auf die Karte verleitet mich zu einem verwegenen Plan: Anstatt zurück zur Küste zu fahren und hinter LANILDUT dem beschilderten Weg zu folgen, will ich über LARRET direkt zum Menhir kommen. Dass das letzte Stück Straße hierbei auf der Karte als „route non revêtue", also „ohne Belag", gekennzeichnet ist, ignoriere ich vorerst einmal. Das war der Text der ersten Auflage dieses Reiseführers. Mittlerweile gibt es eine „Route des Menhirs", die sich genau an meine damals gewählte Route hält. Die folgende Beschreibung wird nun durch Hinweisschilder unterstützt.

Wir bleiben auf der Straße, die uns zum Menhir von KEROUSTAT geführt hat, bis LARRET und treffen dort auf einen Weg, dem wir nach links folgen, um bald darauf wieder nach rechts abzubiegen. Eine kleine Hilfe ist hier das Hinweisschild zum „CENTRE D'ÉQUESTRE DU GUILOU", dem wir allerdings nur an dieser einen Stelle folgen, um die Abzweigung von der Hauptstraße aus zu finden. Wir fahren jetzt immer auf dem größten Weg weiter und halten uns im Zweifelsfall eher rechts. Ein

Der liegende und der stehende Menhir von Kergadiou

Wellblechschuppen, der an der linken Seite auftaucht, gibt mir das Signal, rechts abzubiegen. Nach wenigen Kilometern kann ich die beiden gesuchten Menhire von KERGADIOU schon erkennen. Vorbei geht es an den Steinen, bis zur nächsten Gabelung. Hier ist endlich ein bisschen Platz zum Parken. Längst habe ich mir den Zorn meiner Familie zugezogen, die im Wohnbereich wesentlich mehr von der schlechten Wegstrecke mitbekommen hat als ich. Der malerisch Blick auf die beiden Megalithen entschädigt zwar für einige Strapazen, aber ich werde im Verlauf des Tages noch ein paar Eis spendieren müssen.

Mit einer Höhe von jeweils ca. 9 Metern haben wir hier wieder recht stattliche Steine vor uns. Der höchste noch aufrecht stehende Menhir wartet jedoch noch auf uns.

Die Orientierung ist jetzt einfacher geworden. Die Gabelung, an der unser Wagen parkt, verlassen wir nach links und folgen immer der breitesten Straße bis wir dann auf verschlungenen Wegen BRÉLÈS erreichen, direkt am *Aber Ildut* gelegen. Der Fluss, der — besonders bei Ebbe — äußerst unscheinbar wirkt, spielt eine wichtige geographische Rolle: Die Verlängerung dieser Mündung bildet die Grenze zwischen dem Atlantik und dem Ärmelkanal. Von hier aus fahren wir weiter Richtung PLOUARZEL.

Jetzt müssen Sie entscheiden, ob Sie noch einen kleinen Abstecher nach Lampaul-Plouarzel machen wollen und dort ein paar Stunden oder auch länger am Strand verweilen wollen.

WOMO-Badeplatz: Lampaul-Plouarzel

WOMO-Zahl: >5 Gebührenfrei

Ausstattung: Ver- und Entsorgung, Abfalleimer

Zufahrt: In Lampaul-Plouarzel folgen wir der „Hauptstraße“. Kleine grüne längliche Schilder zeigen uns den Weg zum Stellplatz. Vom Platz aus sind es etwa 100 Meter zum Sandstrand.

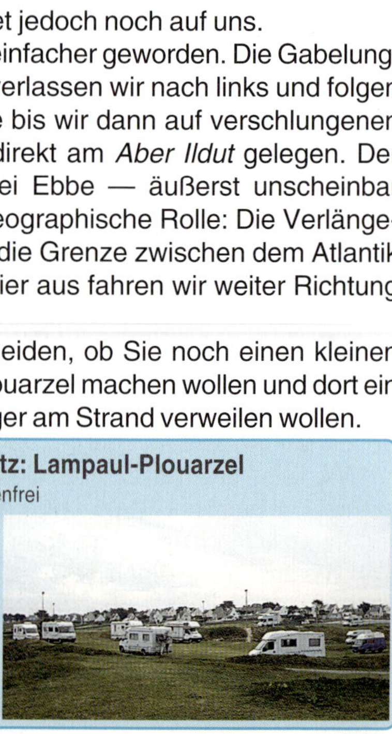

Falls Sie auf die Erfrischung verzichten wollen, biegen Sie kurz vor PLOUARZEL nach links auf die D 5 ab, der wir in Richtung ST-RENAN folgen. Nach 3 Kilometern geht rechts die Straße zum MENHIR DE KERLOAS ab.

„Schon wieder so ein blöder Stein?“ Meine Begeisterung scheint sich nicht auf den Rest der Familie zu übertragen. Glücklicherweise kann ich noch einen Trumpf aus dem Ärmel ziehen: Wir erreichen bald den höchsten aufrecht stehenden Menhir der BRETAGNE.

Meine Augen suchen die Felder rechts von uns ab, damit wir nicht aus Versehen an unserem Ziel vorbeifahren. Diese erhöhte Aufmerksamkeit ist allerdings nicht nötig, denn ein Parkplatz weist unmissverständlich auf die Sehenswürdigkeit hin. Die Zivilisation hat uns wieder! Das merken wir auch, nachdem wir den Parkplatz, einem Schild folgend, verlassen haben: Wir sehen jetzt den Menhir auf der gegenüberliegenden Seite eines Feldes stehen. Der kürzeste Weg würde quer durch den Acker führen, und dass einigen Zeitgenossen der Pfad um das Grundstück herum als zu großer Umweg erschien, merken wir daran, dass der Bauer sein Hab und Gut mit einem Stacheldraht(!) umgeben musste.

Dabei sind es vielleicht gerade mal 200 Meter bis wir den Menhir erreichen. Und in der Tat, mit seinen 10 Metern (einige Publikationen sprechen gar von 12 Metern) stellt er ein beeindruckendes Monument dar. 15 Tonnen soll der Stein auf die Waage bringen, und wenn man bedenkt, dass er vom *Aber Ildut* aus über eine Strecke von ca. drei Kilometern hierher transportiert wurde, was durch Vergleiche des Materials belegt ist, war das für die damalige Zeit eine technische Meisterleistung. Bei Grabungen wurden am Fuß des Steines Keramiken aus der älteren Bronzezeit gefunden, so dass man die Errichtung des Menhirs auf ca. 1700 v. Chr. datieren kann.

Der Menhir von Kerloas

An den Seiten ist der Megalith mit phallischen Symbolen geschmückt, was ihn als Fruchtbarkeitssymbol ausweist. Junge Paare kamen angeblich nachts hierher und rieben ihre unbekleideten Körper an dem Stein, um besonders schöne Kinder zu zeugen. Da wir bereits mit zwei reizenden Kindern gesegnet sind, verzichten wir auf dieses Ritual und gehen zurück zum Bus.

Vom Parkplatz aus fahren wir weiterhin in Richtung ST-RENAN, biegen jedoch bei der nächsten sich bietenden Gelegenheit rechts nach LE CONQUET ab. Aber auch auf dieser Straße bleiben wir nur für kurze Zeit, um dann wieder rechts nach PLOUMOGUER abzubiegen. Hier wurde ein Stellplatz für Reisemobile eingerichtet, den wir uns unbedingt anschauen wollen.

WOMO-Picknickplatz: Ploumoguer

WOMO-Zahl: > 5 Gebührenfrei

Ausstattung: Ver- und Entsorgung, Abfalleimer, Toilette, Tische und Bänke, Duschen, Spielplatz, Grillmöglichkeit

Zufahrt: Wenn Sie nach Ploumoguer reinkommen, fahren Sie bis zum Kreisel. Dort angekommen, geht's nach rechts weiter. Bald taucht dann auch schon ein Schild auf: „P camping-car 75 m". Die Service-Einrichtungen sind vom 1.6. bis zum 30.9. geöffnet. Der Platz ist jedoch das ganze Jahr über zugänglich, die Aufenthaltsdauer jedoch auf 48 Stunden begrenzt.

Wir sind wirklich beeindruckt! Wunderbare Plätze für 10 - 15 Womos wurden da geschaffen und die Einrichtungen, die hier geboten werden, erinnern schon fast an einen Campingplatz. Für 1 € können Sie wahlweise 3 Minuten Ihren Frischwassertank befüllen oder 3 Stunden die Annehmlichkeiten eines 230-Volt-Anschlusses in Anspruch nehmen. Natürlich können Sie auch Ihr Abwasser entsorgen. Für die Kids gibt es einen Spielplatz und falls Sie der unbändige Wunsch überkommen sollte, mal wieder zu waschen, können Sie die angebrachte Wäscheleine zum Trocknen Ihrer Garderobe benutzen. Uns sagt jedoch die Grillstelle weitaus mehr zu, da unser Kleinstgrill, den wir mitzuführen pflegen, das Hungergefühl der gesamten Familie nur unter großem Zeitaufwand zu stillen vermag. Duschen und Toiletten gibt's nebenan bei einer Sportanlage.

Am nächsten Morgen wollen wir jedoch weiter. Nachdem wir einer Bäckerei noch einen Besuch abgestattet haben, verlassen wir den gastfreundlichen Ort, denn Sehenswürdigkeiten hat er keine zu bieten. An der Ausfahrt des Platzes biegen wir links ab und fahren unserem nächsten Ziel, LE CONQUET entgegen. Diese ehemalige Seeräuberstadt wollen wir aufsuchen, um noch ein bisschen Meeresluft zu schnuppern, ehe wir wieder im Landesinnere verschwinden.

Vor einigen Jahren übernahm LE CONQUET eine Vorreiterrolle, was die Wohnmobilfreundlichkeit anbelangt. Gleich zwei Übernachtungsplätze waren ausgewiesen. Beide waren jedoch sehr bescheiden. Mittlerweile ist der Größere einem Neubauprojekt zum Opfer gefallen und angesichts der schönen Anlage in PLOUMOGUER ist der andere Platz kaum erwähnenswert. Allerdings kann ich hier noch einen Campingplatz empfehlen.

WOMO-Stellplatz: Le Conquet

WOMO-Zahl: 2 Gebührenfrei
Ausstattung: -
Zufahrt: Am ersten Kreisel in Le Conquet links auf den Parkplatz abbiegen. Direkt neben dem Stellplatz finden Sie das OTSI.

WOMO-Campingplatz-Tipp: Camping Municipal Le Théven

Öffnungszeiten: 1.4. - 30.9.
Zufahrt: Ab Ortsmitte von Le Conquet gut ausgeschildert. Auf einer vorgelagerten Halbinsel. Lesen Sie unten mehr.
Ausstattung: Ver- und Entsorgung, sehr schattig, Laden, 100 m bis zum Strand, 4 km bis zum Stadtzentrum.
eMail: camping.theven.conquet@wanadoo.fr

Eine besondere Schönheit stellt LE CONQUET nicht gerade dar. Das bisschen Marktplatz können Sie mit wenigen Schritten überqueren und ansonsten gibt es nur ein paar hoffnungslos verwinkelte Gässchen im Zentrum. Wir finden auf jeden Fall eine Bank (am Marktplatz) und die Post (ein Neubau am Ende eines verwinkelten Gässchens).

Wenn Sie Ihre Michelin-Karte genau betrachten, sehen Sie nördlich der Stadt eine ganz schmale Halbinsel, auf der sogar noch eine schöne Aussicht versprochen wird. Bevor Sie auf die Idee kommen, um den ganzen Aber herumzufahren, sollten Sie wissen, dass Sie auch ganz einfach per Pedes oder mit dem Fahrrad über eine Fußgängerbrücke „auf die andere Seite" kommen können. Gehen oder radeln Sie Richtung Campingplatz, überqueren Sie den Aber und erobern Sie die Halbinsel KERMORVAN im Schrittempo. Falls gerade Wochenende sein sollte, liegt Ihre Durchschnittsgeschwindigkeit höher als die der Kraftfahrzeuge im Dauerstau.

Mit Geld und Briefmarken versorgt, folgen wir der „Route touristique“ in Richtung POINTE DE ST-MATHIEU. Auf unserer Fahrt an der Küste entlang sehen wir viele kleine Parkplätze, die wie geschaffen dafür sind, um von hier aus Spaziergänge zu unternehmen. Natürlich laden die Strände, die Sie ab und zu auf der rechten Seite sehen können, zum Baden ein. Ich will Sie nicht abhalten, lassen Sie sich von meiner treibenden Erzählweise nur nicht hetzen. Viel zu früh kündigt der Leuchtturm von ST-MATHIEU das Ende der Panoramastraße an.

Spätestens hier sollten Sie Ihr Fahrzeug verlassen und die Gegend zu Fuß erkunden. Das funtioniert allerdings direkt an der POINTE DE ST-MATHIEU nicht, weil der dortige Parkplatz mit einer Höhenbeschränkung versehen wurde. Wir fahren also noch ein bisschen weiter und gehen zu Fuß zurück. Zwei

WOMO-Stellplatz: Pointe de St-Mathieu

WOMO-Zahl: > 5 Gebührenfrei
Ausstattung: -
Zufahrt: An der Pointe de St-Mathieu weiterfahren, bis auf der linken Seite ein Parkplatz-Schild auftaucht. Schöner gerader Wiesenplatz.

Leuchttürme und der Rest eines Klosters sind hier das Beiwerk zu der immer wieder faszinierenden Küste. Der ältere Leuchtturm war ehemals der Glockenturm der Abtei, von der allerdings nicht mehr allzuviel übrig geblieben ist.

Würde uns der Wind nicht so penetrant in die Ohren pusten, könnten wir es noch lange hier aushalten. Aber jetzt ist es eine Wohltat die Tür des Womos zu schließen und uns auf unsere weitere Reise zu machen. Folgen Sie uns also bis kurz vor PLOUGONVELIN und fahren Sie dann in Richtung BREST.

Etwas abseits dieser Straße habe ich noch einen Übernachtungsplatz für Sie gefunden. Der liegt wenige Kilometer abseits der Strecke in LOCMARIA-PLOUZANÉ.

WOMO-Stellplatz: Locmaria-Plouzané

WOMO-Zahl: > 5 Gebührenfrei
Ausstattung: Ver- und Entsorgung, Abfalleimer
Zufahrt: Von der oben erwähnten D 789 biegt die Straße auf der linken Seite ab (Linksabbiegerspur). Im Ort fahren Sie am Stop-Schild rechts und dann in Richtung Brest. Dann sollten Sie die bekannten "Entsorgungs-Schilder" schon sehen. Nach etwa 50 Metern geht's nochmals nach links. Die Stellplätze sind parkähnlich angelegt.

Wenn Sie das Übernachtungsangebot nicht annehmen wollen fahren Sie mit uns weiter nach Osten. Der Verkehr wird dichter und zähflüssiger. BREST liegt vor uns. Nach mehrmaligen Besuchen können wir eine Besichtigung der Stadt nicht empfehlen und folgen deshalb der Umgehungsstraße. Die

Erdbeerhalbinsel PLOUGASTEL erreichen wir über die fast 900 Meter lange Brücke ALBERT-LOUPPE. Deren Hauptort, PLOUGASTEL-DAOULAS, verfügt über einen der schönsten Calvaires der BRETAGNE. Aus diesem Grund verlassen wir die N 165 und folgen der Beschilderung „Centre ville".

WOMO-Stellplatz: Plougastel-Daoulas

WOMO-Zahl: >5 Gebührenfrei

Ausstattung: Ver- und Entsorgung, Abfalleimer

Zufahrt: Vom Zentrum aus fahren Sie noch ein kleines Stück bergab. Nach der Post biegen Sie rechts ab und bald darauf wieder nach links. Es geht weiter bergab. Noch bevor Sie einen Kreisel erreichen sollten Sie schon das Hinweisschild auf den Übernachtungsplatz links der Straße gesehen haben.

Der Calvaire vor der Kirche erinnert uns an GUIMILIAU. Sowohl der mächtige Sockel als auch die Unzahl von Figuren unterstreichen ihre Verwandtschaft. Eine weitere Gemeinsamkeit ist die nicht chronologische, sondern thematische Aufteilung.

Hierbei haben sich die Bildhauer in PLOUGASTEL noch etwas Besonderes einfallen lassen: Wenn Sie bei der Verkündigunsszene ganz links auf der Ostseite beginnen und, unter Auslassung verschiedener Szenen, versuchen, durch mehrmaliges Umrunden des Denkmals, die Bilder in eine zeitlich richtige Abfolge zu bringen, müssen Sie das Monument genau sieben(!) Mal umkreisen. Auch hier finden wir die Darstellung in der Katel Gollet, die Geliebte des Teufels, vom Höllenschlund verschlungen wird. Sie ist, wie in GUIMILIAU, oben an der rechten Ecke der Westseite zu sehen.

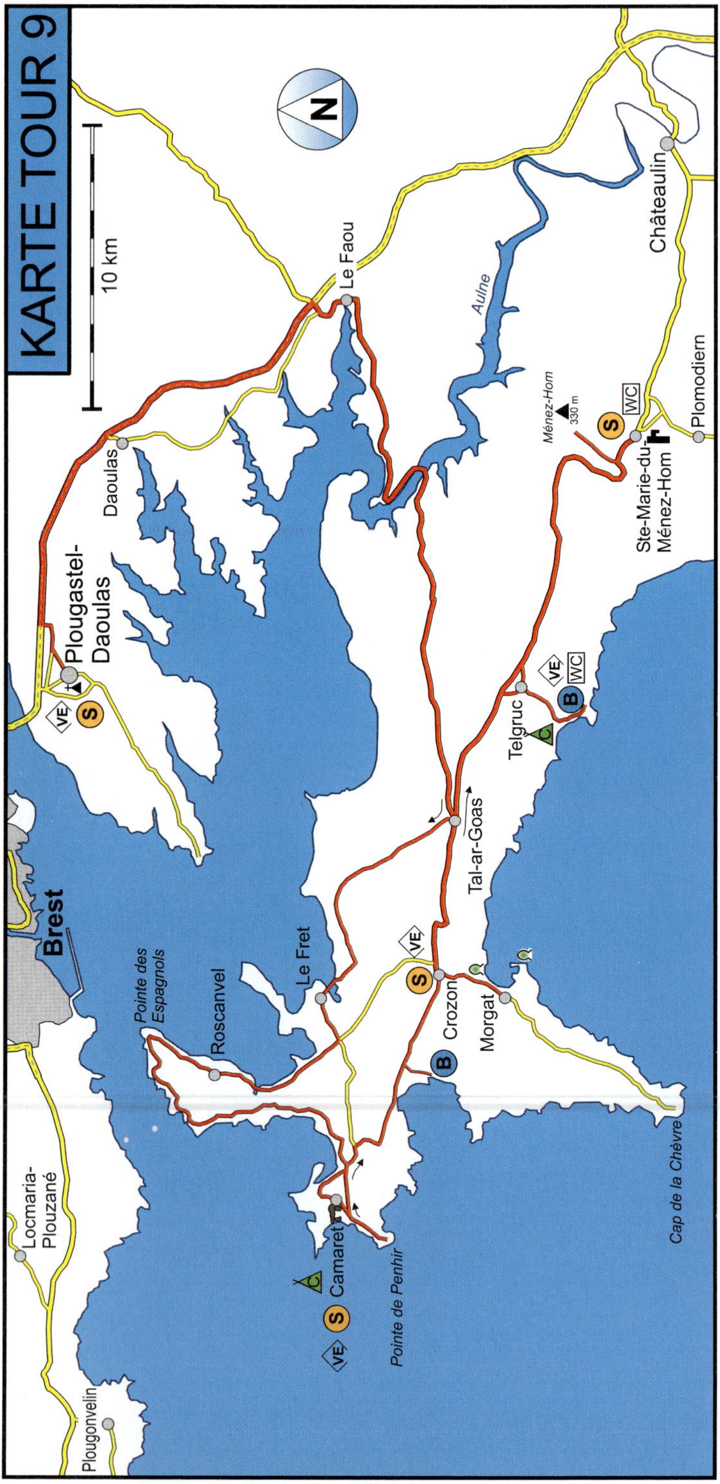
KARTE TOUR 9
10 km
N
Le Faou
Aulne
Châteaulin
Ménez-Hom
330 m
S
WC
Plomodiern
Ste-Marie-du-Ménez-Hom
Daoulas
Plougastel-Daoulas
VE
S
Telgruc
VE
WC
B
C
Tal-ar-Goas
Brest
Le Fret
VE
S
Crozon
B
Morgat
Roscanvel
Pointe des Espagnols
Cap de la Chèvre
Camaret
C
S
VE
Pointe de Penhir
Locmaria-Plouzané
Plougonvelin

TOUR 9 (139 km)

Plougastel-Daoulas — Crozon — Camaret — Ménez-Hom

Übernachten:	Camaret, Anse de Dinan, Crozon, Bellec-Plage, Ste-Marie-les-Ménez-Hom
Besichtigen:	Pointe des Espagnols, Pointe de Penhir, Alignements de Lagatjar
Wandern:	An der Pointe de Penhir, auf dem Ménez-Hom
Baden:	Strand zwischen Camaret und Crozon, Anse de Dinan, Morgat, Telgruc
Campingplatz:	La Plage de Trez Rouz, Armorique
Markt:	Crozon (2. und 4. Mi.)

Da PLOUGASTEL-DAOULAS außer dem Calvaire wenig zu bieten hat, fahren wir weiter. Dazu steuern wir unser Womo wieder auf die N 165 in Richtung QUIMPER bis nach LE FAOU. Von dort aus schlagen wir die Richtung nach CROZON ein.

Die *Aulne* überqueren wir auf der eindrucksvollen PONT DE TÉRÉNEZ. Kurz vor- und hinterher können wir außergewöhnlich schöne Ausblicke auf die weit ins Land reichende Mündung genießen. Freunde von uns bezeichnen die Halbinsel gar als den schönsten Teil der BRETAGNE. Dieser Meinung kann ich mich jedoch nicht anschließen. Durch die starke Zergliederung finden wir hier vom seichten Badestrand bis zur Steilküste fast alle in der BRETAGNE vorkommenden Küstenformen auf engstem Raum beieinander. Im äußersten Westen trotzt die gischtumschäumte POINTE DE PENHIR den Wellen des Atlantik, der immer wieder Teile des Kaps verschlingt. Menhire haben hier ebenso ihre Daseinsberechtigung wie sehr schön gelegene Aussichtspunkte über die benachbarten Ufer.

Die Präsenz des Militärs ist hier immer noch spürbar, hat aber in den letzten Jahren stark abgenommen. Gewiss, BREST ist ein wichtiger Kriegshafen und auf der ÎLE LONGUE sind immer noch die französischen Atom-U-Boote stationiert, aber die Gefahr, dass die Rote Flotte durch die *Rade de Brest* ins Land einbricht wird wohl eher als gering angesehen. Die Schilder, wonach das Fotografieren in Richtung ÎLE LONGUE bei Strafandrohung verboten war, sind verschwunden. Vielleicht werden in einigen Jahren geführte Besichtigungen der Docks möglich sein. Auf den meisten Parkplätzen kann man auch wieder parken, ohne dass man sich unversehens im Gefechtsfeuer einer übenden Einheit befindet. Die entsprechenden Warnschilder sind ebenfalls verschwunden.

Alle Wege führen nach CROZON, dem Hauptort der Insel. Kurz vorher erreichen wir jedoch den Ort TAL-AR-GOAS und hier möchte ich mit Ihnen die „Fast-Umrundung" der Halbinsel beginnen. Am Kreisel im Ort fahren wir nach rechts und folgen den Schildern zur ÎLE LONGUE. In LE FRET biegen wir links ab und erreichen damit die Straße zur POINTE DES ESPAGNOLS, der wir in genau dieser Richtung folgen wollen. Der Beschilderung nach ROSCANVEL folgen wir um die nördlich Spitze der Halbinsel zu erreichen. Nach wenigen Kilometern können wir bereits wieder Meeresluft schnuppern. Die „RADE DE BREST" breitet sich auf der rechten Seite aus, und es ist schwierig zu sagen, ob das nun noch die Mündung der *Aulne* oder schon der *Atlantik* ist. Herrliche Ausblicke begleiten uns bis an das nördliche Ende dieses „Fingers". Dort finden wir ganz in der Nähe des Nordzipfels einen Parkplatz auf der linken Seite, von dem aus wir zu Fuß die POINTE DES ESPAGNOLS erreichen können.

Hier müssen alle Schiffe vorbei, die den Hafen von BREST anlaufen wollen. Auf der Westseite der Landzunge fahren wir

WOMO-Stellplatz:Camaret 1

WOMO-Zahl: >5 Gebührenfrei

Ausstattung: Ver- und Entsorgung, Abfalleimer, Supermarkt

Zufahrt: Am Ortsanfang von Camaret gabelt sich die Straße. Sie könne rechts zum Hafen fahren oder geradeaus. Beide Wege führen Sie zum Stellplatz. Beginnen wir bei der Route zum Hafen: Hier müssen Sie, noch bevor sich die beiden Richtungsfahrbahnen teilen, links abbiegen. Wenn sie an der Gabelung geradeaus gefahren sind folgen Sie den Womo-Schildern und biegen rechts ab. In beiden Fällen sind Sie jetzt in der Rue de la Gare. Hier sind links und rechts der Straße Stellflächen für Wohnmobile sowie eine Ver- und Entsorgungsstation. Über eine Treppe kommen Sie zum Supermarkt.

WOMO-Stellplatz:Camaret 2

WOMO-Zahl: >5 Gebührenfrei

Ausstattung: Ver- und Entsorgung, Abfalleimer

Zufahrt: Folgen Sie vom Hafenbereich aus den Schildern zur Pointe de Penhir. Wenn Sie merken, dass Sie sich dem Ortsausgang nähern, achten Sie auf das Womo-Schild nach rechts. Der Platz liegt neben den Alignements de Lagatjar, über die Sie weiter unten mehr lesen können. In der Saison herrscht schon fast Campingplatzatmosphäre. Durch die große Ansammlung von Wohnmobilen nicht jedermanns Sache.

weiter nach Camaret, dem größten Langustenhafen Frankreichs. Hier treffen wir gleich auf zwei Stellplätze und einen Campingplatz kurz vor dem Ort.

WOMO-Campingplatz-Tipp: Camping de la Plage Trez Rouz
Öffnungszeiten: Ostern - 30.9.
Zufahrt: Etwa 4 Kilometer bevor Sie Camaret erreichen sehen Sie rechts der Straße ein Hinweisschild zum Campingplatz.
Ausstattung: Ver- und Entsorgung, schattig, Laden, Spielplatz, direkter Strandzugang, 4 km bis zum Ortszentrum.
eMail: camping-plage-de-trez-rouz@wanadoo.fr

Einen weiteren landschaftlichen Höhepunkt verheißt uns die Fahrt von hier aus zur Pointe de Penhir. Die Beschilderung ist so gut, dass ich nicht näher auf eine Wegbeschreibung eingehen muss. Am Ortsende sehen wir rechts die ersten Steinreihen unserer Reise. Über 140 Menhire bilden die Alignements de Lagatjar. Die Steine stehen in drei Reihen unmittelbar neben der Straße. Die weißen Quarzblöcke bilden einen schönen Kontrast zum Grün der Wiese und dem strahlenden Blau des Himmels. Die längste Reihe mit 42 Menhiren ist genau nach 30° ausgerichtet. Es kann allerdings sein, dass bei der Restaurierung der Anlage 1928 etwas nachgeholfen wurde...

Die Alignements de Lagatjar

Vor hier aus folgen wir natürlich weiter dem bisher eingeschlagenen Weg und erreichen bald darauf die Pointe de Penhir. Wir parken auf einem ziemlich buckligen Parkplatz und wollen uns nur mal kurz umschauen. Neben der atemberaubenden Aussicht auf die Wellen, die mit unermüdlicher Kraft auf die vorgelagerten Klippen „Les Tas de Pois“ einpeitschen, können wir unseren Kindern hier endlich mal wieder Gelegenheit geben, sich auszutoben. Auch wir ziehen nach einem kurzen Rundgang unsere festen Schuhe an und beschließen ein wenig spazieren zu gehen.

An der Pointe de Penhir

Erst am späten Nachmittag verlassen wir das Kap und fahren zurück Richtung CAMARET Centre bzw. Port. Das Schild „Port“ ist allerdings leicht zu übersehen.

Wir kommen als nächstes am Hafen vorbei und dann, fast automatisch, wieder nach CROZON. Falls Sie, wie wir, Lust verspüren, noch ein paar Stunden am Meer zu liegen, kann ich Ihnen einerseits den Strand zwischen den beiden Orten empfehlen. Die Straße führt unmittelbar daran vorbei und auf den ersten Blick sieht er hoffnungslos überfüllt aus. Aber Sie haben ja dieses Büchlein und können uns noch ein paar Kilometer zu einem weiteren schönen Strand folgen.

WOMO-Badeplatz: Anse de Dinan

WOMO-Zahl: 2 - 3 Gebührenfrei
Ausstattung: -
Zufahrt: Vom Strand zwischen Camaret und Crozon aus weiter in Richtung Crozon fahren und an der 4. Abzweigung an der Telefonzelle nach rechts abbiegen. Dann weiter auf kleinen Straßen in Richtung Anse de Dinan fahren. Schöner Strand mit wenigen Besuchern. Für die Rückfahrt möchte ich die selbe Strecke wie für die Hinfahrt empfehlen, obwohl es auch anders - dafür mühsamer - geht.

Wir folgen weiter der Straße nach CROZON, dem Hauptort der Insel. Hier finden wir einen Stellplatz mit Ver- und Entsorgungsmöglichkeit. Obwohl ich mich dort keine Nacht lang aufhalten würde, stehen immer wieder viele Womos dort, so dass ich ihn der Vollständigkeit halber erwähne.

WOMO-Stellplatz: Crozon

WOMO-Zahl: > 5 Gebührenfrei
Ausstattung: Ver- und Entsorgung, Abfalleimer
Zufahrt: Folgen Sie im Ort den Schildern zum Office de Tourisme (OTSI) oder dem Bahnhof (Gare), dann erreichen Sie einen Parkplatz, der als offizieller Stellplatz ausgewiesen ist. Zum Ver- und Entsorgen akzeptabel, ansonsten gehört er zu den hässlichsten Plätze, die ich kenne.

Südlich von CROZON liegt MORGAT. Der Ort ist bekannt wegen seiner Grotten, die auf beiden Seiten des schönen Sandstrandes liegen. Die nördlichen Höhlen können Sie bei Ebbe zu Fuß besuchen. Für eine Besichtigung der großen südlichen Grotten brauchen Sie auf jeden Fall ein Boot. Vom Hafen aus fahren, je nach Gezeitenstand, ständig Schiffe hin.

Der Strand von Morgat

Sie können von MORGAT aus noch weiter nach Süden zum CAP DE LA CHÈVRE fahren. Uns konnte das Cap nicht begeistern, so dass ich nicht näher darauf eingehen möchte. Viel schöner ist indes der Strand namens Bellec Plage in der Nähe von TELGRUC. Wir fahren von MORGAT aus zurück nach CROZON und folgen dann den Schildern nach QUIMPER. Wir kommen dabei wieder durch TAL-AR-GOAS und biegen 6 Kilometer weiter rechts nach TELGRUC ab.

WOMO-Badeplatz: Bellec-Plage

WOMO-Zahl: > 5 Gebührenfrei

Ausstattung: Abfalleimer, Recycling-Container, Toiletten, Ver und Entsorgung in der Nähe.

Zufahrt: In Telgruc nach der Kirche nach rechts abbiegen. Sie fahren dann Richtung Ortsausgang. Dort können Sie schon darauf achten, wo die Straße nach rechts zum Camping „Armorique" abzweigt. Dort besteht außerhalb des Campingplatzes die Möglichkeit zur Ver- und Entsorgung. Zum Badeplatz fahren Sie jedoch geradeaus weiter aus dem Ort heraus bis zum großen Strand. Auf der linken Seite können Sie in den Dünen einen Platz suchen. Wenige Parzellen sind Privatgelände und entsprechend gekennzeichnet.

WOMO-Campingplatz-Tipp: Armorique

Öffnungszeiten: 1.4. - 30.9.

Zufahrt: Lesen Sie oben beim Badeplatz nach.

Ausstattung: Ver- und Entsorgung, sehr schattig, Laden, Spielplatz, 750 m bis zum Strand.

eMail: larmorique@post.club-internet.fr

Das Terrain ist riesig und ohne große Probleme teilen sich hier Wohnmobile, Caravans, Zelte, PKW und sogar noch ein Campingplatz das Gelände. Um zum ebenfalls etwas überdimensionierten Strand zu kommen brauchen Sie nur die Straße zu überqueren. Das Bild wurde Mitte August aufgenommen,

Bellec-Plage in der Nähe von Telgruc

und wie Sie sehen können ist wirklich noch Platz genug um ein Plätzchen zu finden.

„Vom Meer in die Berge“ könnte man die nächsten 20 Kilometer überschreiben, da wir auf die zweithöchste Erhebung der BRETAGNE fahren wollen. Allerdings habe ich Skrupel, die bretonischen Hügel als Berge zu bezeichnen.

Von TELGRUC aus fahren wir wieder zurück auf die D 887 und folgen wieder der Beschilderung nach QUIMPER. Ganz sacht steigt die Straße an. 190 Meter haben wir bald erklommen und nach einer Kehre sehen wir bereits das Hinweisschild zum MÉNEZ-HOM. Der höchste Punkt (oder soll ich tatsächlich Gipfel schreiben?) liegt 330 Meter über dem Meeresspiegel.

Nur noch wenige Kilometer trennen uns jetzt vom MÉNEZ-HOM. Eine Asphaltstraße bringt uns fast bis an die Orientierungstafel. Crêpes, Eis und Pommes frites sind hier oben in der Hauptsaison ebenso erhältlich wie Ansichtskarten, Briefmarken und Aufkleber. Händler mit gut ausgestatteten Wohnwagen machen's möglich! Bereits vom Parkplatz aus haben wir einen fantastischen Blick über die Bucht von DOUARNENEZ. Schnell steigen wir die paar Meter bis zur Bergkuppe hinauf. Das Panorama ist überwältigend! Der Südzipfel der Halbinsel CROZON im Westen, die Aulnemündung im Norden, die bereits erwähnte Bucht von DOUARNENEZ im Südwesten liegen wie eine überdimensionale Landkarte vor uns. Sie sollten sich nicht scheuen, Ihre Michelin-Karte mit hinauf zu nehmen. Bei klarem Wetter können Sie jeden Ort und jede Geländeeinbuchtung erkennen. Hier oben gelobe ich, niemals mehr über einen Berg von 330 Metern Höhe zu lästern. Die Nachrichten von SWR 3 höre ich hier mit dem Kurzwellenempfänger fast so gut wie zu Hause.

Es wird langsam spät, Zeit einen Übernachtungsplatz zu finden. Beim Verlassen des Parkplatzes werfe ich noch einen Blick auf die Nationalitätenkennzeichen der anderen Fahrzeuge. Der MÉNEZ-HOM scheint in vielen europäischen Reiseführern erwähnt zu sein! Langsam rollen wir auf der Stichstraße zurück.

Legende vom Ménez-Hom

Zum Ménez-Hom und Ste-Marie-du-Ménez-Hom gibt es eine schöne Geschichte zu erzählen: König Marke von Cornouaille wurde nach seinem Tod wegen seines sündigen Lebenswandels zu ewig währender Verdammnis verurteilt. Er war jedoch - wie so viele Bretonen - ein glühender Verehrer der Jungfau Maria. Oft genug besuchte er ihre Kapelle am Fuß des Berges. Daraufhin intervenierte Maria und Gott reduzierte sein Strafmaß. Seine Seele bleibt nur so lange am Hang des Berges eingesperrt, bis man von einem Steinhaufen über dessen Grab die Kapelle in Ste-Marie-du-Ménez-Hom sehen kann. Wenn auch Sie, wie viele andere Besucher des Berges, zum Seelenheil des Königs beitragen wollen, legen Sie auch einen Stein dazu.

Heute haben wir keine Übernachtungsmöglichkeit aus früheren Reisen parat. Unser Trinkwasser geht auch zu Neige, die Anzeige an der Camping-Toilette ist schon zu drei Vierteln rot. Sollen wir einen Campingplatz anfahren? Ein Blick in die einschlägigen Campingführer hilft uns nicht weiter.

Als nächstes kommen wir durch ST-MARIE-DU-MÉNEZ-HOM und finden am Ortsende einen Parkplatz, der viele unserer Wünsche erfüllt. Der Verkehr lässt gegen Abend stark nach und so können wir eine geruhsame Nacht verbringen.

WOMO-Stellplatz: Ste-Marie-du-Ménez-Hom

WOMO-Zahl: 2 - 3 Gebührenfrei

Ausstattung: Wasserhahn, Abfalleimer, Recycling-Container

Zufahrt: Ste-Marie-du-Ménez-Hom liegt kanpp 2 Kilometer nach der Abzweigung zur Stichstraße zum Ménez-Hom in Richtung Quimper. Dort, wo sich die Straße gabelt ist auf der rechten Seite der Parkplatz mit Übernachtungsmöglichkeit zu finden.

Allerdings haben wir morgens ein Erlebnis der geräuschvollen Art: Recht unsanft werden wir geweckt. Ein LKW mit defektem Schalldämpfer scheint uns unablässig zu umrunden. Schlaftrunken stellt sich bei mir das Bild eines Tigers ein, der um seine Beute herumschleicht um dann in einem günstigen Moment zuzuschlagen. Ein Blick aus dem Fenster zeigt die weit weniger dramatische Realität. Eine Militärfahrschule übt das Rangieren mit Anhänger. Wir wurden dabei als natürliches Hindernis in den Unterricht integriert und haben keine Chance auch nur noch an Schlaf zu denken. Laut heult der LKW-Motor auf: Ein Schüler hat sich im Gewirr der Gänge vertan und versucht vergeblich das Monstrum mit starkem Druck aufs Gaspedal in Bewegung zu versetzen. Jetzt hilft nur noch die Flucht! Da unser Fahrzeug nicht wie ein typisches Wohnmobil aussieht und eher als Kastenwagen wahrgenommen wird, schauen die Soldaten ungläubig unserem Auto nach, das, wie von Geisterhand bewegt, plötzlich losfährt, ohne dass jemand eingestiegen ist.

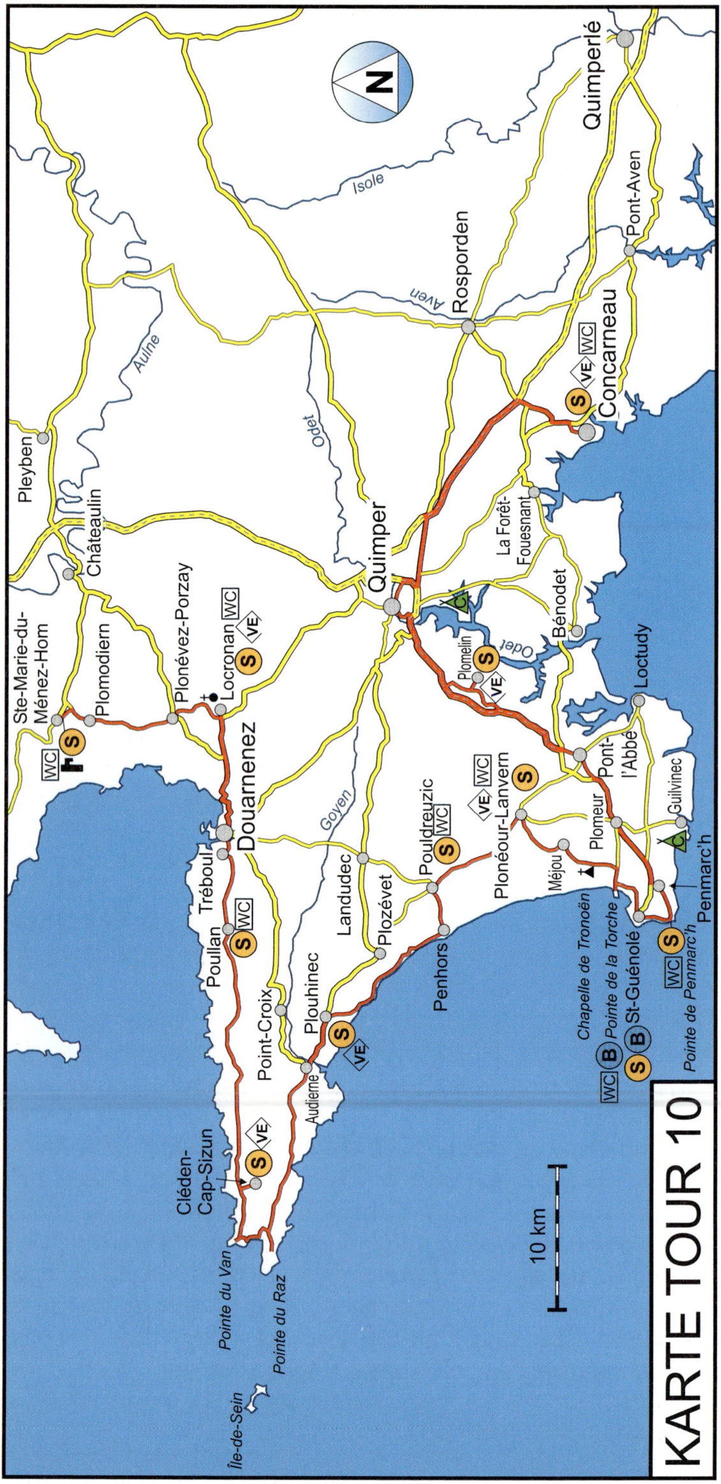
KARTE TOUR 10
N
10 km
Ste-Marie-du-Ménez-Hom
Plomodiern
Pleyben
Châteaulin
Plonévez-Porzay
Locronan
Douarnenez
Tréboul
Poullan
Point-Croix
Plouhinec
Audierne
Cléden-Cap-Sizun
Pointe du Van
Pointe du Raz
Île-de-Sein
Landudec
Plozévet
Penhors
Pouldreuzic
Plonéour-Lanvern
Méjou
Plomeur
Chapelle de Tronoën
Pointe de la Torche
St-Guénolé
Pointe de Penmarc'h
Penmarc'h
Guilvinec
Pont-l'Abbé
Loctudy
Plomelin
Bénodet
La Forêt-Fouesnant
Quimper
Concarneau
Rosporden
Pont-Aven
Quimperlé
Aulne
Odet
Goyen
Aven
Isole
S
WC
VE
B
C

TOUR 10 (166 km)

Locronan — Pointe du Van — Audierne — Penmarc'h — Pont-l'Abbé — Quimper — Concarneau

Übernachten:	Locronan, Poullan, Cléden-Cap Sizun, Plouhinec, Pouldreuzic, Plonéour-Lanvern, Pointe de la Torche, St-Guénolé (2 x), Phare d'Eckmühl, Plomelin, Concarneau
Besichtigen:	Locronan, Calvaire von Tronoën, Felsen von St-Guénolé, Prähistorisches Museum von Penmarc'h, Phare d'Eckmühl, Quimper, Concarneau
Spazieren:	An der Pointe du Van
Baden:	Baie des Trépassés, zwischen Plouhinec und Penhors, St-Guénolé
Campingplatz:	La Plage, Castel l'Orangerie de Lanniron
Markt:	St-Guénolé (Fr.), Quimper (Mi., Sa.)

Von unserem Nachtlager in STE-MARIE kommen wir ganz einfach nach LOCRONAN, indem wir immer weiter Richtung QUIMPER fahren. Über PLOMODIERN und PLONÉVEZ-PORZAY erreichen wir die erste Abfahrt nach LOCRONAN. Wir bleiben jedoch noch bis zum nächsten Kreisel auf unserer Straße und fahren erst dann auf den Ort zu. Grund dafür ist der dort vorhandene Stellplatz für Wohnmobile.

WOMO-Stellplatz: Locronan

WOMO-Zahl: > 5 Geringe Gebühr
Ausstattung: Ver- und Entsorgung, Abfalleimer, Toilette, Recycling-Container
Zufahrt: Von Ste-Marie-du Ménez-Hom kommend die 2. Abfahrt nach Locronan nehmen, dann auf dem linken Parkplatz parken, dort sind die Womo-Stellplätze und die Ver- und Entsorgungsstation. Auf allen Parkplätzen in Locronan wird einmalig eine Parkgebühr erhoben, die zum Parken für das ganze Jahr berechtigt.

Als architektonisch gelungen wird der Dorfplatz vor der Kirche in vielen Reiseführern gepriesen. Der mittelalterliche Eindruck, den der Platz hinterlässt, wird durch die vielen künstlerischen Schilder vor den Handwerksbetrieben noch unterstrichen.

Wir schlendern noch ein wenig durch

Locronan - Schild an einer Bäckerei

Legende von St-Ronan

Der Ort ist nach dem Heiligen Ronan benannt. Er war ein gallischer Priester, der von Irland in die Bretagne kam. Ronan lebte in dieser Gegend als Einsiedler und ging jeden Tag vor dem Frühstück betend auf einem Rundweg über die umliegenden Felder. Samstags verdoppelte er seinen Weg, um am nächsten Tag die Sonntagsruhe einhalten zu können.

Der Einsiedler starb in der Nähe von St-Brieuc, und da man nicht wusste, wo sein Leichnam bestattet werden sollte, legte man ihn auf einen Ochsenkarren und überließ ihn seinem Schicksal. Die Tiere trotteten in südwestlicher Richtung davon und versteinerten just an der Stelle, wo Ronans Einsiedelei gelegen war. Die Baumstämme, die sich über dem Ochsenkarren ausbreiteten, teilten das Schicksal der Zugtiere und wurden zur Grabeskirche. Sowohl den Sarkophag des Heiligen Ronan als auch die darüber errichtete Pénity-Kapelle, die an die Kirche angebaut ist, können wir im Ort besichtigen.

Am zweiten Julisonntag findet hier eine berühmte Wallfahrt statt. In der sogenannten *Kleinen Troménie* folgen die Gläubigen dem Weg, den der Heilige bei seinen morgendlichen Wanderungen beschritten haben soll. Ronans Samstagstour findet ihren Niederschlag in der *Großen Troménie*, die alle sechs Jahre stattfindet. Dieses Intervall ist nicht ganz logisch, das scheint aber bei den Pilgern, die immerhin zwölf Kilometer zurückzulegen haben, keine Rolle zu spielen. Die nächste *Grande Troménie* findet 2007 statt. Die Prozession geht über zwölf Stationen, die in ihrer Abfolge auf den Keltischen Kalender zurückgehen sollen. So wie die Kelten das Jahr in eine trockene und eine nasse Hälfte aufteilten, so stehen sich hier sechs Stationen in feuchten Gebieten und sechs im Trockenen gegenüber.

den Ort und stellen dabei fest, dass es in der kleinen Gemeinde außerhalb des Dorfplatzes wenig Sehenswertes gibt. Also kehren wir zurück zum Womo, das vor den Toren LOCRONANS auf uns wartet.

Nach Westen wollen wir, in die CORNOUAILLE, die einst ein bretonisches Königreich war. Nicht nur der Name, sondern auch die Form der Halbinsel erinnert an das englische CORNWALL. Kelten von den Britischen Inseln waren es auch, die die Bretagne vom 5. Jahrhundert bis ins 7. Jahrhundert besiedelten. Der berühmteste Herrscher der CORNOUAILLE war Roi Gradlon.

Solchermaßen auf die vor uns liegende Landschaft vorbereitet, fahren wir nach DOUARNENEZ. In der Stadt folgen wir den Wegweisern nach TRÉBOUL bzw. POINTE DU VAN. Von hier aus gehen rechts immer wieder Stichstraßen zu Aussichtspunkten ab. Kurz nach TRÉBOUL erreichen wir POULLAN.

Roi Gradlon

Er soll in der versunkenen Stadt Ys regiert haben, die irgendwo in der Bucht von Douarnenez vermutet wird. Die Stadt war wohlhabend und so prachtvoll, dass die Lutetier ihre Stadt in Par-Ys (*d.h. gleich Ys*) umbenannten. Ausschweifende Feste waren in Ys an der Tagesordnung und der Verfall aller sittlichen Werte nur noch eine Frage der Zeit. Dieser Entwicklung griff des Königs bildschönes Töchterlein Dahud vor, indem sie im Verlauf eines Festes ihrem Vater die Schlüssel für die Tore stahl, die die Stadt vor der Flut schützen sollten. Ihr Lover, der sich später als der leibhaftige Teufel entpuppte, hatte sie um diesen Gefallen gebeten. Der Liebhaber verschwand daraufhin stehenden (Pferde-)Fußes und öffnete die Schleusen. Nun konnte sich das Meer der Stadt bemächtigen. Panik brach aus und König Gradlon gelang es gerade noch, seine Tochter hinter sich aufs Pferd zu ziehen und der rettenden Küste des Festlandes entgegenzureiten. Meter um Meter näherte sich Gradlons Pferd dem rettenden Ufer, aber genauso schnell folgten ihm die Wellen des Meeres. Das Pferd war erschöpft und die Wogen hätten sie schließlich verschlungen, wenn nicht eine himmlische Stimme dem König befohlen hätte, seine Tochter vom Pferd zu stoßen. Angesichts der näher rückenden Fluten tat Gradlon, nach anfänglichem Zögern, nun doch wie ihm geheißen wurde und warf seine Tochter ins Meer. Sein Pferd erreichte dann auch wohlbehalten das Ufer und König Gradlon verlegte seinen Amtssitz ins trocknere Quimper, wo er heute noch zwischen den beiden Türmen der Kathedrale reitet. Für die Stadt Ys jedoch bedeutete dies Ereignis das Ende.

WOMO-Stellplatz: Poullan

WOMO-Zahl: 3 - 4 Gebührenfrei

Ausstattung: Recycling-Container, Toilette in der Nähe

Zufahrt: In Poullan kurz vor der Kirche rechts abbiegen zum Salle Poyvalente. Dort auf dem Place des Fêtes parken. Die Toilette finden Sie in der Nähe der Kirche.

Einen weitaus schöneren Übernachtungsplatz kann ich Ihnen 15 Kilometer weiter empfehlen, wenn Sie einen kleinen Umweg dazu in Kauf nehmen wollen.

WOMO-Stellplatz: Cléden-Cap-Sizun

WOMO-Zahl: > 5

Gebührenfrei

Ausstattung: Ver- und Entsorgung, Recycling-Container

Zufahrt: Von der Straße Douarnenez - Pointe du Van im Weiler Belle Vue nach inks abbiegen. Im Ort Cléden-Cap-Sizun liegt der Platz am Anfang des Ortes auf der linken Seite.

Nach 30 Kilometern haben wir die Pointe du Van erreicht. Für Wohnmobile gibt es hier einen eigens ausgewiesenen Parkplatz, der jedoch nur von 8 bis 20 Uhr zur Verfügung steht. Er ist erschreckend voll, aber wir wissen, dass sich die Besucher hier sehr schnell verteilen. Ein weitverzweigtes Spazierwegenetz macht's möglich. Bereits nach 10 Minuten haben wir den Eindruck, ganz allein hier zu sein.

Kapelle St-They an der Pointe du Van

Knappe vier Kilometer südlich von uns liegt die weitaus berühmtere POINTE DU RAZ. Dieses Kap ist in jedem Reiseführer erwähnt und entsprechend groß ist der Touristenandrang. Souvenirhändler sahen dort das große Geschäft winken, und mittlerweile ist die POINTE DU RAZ ein einziger Ramschladen. Landschaftlich steht die POINTE DU VAN ihrer berühmteren Schwester nicht nach. Wir verbringen fast den ganzen Nachmittag hier, spazieren an der Steilküste entlang, klettern in den Felsen herum oder liegen einfach faul im Gras und lassen uns von der Sonne bescheinen.

Noch ein Stück weiter westlich liegt die ÎLE DE SEIN. Dort wurden früher die Druiden beigesetzt. Der Sage nach wurden ihre Särge in der BAIE DES TRÉPASSÉS bei einsetzender Ebbe dem Meer übergeben und von der Strömung an das Ufer der Insel getrieben.

Langsam schlendern wir zum Auto zurück und biegen rechts ab zu dieser „Bucht der Abgeschiedenen". Die Straße führt steil von der Höhe des Kaps auf Meeresniveau hinab. Auf einem Parkplatz rechts der Straße lassen wir unser Fahrzeug stehen und spazieren noch ein Weilchen an der Bucht entlang. Hier lässt sich auch wunderbar ein Badetag einlegen. Anschließend schlängeln wir uns mit dem Womo auf der anderen Seite wieder den Weg hinauf. Bald ist die Verbindungsstraße AUDIERNE — POINTE DU RAZ erreicht. Für uns ist es gar keine Frage, dass wir hier nach links abbiegen. Wenn Sie jedoch den Rummel an der POINTE DU RAZ erleben wollen, müssen Sie sich hier rechts halten. Nach drei Kilometern erreichen Sie dann den Parkplatz.

Natürlich muss ich dem berühmtesten Kap der BRETAGNE auch ein paar Zeilen widmen. Mehr als 70 Meter über dem tosenden Meer können Sie dem gewaltigen Naturschauspiel des an die Felsen brandenden Ozeans zusehen. Sie können sich jedoch auch auf schwindelerregenden Pfaden bis zur vordersten Spitze vorarbeiten. Für ängstliche Naturen stehen im Centre Commercial allzeit Führer bereit. Dort erhalten Sie auch alles, was Sie schon lange suchten und für das Kap so typisch ist: Vom blau-weiß-rot blinkenden Leuchtturm über Plastikhummer bis zum gestrickten Pullover. Sie können jedoch auch dem Museum einen Besuch abstatten, Sie hätten uns dann etwas voraus, denn wir brachten es bisher nicht übers Herz, den schaurigen Vorplatz zu überqueren. Schließlich können Sie auch dem Vorschlag der Kollegen Grashäuser und Schäffer (siehe Literaturhinweise) folgen, die empfehlen, das Kap bei Sturm zu besuchen, was bestimmt eine gute Idee ist. Sie können dann wieder zu einem der Parkplätze gehen (ihre Anzahl verdoppelt sich im dreijährigen Rhythmus) und kopfschüttelnd zurückblicken. Vermutlich wundern Sie sich über die Aufschrift „Non au nucléaire" auf dem Dach des Einkaufszentrums. Sie erinnert an die Zeit, als es den Bretonen gelang, die Zentralregierung vom Bau eines Atomkraftwerkes in unmittelbarer Nähe des Kaps abzubringen.

Der malerisch an der Mündung des *Goyen* gelegenen Stadt AUDIERNE wollen wir jetzt noch einen Besuch abstatten. Sollten Sie gerade an Zahnschmerzen leiden, machen Sie kurz vor dem Ort noch einen kleinen Umweg zur Kapelle von ST-TUGEN. Sie ist von der Straße aus ausgeschildert. Der dortige Lokalheilige ist Spezialist für Zahnweh und — Tollwut!

In der Nähe des Hafens finden wir einen Parkplatz mit Toilettenhäuschen. Wir spazieren an den schönen Häusern am Hafenbecken entlang und werfen ein paar Blicke auf die Auslagen in den Schaufenstern. Der helle Klang der Stahlseile, die an die Masten der hier liegenden Segelboote schlagen, begleitet unseren Stadtbummel musikalisch. Der heimlich gehegte Wunsch, hier einen schönen Übernachtungsplatz zu finden, geht jedoch nicht in Erfüllung.

Also fahren wir weiter. Über den *Goyen* verlassen wir AUDIERNE in Richtung PONT-L'ABBÉ. Nach fünf Kilometern biegen wir in PLOUHINEC von der D 784 ab und fahren nach PORS-POULHAN,

WOMO-Stellplatz: Plouhinec

WOMO-Zahl: >5 Gebührenfrei

Ausstattung: Ver- und Entsorgung, Abfalleimer, Recycling-Container

Zufahrt: Am Intermarché. 5 Plätze neben einem Carport, 1 Platz neben der Ver- und Entsorgungsstation in der Nähe der Tankstelle. Laut - und nur der Vollständigkeit halber erwähnt.

um bis PENHORS der Küstenstraße zu folgen. Es ist zwar schon spät, aber noch lange nicht dunkel. Hier im äußersten Westen

Frankreichs trennen uns fast 13 Längengrade von unserem Heimatort. Da die selbe Zeit gilt wie in Deutschland, geht die Sonne fast eine Stunde später unter als zu Hause. (Natürlich geht sie morgens auch eine Stunde später auf). Wunderbare Sandstrände erstrecken sich an der gesamten Route entlang. Wie stark diese jedoch tagsüber frequentiert werden, können wir Ihnen leider nicht sagen und sind für entsprechende Hinweise dankbar.

POULDREUZIC, vier Kilometer weit im Landesinneren gelegen, erreichen wir, nachdem wir die Küstenstraße verlassen haben. Endlich finden wir hier im Ortszentrum unseren lange gesuchten Übernachtungsplatz.

WOMO-Stellplatz: Pouldreuzic

WOMO-Zahl: 2 - 3 Gebührenfrei
Ausstattung: Toiletten, Recycling-Container
Zufahrt: Mitten im Ort finden Sie eine Kreuzung, daneben ist ein Parkplatz zum Übernachten.

Wir sind jetzt im BIGOUDEN. Die Landschaft ist nach der halbmeterhohen Kopfbedeckung, die zur traditionellen Frauentracht in dieser Gegend gehört, benannt. An Sonn- und Feiertagen können Sie die Frauen und Männer hier oft noch in ihrer alten Tracht in die Kirche gehen sehen.

Wenn wir von unserem Nachtquartier aus weiter nach PONT L'ABBÉ fahren, kommen wir nach acht Kilometern nach PLONÉOUR-LANVERN. Nach dem Ort müssen wir aufpassen damit wir die

WOMO-Stellplatz: Plonéour-Lanvern

WOMO-Zahl: > 5 Gebührenfrei
Ausstattung: Ver- und Entsorgung, Toiletten, Abfalleimer
Zufahrt: Folgen Sie im Ort den Schildern nach Quimper und passen Sie auf, dass Sie auf der rechten Seite das Schildchen mit dem Womo-Symbol nicht übersehen.

Abzweigung zur CHAPELLE NOTRE-DAME-DE-TRONOËN nicht verpassen. Dort erwartet uns der älteste Calvaire der BRETAGNE und eine Kirche in unmittelbarer Nähe des Meeres. Wir kommen noch durch den Weiler MÉJOU-ROZ und können dann gegenüber der Kirche parken.

Seit Mitte des 15. Jahrhunderts trotzt der Calvaire Stürmen und Regen. Sand und salzhaltige, feuchte Luft, die der Wind vom nahen Meer herträgt, setzen dem Kunstwerk stark zu. Die Figuren sind deshalb schon arg in Mitleidenschaft gezogen, haben aber von ihrem ursprünglichen Reiz nichts eingebüßt. Im Gegenteil: Die verwaschenen Umrisse verleihen dem Denkmal einen eigenen Charakter. Wenige Teile des Calvaires sind aus einem anderen Granit hergestellt und haben die Verwitterung

Tronoën - Die Taufe Christi

besser überstanden. Dazu zählen die drei Kreuze, die den Kalvarienberg überragen.

Besonders beeindruckend sind die Geburt und die Taufe Christi dargestellt. Sie können jedoch bei vielen Darstellung Details entdecken, die Sie zum Schmunzeln anregen. Da kommt Jesus bereits als Herrscher zur Welt und segnet, in einer Hand die Weltkugel haltend, seine Mutter, die noch im Wochenbett liegt. Joseph ist wohl durch die Strapazen der Geburt vor Erschöpfung eingeschlafen. Einer der Heiligen drei Könige trägt einen Wams aus der Zeit Karls VII, und ich bin sicher, dass Sie beim genauen Hinsehen noch mehr Kuriositäten finden können. Die Kirche NOTRE-DAME DE TRONOËN wurde lange restauriert und ist mittlerweile wieder zugänglich.

Tronoën - Die Geburt Christi

Den Parkplatz gegenüber der Kapelle verlassen wir nach links und fahren von hier aus Richtung „POINTE DE LA TORCHE“. Hier haben Sie wieder Gelegenheit zum Baden. Ein großer Parkplatz liegt ganz in der Nähe des Strandes. Über Holzstege

WOMO-Badeplatz: Pointe de la Torche

WOMO-Zahl: >5 Gebührenfrei

Ausstattung: Abfalleimer, Toilette

Zufahrt: Von Tronoën aus den Schildern zur Pointe de la Torche folgen. Großer Parkplatz direkt in den Dünen.

können Sie das Meeresufer erreichen. Uns hat bisher immer ein starker Wind davon abgehalten, weiter als bis zu den Dünen vorzudringen. Auch dieses Mal biegen wir angesichts der Sandkörner, die über den Dünenkamm hinweggefegt werden, noch vor dem Parkplatz nach links ab. Am nächsten Kreisel folgen wir den Schildern nach ST-GUÉNOLÉ.

Nachdem wir eine Bucht umrundet haben, wollten wir, wie in den vergangenen Jahren, nach einem Funkturm rechts auf einen Strandparkplatz einbiegen. Leider ist das nicht mehr

WOMO-Badeplatz: St-Guénolé 1

WOMO-Zahl: >5 Gebührenfrei

Ausstattung: -

Zufahrt: Dem Tourenverlauf in Richtung St-Guénolé folgen. Noch vor dem Ortsschild ist der Platz auf der rechten Seite ausgeschildert. Das ist die am weitesten vom Meer entfernte Übernachtungsmöglichkeit, die ich noch als „Badeplatz“ bezeichne. Etwa 750 Metern müssen Sie zurücklaufen um an den schönen Strand Pors Carn zu kommen.

WOMO-Stellplatz: St-Guénolé 2

WOMO-Zahl: > 5 Gebührenfrei

Ausstattung: -

Zufahrt: Folgen Sie im Ort den Schildern nach Penmarc`h. An einer Kreuzung in der Ortsmitte müssen Sie dazu links abbiegen. Danach ist der nächste Parkplatz auf der rechten Seite offizieller Womo-Platz. Offiziell auch gesperrt in der Nacht von Donnerstag auf Freitag. Zentrumsnah, aber nicht schön.

möglich, da der Platz mit Stangen in 2 Meter Höhe abgesperrt wurde. Auch die Ver- und Entsorgungsstation wurde demontiert. Allerdings wurden dafür zwei neue Übernachtungsmöglichkeiten geschaffen.

Um vom Badeplatz zum Strand PORS CARN zurückzugehen, zähle ich knapp 1000 Schritte. Meine Frau bemerkt zwar meine Schweigsamkeit und die sich langsam Finger für Finger öffnenden Fäuste. Allerdings wundert Sie sich schon lange nicht mehr über mein seltsamens Verhalten bei Buchrecherchen.

Genau gegenüber des Strandes finden wir noch das „MUSÉE PRÉHISTORIQUE FINISTÉRIEN". Im Hof dieses prähistorischen Museums sind fast alle in der Bretagne vorkommenden Arten von Großsteinsetzungen rekonstruiert. Im Innern finden wir viele archäologische Funde aus der Gegend. Die Sammlung ist nur in der Saison geöffnet, der Hof kann jedoch, da frei von der Straße aus zugänglich, immer besichtigt werden.

Unseren Parkplatz verlassen wir jetzt in Richtung des Ortszentrums von ST-GUÉNOLÉ. Dort wollen wir noch die berühmten „ROCHERS DE ST-GUÉNOLÉ" besichtigen. Wir folgen daher der Straße bis zur Kreuzung in der Ortsmitte, wo wir rechts abbiegen. Riesige Felsen liegen direkt an der Uferpromenade im Meer. Durch die exponierte Lage brechen sich hier die Wellen des Ozeans und bieten durch die hochaufschäumende Gischt ein unbeschreibliches Schauspiel. Besonders bei schlechtem Wetter ist ein Ausflug

Rochers de St-Guénolé

nach St-Guénolé ein Erlebnis. Dann wird nicht selten sogar die Uferstraße von den Wellen erreicht.

Von hier aus ist es nur ein Katzensprung zum Leuchtturm „Phare d'Eckmühl" in Penmarc'h. Folgen Sie mit uns den Schildern zum Turm. Dazu müssen wir am Ortsende von St-Guénolé einmal etwas unübersichtlich nach rechts abbiegen. Direkt am Turm können wir parken.

WOMO-Stellplatz: Phare d'Eckmühl

WOMO-Zahl: > 5 Gebührenfrei
Ausstattung: Toilette
Zufahrt: Es ist wichtig in St-Guénolé nicht den Schildern nach Penmarc'h, sondern zum Phare d'Eckmühl zu folgen. Kurz vor dem Leuchtturm können Sie auf der rechten Seite zwischen Straße und Kaimauer übernachten.

Die Aussicht, die wir hier, von einem der höchsten Leuchttürme Frankreichs aus haben, ist schlicht atemberaubend. Allerdings muss ich gestehen, dass das Wetter hierfür auch die besten Voraussetzungen bietet. Viermal waren wir bereits hier und haben jedesmal den Aufstieg verschoben, weil Dunst und niedrige Wolken keine Fernsicht ermöglichten.

Wir fahren weiter ins Zentrum der Großgemeinde Penmarc'h. Nachdem wir an der Kirche St-Nonna im Ortsmittelpunkt vorbeigekommen sind, achten wir nach einer S-Kurve auf einen winzigen Weg, der dann nach rechts auf einen Parkplatz führt. Heute ist Ostersonntag, und es müsste schon mit dem Teufel zugehen, wenn wir dann nicht einige Frauen mit der typischen Kopfbedeckung des Bigouden auf ihrem Weg zur Kirche sehen könnten.

Auf eine Besichtigung von St-Nonna müssen wir allerdings verzichten. Als die Pforten geöffnet werden, drängen schon die

Kirchgang im Bigouden

Gottesdienstbesucher hinein. Da wir nicht genau wissen, wann die Messe beginnt und wie lange sie dauert, beschließen wir vorsichtshalber, deren Ende abzuwarten. In den kommenden 2 Stunden lerne ich den Ort gründlich kennen. Besonders die Wege rings um ST-NONNA sind mir bereits gut vertraut. Als ich dann jedoch noch zwei Elternpaare mit ihren Täuflingen vor der Kirche warten sehe, resigniere ich vollends. Ich gehe zurück zum Bus, und wir fahren gemächlich über PONT L'ABBÉ nach QUIMPER. Ein paar hundert Meter nach dem Ortsschild von PENMARC'H steuern wir auf der linken Straßenseite einen Rastplatz an. Hier lässt es sich wesentlich gemütlicher essen, als auf dem Parkplatz im Ortszentrum, der sich in erschreckendem Tempo gefüllt hatte. Der Rastplatz wäre auch ein schönes Übernachtungsquartier gewesen. Er macht einen gepflegten Eindruck — und es gibt Frischwasser, einen großen Abfalleimer, sowie eine Toilette. Wenige Kilometer weiter südlich könnte ich Ihnen noch einen Campingplatz vorschlagen.

WOMO-Campingplatz-Tipp: La Plage

Öffnungszeiten: 1.5. - 10.9.
Zufahrt: In Penmarc'h in Richtung Guilvinec fahren. Dort ist der Campingplatz in der Nähe des Fischereihafens ausgeschildert.
Ausstattung: Ver- und Entsorgung, schattig, Laden, Restaurant, Spielplatz, direkter Strandzugang.
eMail: gcp@club-internet.fr

Auf unserem weiteren Weg nach QUIMPER kommen wir allerdings auch recht dicht an PLOMELIN vorbei. Etwa 10 Kilometer bevor wir QUIMPER erreichen, fahren wir von der D 785 ab und folgen der entsprechenden Beschilderung.

WOMO-Stellplatz: Plomelin

WOMO-Zahl: 4 - 5 Gebührenfrei
Ausstattung: Ver- und Entsorgung
Zufahrt: Von der 4-spurigen D 785 bei der Ausfahrt Plomelin abbiegen und in den Ort hineinfahren. In der Ortsmitte fahren wir auf die Kirche zu und biegen am dortigen Kreisverkehr an der ersten Ausfahrt nach rechts ab in Richtung Complexe sportif. Wenn eine Linksabbiegerspur in Sicht kommt, folgen wir ihr und sehen dann auch schon das Hinweisschild auf den Stellplatz.

Bald schon erreichen wir QUIMPER. Für mich ist das die schönste Stadt der BRETAGNE. Schon bei der Anfahrt macht sich das „bretonische" Flair bemerkbar. Sogar die Hinweistafeln sind zweisprachig. Wenn Sie schon immer mal wissen wollten, wie „Toutes directions" auf bretonisch heißt: Hier können Sie das auf großen Schildern nachlesen. Um nach LORIENT zu kommen, folgen Sie der Beschilderung „AN ORIANT", CONCARNEAU schreibt sich „KONKERNÉ" und zurück nach AUDIERNE kommen Sie nur, wenn Sie wissen, dass mit „GWAYEN" der selbe Ort gemeint ist. Wir wollen jedoch nach „KEMPER", und wörtlich übersetzt heißt das soviel wie Zusammenfluss. Gemeint ist damit die Einmündung des *Steir* in den *Odet*.

Da die Parkplatzsituation in QUIMPER katastrophal ist, sollten Sie sich genau an unsere Route halten und am Besten erst nach Geschäftsschluss oder am Wochenende auf Parkplatzsuche gehen. Von PONT-L'ABBÉ aus kommen wir 4-spurig in den Ort. Wir folgen zuerst den Schildern „Toutes directions".

Nach der Überquerung des *Odet* müssen wir zur „Centre ville" abbiegen. Hier lassen wir uns im fließenden Verkehr treiben bis die Kathedrale in Sicht kommt. Jetzt ordnen wir uns links ein, da ab hier linkerhand, zwischen der Straße und dem Fluss, Parkplätze zu finden sind. Die letzten 50 Meter des Platzes sind allerdings gebührenpflichtig! Sie haben nichts gefunden? Bleiben Sie auf der linken Spur, überqueren Sie bei der nächsten Gelegenheit den *Odet* und fahren Sie auf der anderen Seite des Flusses wieder zurück. Schauen Sie auch hier ab und zu nach links, da sollten Sie auch Parkplätze finden können. Immer noch nichts? Dann schnell nochmal über den Fluss zurück zum zweiten Anlauf!

Wenn Sie jetzt immer noch keinen Parkplatz gefunden haben, gibt es vier Möglichkeiten:

1. Sie suchen sich auf Ihrer Michelin-Karte einen schönen Platz außerhalb der Stadt, wo Sie bis zum Abend bleiben können, denn dann sind die genannten Parkplätze verwaist. Das kann zum Beispiel BÉNODET sein, das 15 Kilometer südlich an der Mündung des *Odet* liegt. Wenn Sie noch Calvaires sehen können, lohnt sich auch ein Abstecher nach QUILINEN. Sie finden dort eine sehr interessante Architektur des Kalvarienberges.
2. Sie fahren in die Randbezirke der Stadt und nehmen einen längeren Fußmarsch zum Zentrum in Kauf. Erfahrungsgemäß wird das allerdings meist ein sehr langer Fußmarsch.
3. Sie parken auf einem der gebührenpflichtigen Parkplätze und „erledigen" QUIMPER innerhalb der Höchstparkdauer. Das würde ich sehr bedauern, wie Sie sicher bereits an meinen Versuchen, Sie zum Besuch der Stadt zu überreden, gemerkt haben.
4. Sie verlieben sich ebenfalls in die Stadt und bleiben wenige Kilometer südlich auf dem Campingplatz und starten zwischendurch immer mal zu einem Kurzbesuch in die City.

WOMO-Campingplatz-Tipp: Castel l'Orangerie de Lanniron

Öffnungszeiten: 15.5. - 15.9.

Zufahrt: Von Quimper aus Richtung „Quimper Sud" bzw. „Bénodet" fahren. Sie erreichen dann die D 34, die Sie verlassen, wenn die Schilder nach Lanniron bzw. zum „camping" auftauchen.

Ausstattung: Ver- und Entsorgung, schattig, Laden, Restaurant, Spielplatz, direkter Zugang zum Ufer des Odet. Gute 3 km von Quimper entfernt.

eMail: camping@lanniron.com

Ich gehe jetzt mal davon aus, dass Sie, wie wir, einen Platz an den Ufern des *Odet* gefunden haben. Dann können Sie uns jetzt auf unserer Stadtbesichtigung folgen. Wir lassen uns von den weithin sichtbaren Türmen der Kathedrale leiten, um ins Zentrum zu gelangen. Genau dort, wo der *Steir* in den *Odet*

Quimper - Blick auf die Kathedrale St-Corentin

fließt, überqueren wir den Fluss. Die Altstadt liegt jetzt genau vor uns. Nach wenigen Metern erreichen wir die Markthalle und lassen es uns nicht entgehen, die ausgebreiteten Köstlichkeiten zu bewundern. Ein Fest für Nase und Augen wird da geboten: Fische und Krustentiere, eines leckerer als das andere, liegen neben Schinken, Wurst und Käse. An einer unermesslichen Fülle von Blumen können wir uns kaum sattsehen, und die Vielfalt der bretonischen Backwaren können Sie gleich an mehreren Ständen unter die Lupe nehmen.

Die Halle verlassen wir am anderen Ende und biegen in die ein paar Meter höher gelegene Rue Kéréon ein. Von hier aus haben wir einen schönen Blick auf die Kathedrale St-Corentin. Zwischen den beiden Türmen reitet Roi Gradlon, der hier in Quimper Zuflucht suchte, nachdem die Stadt Ys im Meer versank (vgl. Kapitel 10). Seine Vorliebe für den Ort kam dadurch zustande, dass er sich eines Tages auf einem Jagdausflug verirrte. Der Einsiedler Corentin, bei dem er schließlich landete, stärkte ihn mit einer Mahlzeit. Es gab Fisch, was nicht verwunderlich ist, wenn man Corentins Essgewohnheiten kennt: Jeden Tag kam derselbe Fisch bei ihm vorbeigeschwommen und ließ sich ein Stück aus seiner Seite herausschneiden, von dem der Heilige sich dann ernährte. Am nächsten Tag war das Filet wieder nachgewachsen und das Spiel konnte von Neuem beginnen. Gradlon war von dem Wunder so begeistert, dass er Corentin zum Bischof von QUIMPER machte.

Wir haben mittlerweile den Platz vor der Kathedrale erreicht und lassen eine Besichtigung der Kirche folgen. Das Gebäude muss Jahrhunderte lang eine Baustelle gewesen sein: Bereits im 13. Jahrhundert wurde mit dem Bau begonnen, die letzte Turmspitze wurde jedoch erst 1856 beendet. Trotzdem, so entnehme ich dem „Du Mont", zeigt sie keinerlei Stilbruch.

Hier vor der Kirche lassen wir Sie jetzt stehen und geben Ihnen die Möglichkeit „Ihr" QUIMPER zu entdecken. Die Altstadt

In der Altstadt von Quimper

erstreckt sich von der Kathedrale aus nach Westen und nördlich des *Odet*. Lassen Sie sich von den alten Fachwerkhäusern beeindrucken, von den bezaubernden Gerüchen in ein Restaurant oder eine Crêperie verführen und suchen Sie den *Steir*, der malerisch an den alten Häusern entlangfließt.

Für die Freunde der Keltischen Musik kann ich noch zwei Geschäfte empfehlen. Der erste Laden liegt zwischen dem Eingang der Kathedrale und dem *Odet* auf der rechten Seite. Hier finden Sie nicht nur eine gut sortierte Auswahl an Schallplatten und CDs, sondern auch Liederbücher, bretonische Literatur und verschiedene sprachwissenschaftliche Texte. Nur auf Musik hingegen hat sich das zweite Geschäft spezialisiert, das Sie nördlich der Kathedrale finden. Hierzu gehen wir von der Kathedrale aus weg vom *Odet*, eine kleine ansteigende Straße hinauf bis rechts der „Auguste", ein Scherzartikelgeschäft, auftaucht. (Da sollten Sie übrigens ruhig mal reinschauen!) Danach biegen wir in die nächste Gasse links ein. Nach wenigen Metern sehen wir schon die Schaufenster auf der rechten Seite. Beide Läden zeichnen sich durch enormes Sachwissen und Kundenfreundlichkeit aus. Eine Verständigung in Englisch ist immer möglich, je nach anwesendem Verkaufspersonal können Sie Ihre Wünsche auch in Deutsch vortragen. An einem Sonntagmorgen(!) im Herbst habe ich sogar schon im erstgenannten Laden mit dessen Inhaber, bei einem Glas Rotwein, ein längeres Gespräch viersprachig absolviert und dabei meinen Grundwortschatz der bretonischen Sprache erworben, der immerhin 30 Wörter umfasst.

Sie merken schon, die Stadt hat mich in ihren Bann gezogen, und es fällt mir schwer, objektiv zu bleiben. Aber das ist ein subjektiv geschriebener Reiseführer, und da darf man schon einmal ins Schwärmen kommen. Es wird jetzt allerdings Zeit, Abschied zu nehmen. Wir setzen unsere Fahrt am Ufer des *Odet* fort. Flussaufwärts fahren wir aus der Stadt heraus.

CONCARNEAU können wir sowohl über die „schnelle" N 165 als auch über die D 783 erreichen. Kurz bevor wir die Stadt

WOMO-Stellplatz: Concarneau

WOMO-Zahl: > 5 Gebührenfrei
Ausstattung: Ver- und Entsorgung, Toiletten, Telefonzelle
Zufahrt: Sehr gut bereits vor dem Ortseingang beschildert. Der Stellplatz liegt in Bahnhofsnähe. Er ist nicht schön, da bin ich sicher mit vielen meiner Leser einer Meinung. Ich habe mich trotzdem dazu durchgerungen solche Plätze mit einer entsprechenden Bemerkung ebenfalls zu veröffentlichen, weil ich weiß, wie stressig es sein kann, bei einbrechender Dunkelheit keinen Platz zu finden. Außerdem: Es übernachten etliche Womo-Fahrer hier, die mit den Äußerlichkeit wohl gut leben können. Einen Vorteil hat der Platz auf jeden Fall: Sie finden hier einen Parkplatz, was im Sommer nahe der Altstadt äußerst unwahrscheinlich ist. Dazu haben Sie noch die Annehmlichkeit von Juni bis September mit einem kostenlosen Shuttle-Bus zur historischen Ville Close und wieder zurück gebracht zu werden.

Straßenszene in Concarneau

erreichen taucht an einem Kreisel schon das wohlvertraute Womo-Schild auf: 1400 Meter sind es noch bis zum Stellplatz.

Die Stadt erinnert uns an SAINT-MALO. Hier wie dort ist die Altstadt von einer mächtigen Mauer umgeben, und beiden Städten ist die inselähnliche Lage eigen. Der Unterschied liegt außerhalb der Mauern. Während ST-MALO seine Altstadt mit dem Yachthafen und Wohngebieten umgibt, stehen in der Industriestadt CONCARNEAU die Hallen der Konservenfabriken direkt an den Toren der Ville close.

An einem mächtigen Anker vorbei spazieren wir über eine Brücke in das historische Zentrum der Stadt. Der Rundgang auf der Stadtmauer, wie auch der anschließende Besuch der Altstadt sind zwar recht interessant, wir machen jedoch den Fehler, immer wieder Parallelen zu ST-MALO zu ziehen, und da kann CONCARNEAU nicht mithalten.

KARTE TOUR 11 + 11 A

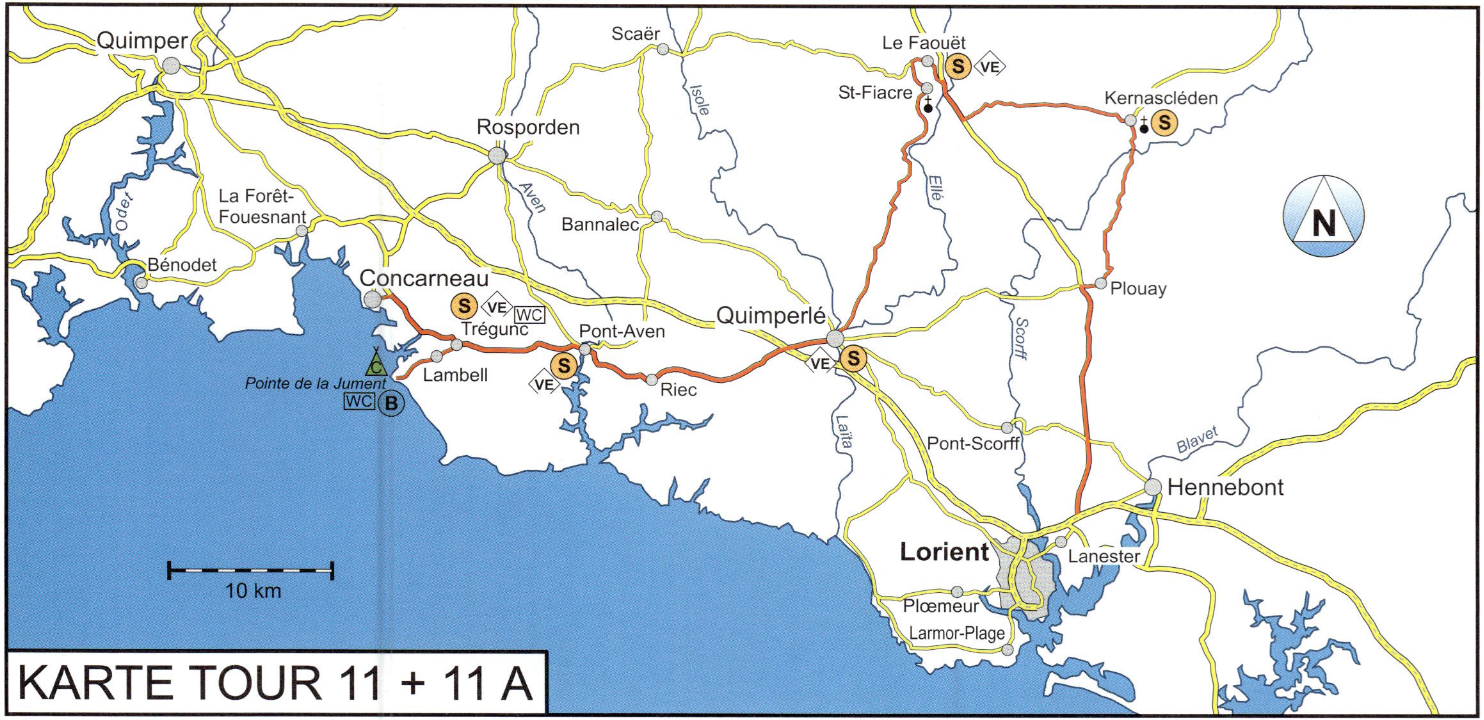

TOUR 11 (103 km)

Concarneau — Pont-Aven — Quimperlé — Kernascléden

Übernachten:	Concarneau, Trégunc, Loc'h Ven, Pont-Aven, Quimperlé, Le Faouët, Kernascléden
Besichtigen:	Pont-Aven, Quimperlé, die Kirchen von St-Fiacre und Kernascléden
Baden:	Loc'h Ven
Campingplatz:	Domaine de Pendruc
Markt:	Trégunc (Mi.), Quimperlé (Fr.)

Wir verlassen CONCARNEAU in Richtung QUIMPERLÉ. Nach fünf Kilometern macht mich am Ortseingang von TRÉGUNC ein Schild mit einem Wohnmobil neugierig. Leider kann ich nicht mehr lesen, was da noch geschrieben steht. Mit erhöhter Aufmerksamkeit fahre ich durch den Ort. Die Straße führt uns um die Kirche herum, da sehen wir schon einen Parkplatz.

WOMO-Stellplatz:Trégunc

WOMO-Zahl: 2 Gebührenfrei

Ausstattung: Ver- und Entsorgung, Toilette

Zufahrt: In Trégunc auf die Kirche zufahren. Die Straße führt ähnlich einem Kreisverkehr um die Kirche herum. An einer Abzweigung kommen Sie auf einen Parkplatz. Dort finden Sie in einer Ecke die Ver- und Entsorgungsstation. Warum die Ablaufrinne für Abwasser am höchsten Punkt der Parkbucht angebracht wurde bleibt wohl das Geheimnis der Erbauer.

Uns ist der Platz allerdings zu trist. Da wir von früheren Aufenthalten noch eine schöne Übernachtungsmöglichkeit in Erinnerung haben, wollen wir die Gelegenheit wahrnehmen und in Strandnähe unser Nachtquartier aufschlagen.

Leider müssen wir feststellen, dass sich die Verkehrsführung in den letzten Jahren geändert hat. Folgen Sie uns also wieder zurück in Richtung CONCARNEAU. Am Ortsausgang von TRÉGUNC ist an einem der Kreisel der „PLAGE DE PENDRUC“ ausgeschildert. Halten Sie die Augen offen, Sie müssen noch ein paar mal abbiegen! In der Nähe des Meeres zweigen kleinere Sträßchen zu verschiedenen Stränden ab. Wir landen schließlich auf einem Platz namens LOC'H-VEN.

Der Parkplatz am Strand ist sehr schön, mit schattenspendenden Bäumen und Holztischen. Beim Einparken fällt mein Blick auf ein Schild mit abgebildetem Wohnmobil. Mir schwant nichts Gutes. Die Überraschung ist jedoch perfekt, als ich feststelle, dass es kein Verbotsschild ist. Maximal 5 Wohnmobile dürfen hier ausdrücklich für eine Nacht stehenbleiben. Dazu

WOMO-Badeplatz: Loc'h Ven

WOMO-Zahl: 5 Gebührenfrei

Ausstattung: Tische und Bänke, Abfalleimer, Toilette

Zufahrt: Wie im Text beschrieben, den Schildern „Plage de Pendruc“ folgen.

wurden verschiedene Parkbuchten mit Sand eingeebnet. Wenn jetzt noch der Strand annehmbar ist... Um es vorwegzunehmen: er ist! PONT-AVEN kann warten bis morgen. Wir bleiben hier!

Außer uns hat nur noch ein Franzose das Übernachtungsangebot angenommen. Beim Frühstück kommen wir ins Gespräch. Entlang der Küste, so erfahren wir, seien noch mehr solcher offiziellen Übernachtungsgelegenheiten. Das wollen wir uns natürlich anschauen! Tatsächlich finden wir noch drei oder vier Parkplätze mit dem bekannten Übernachtungs-Schild. Von den Plätzen ist einer schöner als der andere, die Strände können wir allerdings nicht alle testen. Wenn es Ihnen hier gefällt können Sie natürlich auch auf einen Campingplatz fahren.

WOMO-Campingplatz-Tipp: Domaine de Pendruc

Öffnungszeiten: 1.4. - 30.9.

Zufahrt: Von Trégunc aus nach Lambell fahren, ab dort den Schildern folgen.

Ausstattung: Ver- und Entsorgung, schattig, Laden, Spielplatz, beheiztes Schwimmbecken, 800 m zum Strand.

eMail: domdependruc@wanadoo.fr

Wir wollen jedoch weiter nach PONT-AVEN. Die Stadt ist eine einzige Hommage an den Maler Paul Gauguin und seine Freunde. Er war es, der die „Schule von Pont-Aven“ begründete, und er ist heute noch das Aushängeschild des Ortes, der ohne ihn und seine Künstlerkollegen in keinem Reiseführer auftauchen würde. Dort, wo Sie normalerweise eine Bäckerei, einen Metz-

WOMO-Stellplatz: Pont-Aven

WOMO-Zahl: > 5 Gebührenfrei

Ausstattung: Ver- und Entsorgung

Zufahrt: Folgen Sie schon vor dem Ortskern der Beschilderung „Parking Bel-Air“ dann werden Sie zu einem Platz ganz in der Nähe des Zentrums geleitet. Dort finden Sie auch eine einfache Ver- und Entsorgungsstation, bestehend aus einem Wasserschlauch und einem Bodenablauf. Der Platz ist leider recht schief.

ger oder ein Restaurant erwarten, finden Sie in PONT-AVEN eine Galerie, eine Galerie und nochmal eine Galerie. Mit leichter

Hand sind dazwischen einige Andenkenlädchen drapiert; mit Kunstpostkarten versteht sich! Wir haben auf jeden Fall die Schnauze schnell voll, und gäbe es nicht ein paar „malerische“ Winkel hier, hätten wir den Ort gar nicht erwähnt. Der *Aven* fließt durch das Dorf, und ein Spaziergang an dem Bach entlang ist wesentlich erholsamer, als einen Nachmittag vor den Schaufenstern des Zentrums zu verbringen.

Viel schneller, als ursprünglich geplant, sind wir wieder an unserem Auto und fahren weiter nach QUIMPERLÉ. Sie haben natürlich längst gemerkt, dass auch in diesem Ortsnamen das bretonische Wort „Kemper“, für Zusammenfluss, steckt. Hier sind es die Flüsse *Ellé* und *Isole*, die nach ihrer

Fachwerkhaus in Quimperlé

Vereinigung als *Laïta* zum Meer fließen. Nachdem wir zuerst den Schildern zur „Centre ville“ folgen, fahren wir im Ortskern in Richtung LE FAOUËT. Noch ca. 300 bis 400 Meter sind es von hier bis zu einem Parkplatz auf der linken Seite kurz vor einer Brücke, auf dem wir schon öfter übernachtet haben.

Welch ein Unterschied zu PONT-AVEN! Die Stadt drängt sich uns nicht auf, sondern wartet vielmehr darauf, entdeckt zu werden. Wir schlendern durch breite Straßen und schmale Gassen, erfreuen uns an alten Fachwerkhäusern und den zahlreichen Brücken. Wir kommen an der Kirche ST-CROIX vorbei, deren Grundriss der Grabeskirche von JERUSALEM nachempfunden ist und folgen später einem steilen Weg, der uns in die

WOMO-Stellplatz: Quimperlé

WOMO-Zahl: 3 - 4 Gebührenfrei
Ausstattung: Ver- und Entsorgung im Ort
Zufahrt: Sie erreichen das Zentrum von Quimperlé auf einer abschüssigen Straße. Folgen Sie dabei den Schildern zur „Basse Ville". Zum Übernachten biegen Sie an einer Ampel an der tiefsten Stelle jetzt links ab, überqueren die Laïta und biegen, den Schildern nach „Le Faouët" folgend, noch einmal nach links ab. Jetzt fahren Sie wieder in die Richtung aus der Sie gekommen sind, allerdings auf der anderen Flussseite. Achten Sie auf einen Parkplatz, wiederum auf der linken Seite. Dort können Sie bleiben.

Zum Ver- und Entsorgen dürfen Sie an der oben genannten Ampel allerdings nicht abbiegen sondern geradeaus weiterfahren. Der Fluss ist jetzt links von Ihnen. Achten Sie auf die Schilder nach „Le Pouldou" oder zum „Forêt de Carnoët". Sie müssen dort links abbiegen und nähern sich dem Fluss noch weiter. Achten Sie jetzt auf eine Abzweigung nach rechts, dort finden Sie die Ver- und Entsorgungsstation. Offiziell auch Übernachtungsplatz, aber Sie werden dort nicht stehen wollen.

Oberstadt führt. Auf unserem Rückweg wollen wir in einem Lokal noch eine Kleinigkeit zu uns nehmen.

Bevor wir uns der wilden Küste von Quiberon nähern, machen wir heute morgen noch einen Umweg über Kernascléden. Von der dortigen Kirche haben wir schon vieles gelesen und wollen sie uns deshalb anschauen. Unser Stellplatz in Quimperlé liegt bereits an der richtigen Ausfallstraße. Wir folgen der Straße weiter in Richtung Le Faouët. In St-Fiacre biegen wir rechts ab. Diesen Ort können Sie nicht einfach links liegen lassen. Auch hier gibt es eine wunderschöne Kirche zu besichtigen. Besonders der Lettner mit seinen Holzschnitzereien hat es uns angetan. Eine gestrenge Matrone wacht über das Kircheninnere und ich traue mich kaum zu fotografieren, geschweige denn den Lettner zu berühren.

St-Fiacre - „Die Faulheit"

Wenn Sie vom Eingang her durch den Lettner hindurchgehen, können Sie die Symbole für Diebstahl, Faulheit, Trunkenheit und Wollust finden. Aber nicht nur diese berühm-

Lettner in St-Fiacre

testen Schnitzereien sind einen Blick wert, lassen Sie sich einfach von der Vielzahl der Details beeindrucken!

Vom Parkplatz vor der Kirche aus fahren wir das kleine Sträßchen, auf dem wir bereits hergefahren sind, wieder zurück, biegen dann rechts ab und kommen nach LE FAOUËT.

WOMO-Stellplatz: Le Faouët

WOMO-Zahl: 5 Gebühren-frei

Ausstattung: Ver- und Entsorgung

Zufahrt: Am ersten Stopschild im Ort nach rechts abbiegen, dann nochmal am nächsten Stop-Schild nach rechts und schließlich links zum Salle des Fêtes einbiegen.

Wir spazieren noch ein wenig durch den kleinen Ort. Die Markthalle ist recht schön, allerdings auch die einzige Sehenswürdigkeit. Wir wollen auf dem Rückweg noch eine Kleinigkeit zu uns nehmen und besuchen ein nettes Lokal. Äußerst überrascht sind wir, als uns die Wirtin in Deutsch zum Abschied noch einen schönen Tag wünscht. So weit im Westen Frankreichs hätten wir nicht erwartet, dass unsere Pfälzische Mundart überhaupt als Deutsch interpretiert wird. Des Rätsels Lösung: Das Pächterehepaar stammt aus einem elsässischen Ort, der gerade mal einen Steinwurf weit von der Deutsch-Französischen Grenze entfernt liegt und spricht daher so gut Pfälzisch wie Französisch.

Jetzt brauchen wir nur noch den Wegweisern nach KERNASCLÉDEN zu folgen. Auch hier fällt sofort wieder das Missverhältnis

WOMO-Stellplatz: Kernascléden

WOMO-Zahl: 1 - 2 Gebührenfrei
Ausstattung: -
Zufahrt: Direkt gegenüber der Kirche ist ein Parkplatz zu finden. Leicht schief, aber als Notlösung zum Übernachten geeignet.

zwischen Orts- und Kirchengröße auf. Der reichgeschmückte gotische Bau ist schon von außen eine beeindruckende Er-

Kirche in Kernascléden

scheinung. Sie sollten es jedoch keineswegs versäumen sich auch das Innere anzuschauen. Sind die Fresken im Chorgewölbe schon sehenswert, so beeindruckt mich am meisten die makabere Darstellung der Hölle in einer kleinen Seitenkapelle.

Ebenso wie in Kermaria-an-Isquit finden wir hier einen Totentanz, allerdings mit weitaus weniger Figuren. Eine Wandfläche ist jedoch über und über mit kleinen Teufeln bemalt, die jede nur erdenkliche Foltermethode an den Sündern erproben. Leider sind die Fresken aufgrund der hohen Feuchtigkeit schon arg in Mitleidenschaft gezogen. Falls die Gemälde nicht in nächster Zeit restauriert werden, stehen Sie bald nur noch vor verschimmelten Wänden. Der Opferstock steht unmittelbar am Ausgang!

Wir verlassen Kernascléden in Richtung Inguniel, das direkt an der Kirche ausgeschildert ist, allerdings nur um den Ort auf der richtigen Straße zu verlassen. Wenn es nämlich wenige Kilometer später nach Inguniel abzweigt bleiben wir auf unserem Weg und erreichen über Plouay bald darauf den Großraum Lorient.

Um von hier aus Ihre Weiterfahrt zu planen, müssen Sie wissen, ob meine Tour 11 A für Sie in Frage kommt oder nicht. Im ersten Fall können Sie ganz unbesorgt den Wegweisern nach Lorient folgen. Ansonsten sollten Sie die Beschilderung „Auray" und „Vannes" beachten und auf der N 165 zur Tour 12 weiterfahren.

TOUR 11A (24 km)

Lorient (Karte siehe Tour 11)

Übernachten:	Während des Festivals auf allen Parkplätzen der Stadt; provisorische Campingplätze sind ausgewiesen

LORIENT lohnt normalerweise keinen Abstecher. Die Industrie- und Hafenstadt, die nach dem 2. Weltkrieg fast vollständig wieder aufgebaut werden musste, wird jedoch jedes Jahr Anfang August zur Kulturmetropole. Dann nämlich findet das „Festival Interceltique“ statt. Aus 250 bis 300 organisierten Veranstaltungen können Sie sich in diesen zehn Tagen Ihr spezielles Programm zusammenstellen. Dazu kommen unzählige spontane Aufführungen. Das große Fest im Fischereihafen gehört ebenso zum Programm wie eine „keltische Olympiade“.

Aber der Reihe nach: Wenn wir im Sommer in die BRETAGNE fahren, versuchen wir es so einzurichten, dass wir dieses Festival wenigstens für einige Tage besuchen können. Der Termin liegt immer in der ersten Augusthälfte. Die genauen Daten erfahren Sie von Deutschland aus beim „Office de Tourisme“ unter der Rufnummer 0033-2.97.21.07.84 oder im Internet unter der Adresse „http://www.festival-interceltique.com“.

Zehn Tage lang lebt LORIENT nur für die Kunst. Mehr als ein Dutzend Veranstaltungsorte werden für das Fest vorbereitet. Wir haben in der Nähe eines Busbahnhofes einen Platz gefunden, auf dem wir uns häuslich niederlassen. Schön ist er nicht, aber wir haben nicht weit zum Zentrum und in den nächsten Tagen werden wir sowieso nur zum Schlafen hier sein. Die ersten Pfeiftöne dringen aus den in der ganzen Stadt aufgehängten Lautsprechern, ein Räuspern, und dann hören wir die erste Durchsage. In drei Sprachen (bretonisch, französisch und englisch) werden wir auf die in den nächsten Stunden stattfindenden Veranstaltungen hingewiesen.

Hier findet ein Konzert statt, dort hat ein Theaterstück Premiere, an einem dritten Ort formiert sich gerade eine Irische Pipe Band zu einem der zahlreichen Défilés. Wir schlendern langsam auf das Stadtzentrum zu. Eine Menschenmenge säumt die Straße, aus der Ferne sind Dudelsäcke zu hören. Also schultern wir unsere Kinder und reihen uns in die Menge der Zuschauer ein. „Die kommen aus SCHOTTLAND“, erkläre ich, angesichts der karierten Röcke, unserer Ältesten mit Kennermiene. Leider muss ich diese Aussage bald korrigieren, da auf einer riesigen Trommel neben dem Namen der Truppe auch

Eine Pipe-Band zieht durch die Straßen

deren Herkunftsland, IRLAND, geschrieben steht. Ich lerne: Dudelsack und karierter Rock stehen nicht immer für SCHOTTLAND.

Keine 50 Meter weiter nimmt eine Tanzgruppe aus GALIZIEN Aufstellung. Auch hier werden die Tänzer von Dudelsäcken begleitet. Richtiger sollte ich „Gaitas" schreiben, denn das ist der korrekte Ausdruck für die spanischen Sackpfeifen. Hier bleiben wir lange stehen, und auch Kathrin und Eva sind von den Tänzern in ihren Trachten begeistert.

Aber es gibt ja noch so viel zu sehen und zu hören! An der nächsten Straßenecke passt ein junger Barde mit seinen Bob Dylan-Interpretationen zwar nicht so ganz in den keltischen Rahmen, hat aber schnell eine begeisterte Zuhörerschaft um sich versammelt. Ein Feuerschlucker sorgt ein paar Meter weiter für Nervenkitzel.

Den Papa plagt der Durst und die Kinder brauchen jetzt ganz dringend ein Eis. Daher führt unser nächster Weg ins keltische Dorf, das am „PLACE DE L'HÔTEL DE VILLE" aufgebaut ist. Meine Frau möchte derweil die Gemäldeausstellung am „PLACE AUGUSTE-NAYEL“ besuchen. Die „Village Celte“ braucht einen Vergleich mit dem Heimatort von Asterix und Obelix nicht zu scheuen. Die Fische scheinen hier jedoch frischer zu sein, und mit den Barden geht man wesentlich freundlicher um. Die Preise für die angebotenen Köstlichkeiten sind, im Vergleich zu dem, was man auf deutschen Volksfesten zahlt, zivil.

Am Rande eines Konzertes: Bombarde trifft Biniou, den bretonischen Dudelsack.

Bis zum späten Abend lassen wir uns noch durch die Straßen treiben. Die stündlichen Lautsprecherdurchsagen verheißen immer neue Attraktionen. Das volle Programm hält auch unsere Kinder bei Laune und die vielen Eindrücke sorgen dafür, dass sie später innerhalb kürzester Zeit in ihrem Alkovenbett einschlafen.

Ein wichtiger Tag im Verlauf des Festivals ist das große Fest im Fischereihafen. Es beginnt am Abend und dauert bis zur Morgendämmerung an. Hierzu müssen wir unseren Stellplatz verlassen. Heute schlafen wir am Hafen! In der AVENUE DE LA PERRIÈRE sind links und rechts der Straße jede Menge Bühnen aufgebaut. Von überall her tönt Musik. Kleine Stände zwischen den Bühnen laden zum Essen und Trinken ein. Eine nicht zu überblickende Menschenmenge schiebt sich langsam an den Darbietungen vorbei. Und dann passiert etwas, was wir noch nicht erlebt haben. Wildfremde Menschen fassen sich an den Händen und beginnen auf der Straße zu tanzen. Der „An Dro“ ist einer der bretonischen „Standardtänze“. Nach spätestens fünf Minuten haben Sie die Schrittfolge und die Armbewegun-

gen gelernt. Der Kreis wird ständig größer, reihen Sie sich ein! Die Nacht wird sehr lange und wir sind froh, dass wir gleich hier am Hafen unser „Hotel“ stehen haben.

Ein wenig fürchten wir am nächsten Morgen, dass unser citynaher Parkplatz belegt sein könnte. Nach zehn Minuten Fahrt sehen wir unsere Ängste jedoch nicht bestätigt. Die Kinder schlafen noch. Das Programmheft verspricht für den heutigen Tag neben dem Konzert eines Bretonischen Sinfonieorchesters noch Bretonischen Jazz und einen Märchenerzähler (bretonisch). Warum sollten wir uns nicht auch noch ein bisschen hinlegen?

Am letzten Tag wollen wir auf jeden Fall dem „Championnat interceltique des sports traditionnels“ beiwohnen. Die Veranstaltung findet im Sportstadion von LORIENT statt und umfasst acht Disziplinen. Die Athleten sammeln sich im Stadtzentrum und marschieren dann zur Arena, natürlich mit viel Dudelsackbegleitung. Dort angekommen, legen die Sportler eine Art „olympischen Eid“ auf Bretonisch ab und dann können die Spiele anfangen.

Die schottischen Athleten vor dem Einmarsch ins Stadion

Mit „Ar Maen-Pouez“ beginnen die Wettkämpfe. Das sieht in etwa so aus wie Kugelstoßen, nur mit einem unförmigen Stein statt der gewohnten Kugel. Auch das Gewichtheben kommt mir bekannt vor. Da die dabei teilnehmenden Sportler eine enorme Muskelfülle aufzuweisen haben, bin ich anfangs erstaunt über die relativ leichte Hantel, die sich beim näheren Betrachten als Achse eines Karren entpuppt. Erst später wird mir die Sportart klar: Es geht darum, in einer bestimmten Zeit, das Gewicht möglichst oft zu stemmen und wieder abzulegen. Als nächstes muss eine auf dem Boden liegende riesige Stange, in deren Mitte ein Gewicht befestigt ist, aufgerichtet werden. Um den Sieger zu ermitteln, wird nach jedem Durchgang das Gewicht weiter nach vorn geschoben. Neben dem Strohballen-Hochwurf sehen wir noch ein Tauziehen und viele andere merkwürdige Sportarten.

Gwernian-Perchenn: Das Aufrichten der Stange

Vielleicht mögen Sie ja gar keine Dudelsäcke und können Volkstänze nicht ausstehen. Sie möchten kein Theaterstück sehen, weil Sie die bretonischen Dialoge nicht verstehen und legen aus dem selben Grund auch keinen Wert auf den Besuch einer Messe in bretonischer Sprache. Dann bleiben Ihnen nur noch die Ausstellungen bretonischer Trachten und traditioneller Musikinstrumente, die Tauschbörsen für Briefmarken, Münzen, Postkarten und Mineralien, die Ausstellung von Malern aus dem keltischen Kulturkreis, ein internationales Reitturnier, ein Bridge-Turnier und ein Boule-Turnier. Für die Bildungshungrigen bietet die Sommeruniversität Kurse in bretonischer Sprache, Archäologie und bretonischer Geschichte an.

Hier versuchen sich die Gegner über das Brett zu ziehen

Und wenn hiervon auch nichts Ihrem Geschmack entspricht, können Sie die Tour ja einfach überblättern.

TOUR 12 (80 km)

Lorient — Rivière d'Etel — Quiberon — Carnac — Locmariaquer

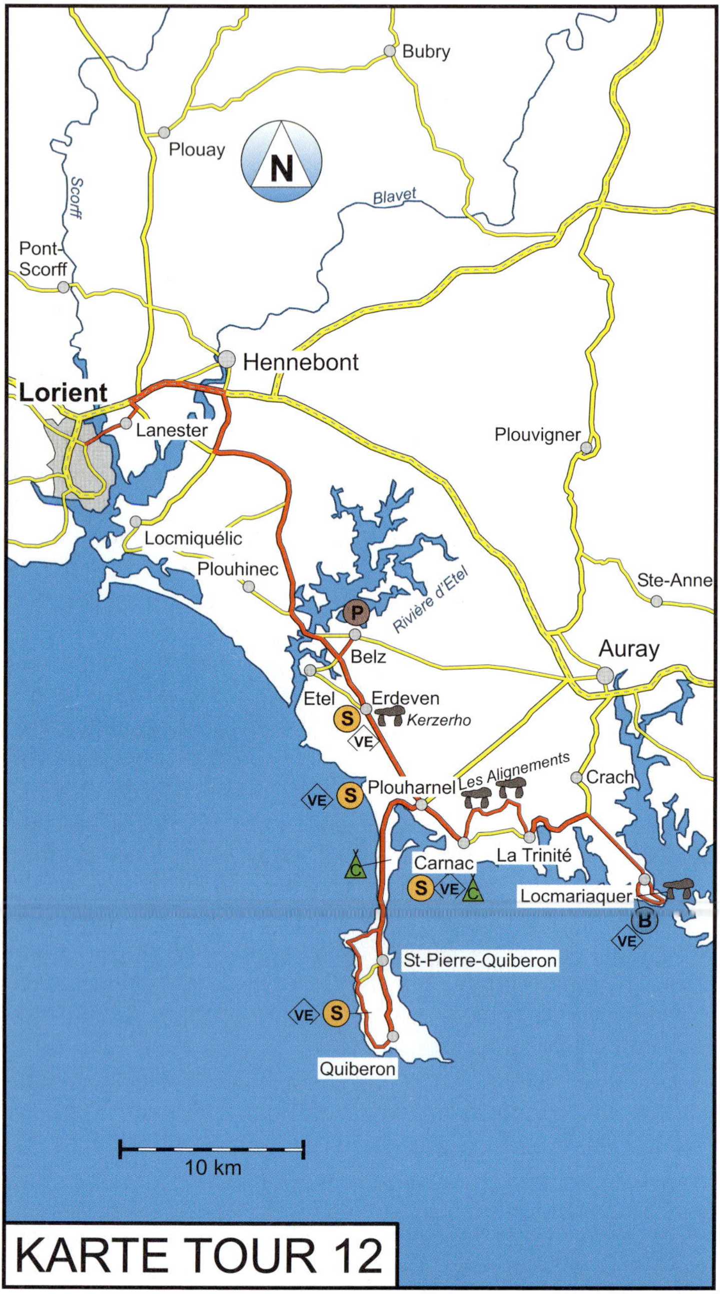

KARTE TOUR 12

Übernachten:	Belz, Erdeven, Plouharnel, Kerné, Carnac, Locmariaquer
Besichtigen:	Die Côte Sauvage auf der Halbinsel Quiberon, die Alignements von Kerzerho, Ménec, Kermario und Kerlescan, Dolmen „Table de Marchands", Tumulus „Mané-er-Hroëc'h", Allée Couverte „Pierres Plates"
Wandern:	Auf der Halbinsel Quiberon
Baden:	Penthièvre, Locmariaquer
Radfahren:	Um die Landspitze südlich von Locmariaquer
Campingplatz:	Camping Municipal de Penthièvre, Les Druides, Camping Municipal de la Falaise
Markt:	Erdeven (Mo. u. Do.), Plouharnel (Fr.), Locmariaquer (Di. u. Sa.)

Das Wetter ist heute eigentlich zu gut für einen Besuch der Halbinsel QUIBERON. Erstens sind da zu viele Leute auf der schmalen Küstenstraße unterwegs, und zweitens wirkt die „Côte sauvage" bei wolkenverhangenem Himmel und sturmgepeitschten Wellen noch wilder. Aber wir wollen deswegen kein schlechtes Wetter herbeireden.

Aus Richtung LORIENT kommend, sehen wir an der vierspurigen N 165 bereits die Schilder nach QUIBERON. An der Abfahrt 40 verlassen wir die Schnellstraße. 13 Kilometern später fahren wir kurz an der *Rivière d'Etel* entlang, die wir anschließend auf der PONT LOROIS überqueren. Von hier aus haben wir eine schöne Sicht auf die weitverzweigte Flusslandschaft.

WOMO-Picknickplatz: Belz

WOMO-Zahl: > 5 Gebührenfrei

Ausstattung: Abfalleimer, Tische und Bänke, Spielplatz, Minigolfplatz, Telefonzelle

Zufahrt: Fahren Sie nach dem Ende der Brücke geradeaus weiter und lassen Sie sich nicht von dem Womo-Symbol leiten. Folgen Sie also noch ein Weilchen den Schildern nach Quiberon, bis Sie einen Kreisel erreichen, an dem es rechts nach Etel und gleichzeitig links nach Belz abgeht. (Wenn nicht Straßenbauarbeiten die Situation ändern, ist es der zweite Kreisel nach der Brücke). Biegen Sie dann zum Stellplatz nach links ab und fahren Sie nach dem Ortsschild von Belz wiederum links in das Freizeitgelände gegenüber dem „Camping Municipal".

Ein paar Kilometer später stoßen wir, kurz nach ERDEVEN, auf die ersten Alignements dieser Tour. Die Steinreihen von KERZERHO, die unmittelbar neben der Straße liegen, umfassen eine Anlage von 1100 Menhiren. Im Gegensatz zu den riesigen Steinreihen in Carnac können wir hier noch zwischen den Menhiren spazieren gehen. Leider ist die Parkplatzsituation,

WOMO-Stellplatz: Erdeven

WOMO-Zahl: >5 Gebührenfrei
Ausstattung: Ver- und Entsorgung, Abfalleimer, Recycling-Container, Telefonzelle in der Nähe
Zufahrt: Fahren Sie so lange ins Zentrum von Erdeven bis Sie das Schild mit dem Womo-Symbol auf der rechten Seite sehen. Biegen Sie dann ab und folgen Sie der angegebenen Richtung. Es geht später nochmals rechts ab.

besonders im Sommer, äußerst ungünstig. Mit dem PKW hat man dann schon Schwierigkeiten - und erst recht mit dem Womo.

WOMO-Stellplatz: Plouharnel

WOMO-Zahl: 5 Gebührenfrei
Ausstattung: Ver- und Entsorgung, Telefonzelle
Zufahrt: Noch vor Plouharnel rechts abbiegen nach Ste-Barbe. Folgen Sie dann den Schildern zum „Camping Kersilly“. Achten Sie genau auf die Beschilderung weil vorher noch ein anderer Campingplatz am Weg liegt. Wenn die Platzeinfahrt zu Ihrer Linken liegt, biegen Sie nach rechts auf den Parkplatz mit der Ver- und Entsorgungsstation ein.

Der nächste Ort heißt PLOUHARNEL. Dort biegen wir rechts ab und folgen den Schildern nach ST-PIERRE-QUIBERON. Schon bald taucht links das Meer auf. Nach dem Ort PENTHIÈVRE sehen wir sogar Strände beiderseits der Straße. Hier sind wir an der schmalsten Stelle der Halbinsel, die früher einmal ein richtiges Eiland war. Durch Sandanschwemmungen entstanden nicht nur die Verbindung zum Festland, sondern auch die weißen Badestrände der Halbinsel. Direkt an der Landenge von Penthièvre haben Sie sogar einen Blick auf einen westlichen und einen östlichen Strand. Wenn es Ihnen hier gefällt, können Sie auf den Campingplatz fahren.

WOMO-Campingplatz-Tipp: Camping Municipal de Penthièvre

Öffnungszeiten: 1.4. - 30.9.
Zufahrt: Liegt nicht weit von der Straße Plouharnel - Penthièvre entfernt. Gut beschildert.
Ausstattung: Ver- und Entsorgung, schattig, Laden, Spielplatz, Restaurant, direkt am Strand.

In KERHOSTIN biegen wir rechts ab und tun das, was alle Touristen machen: Wir folgen dem Verlauf der CÔTE SAUVAGE. Auf der Westseite der Halbinsel hat sich, durch die ausdauernde Arbeit des anbrandenden Ozeans, eine stark zerklüftete Steilküste gebildet. Eine Straße oder besser gesagt ein Fahrweg führt, nur wenige Meter vom Klippenrand entfernt, bis zum Südzipfel QUIBERONS an diesem Schauspiel entlang. Natürlich müssen wir hier aussteigen und uns die tief unter uns brodelnde Gischt anschauen. An verschiedenen Stellen kann man sogar in den Felsen bis zum Meer hinabsteigen, und wo das möglich ist, empfängt uns meist ein kleiner Sandstrand.

Die „Côte sauvage" auf der Halbinsel Quiberon

So stark der Drang zum Aussteigen auch sein mag, warten Sie bitte, bis Sie zu einem der zahlreichen Parkplätze kommen. In den Dünen links und rechts der Straße stehen immer wieder Schilder, die das Parken oder Anhalten aus Gründen des Naturschutzes verbieten. Leider finden die Tafeln wenig Beachtung. Tun Sie mir den Gefallen, und parken Sie nur auf erlaubten Plätzen, denn uns Womo-Fahrer treffen Sanktionen vermutlich wieder als Erste. Ein falsch parkendes Reisemobil hinterlässt eben wesentlich mehr Eindruck als ein PKW — und zwar in jeder Bedeutung des Wortes.

Wenn Sie von mir eine genaue Wanderroute erwarten, muss ich leider passen. Es wäre vermessen, einen bestimmten Abschnitt der Küste als den „schönsten" zu bezeichnen. Verlaufen können Sie sich sowieso nicht, da der Weg zwangsläufig immer an der Küste entlangführt. Mein Tip: Steigen Sie dort aus, wo wenig Autos auf dem Parkplatz stehen, und erwandern Sie sich „Ihren" Küstenabschnitt.

WOMO-Stellplatz: Kerné

WOMO-Zahl: > 5 Gebührenfrei

Ausstattung: Ver- und Entsorgung

Zufahrt: Wenn Sie sich auf der Küstenstraße dem Ort Quiberon nähern, achten Sie in einer Rechtskurve auf die Beschilderung nach links zum „Camping Kerné". Dort ist außerhalb des Campinggeländes ein Stellplatz eingerichtet. Der Platz ist zweigeteilt. Auch die Fläche nach der Durchfahrt gehört noch dazu. Aufenthaltsdauer auf 48 Stunden beschränkt.

Alle Wege auf der Halbinsel führen schließlich nach QUIBERON, dem Hauptort. Wir konnten uns dort noch nie so richtig wohlfühlen. Nach einem kurzen Stadtbummel, den wir angesichts des herrschenden Verkehrs nicht genießen, verlassen wir die Stadt dann auch in der einzigen Großrichtung: AURAY.

15 Kilometer später sind wir wieder in PLOUHARNEL. Diesmal fahren wir von hier aus nach CARNAC. Im Ort selbst folgen wir dem Schild „Les Alignements“.

WOMO-Stellplatz: Carnac

WOMO-Zahl: > 5 Gebührenfrei

Ausstattung: Ver- und Entsorgung, Abfalleimer

Zufahrt: Wenn Sie Carnac erreichen, folgen Sie nicht den Schildern „Les Alignements“ wie zuvor beschrieben. Fahren Sie weiter geradeaus, bis Sie an einem Kreisel links die Polizeistation sehen. Dort fahren Sie immer noch ein kleines Stück geradeaus weiter, reihen sich dann in die Linksabbiegerspur ein und biegen auf den „Square Illtertissen“ ein. (Wie mag wohl die deutsche Partnergemeinde von Carnac heißen?) Von dort aus sehen Sie den Stellplatz schon.

Zuerst erreichen wir die Alignements von „LE MÉNEC“. Hier stehen fast 1100 Menhire in 11 parallelen Reihen. Den westlichen Abschluss der Steinreihen bildet ein Cromlec’h, der allerdings nur schwer zu erkennen ist. Wir fahren nach einem kurzen Spaziergang weiter zu den Alignements von KERMARIO, der meines Erachtens schönsten Anlage.

Vor einigen Jahren tauchte noch nach einer Kurve eine riesige Bretterwand vor uns auf: Die Rückseite einer Aussichtsplattform. Mittlerweile wurde die Plattform zur Seite hin verlagert, wo sie nicht ganz so arg stört. Nach wie vor bleibt das gesamte Gelände allerdings eingezäunt. Vom Gebäude aus dürfen wir nun die eingesperrten Steine betrachten. Der einzige Vorteil hier ist, dass Sie in einer Glasvitrine einen Blick auf ein

Die Alignements von Kermario

Der Dolmen von Kermario (zur Zeit nicht zugänglich)

Modell der Anlage aus der Vogelperspektive werfen können. Das wäre in natura nicht möglich, aber es ist etwas völlig anderes, die Steine mit respektvollem Abstand zu bestaunen oder mitten zwischen ihnen spazierenzugehen. Der Zaun wächst jährlich und umschließt die wichtigsten Menhire aller Alignements. Eine Maßnahme, die bei der hiesigen Bevölkerung auf Widerstand stößt. Vom Kultusministerium als Übergangslösung propagiert um der Vegetation zwischen den Steinen Gelegenheit zur Regeneration zu geben, hält dieses Provisorium seit mehr als 10 Jahren. Befürchtungen werden laut, dass es künftig nur noch geführte Exkursionen zu den Steinen geben wird - und damit ein Allgemeingut in die Hand einer profitorientierten Betreibergesellschaft gelegt wird. Man wird sehen. Hier stehen ebenfalls über 1000 Megalithen, die jedoch größer als die Steine in LE MÉNEC sind. Mitten im Megalithenfeld stehen noch die Überreste einer alten Mühle, die nach einer kleinen „Zaunwanderung" zugänglich sind. Wenn sie zwischenzeitlich nicht wegen Einsturzgefahr geschlossen wurde, können Sie auch von dort aus einen Blick auf die Steine werfen.

Trotz allem möchte ich noch ein paar Sätze über die Alignements von KERMARIO loswerden. Auf einer Länge von 1120 Metern stehen 1029 Menhire in 10 Reihen. Direkt am südlichen Beginn der Alignements finden wir noch den Dolmen von KERMARIO, der mit den Steinreihen jedoch in keinem zeitlichen Zusammenhang steht. Er ist wesentlich älter.

Etwas bedrückt setzen wir unsere Reise fort und erreichen bald die ALIGNEMENTS DE KERLESCAN. Auch hier stehen über 500 Menhire, die Erlebnisse in KERMARIO lassen jedoch in keinem von uns den Wunsch nach einer eingehenden Besichtigung wach werden. Zudem gesellt sich zu der Vorfreude auf die Steinzeichnungen von LOCMARIAQUER noch die Befürchtung, dass sich, seit unserem letzten Besuch, auch dort einiges geändert haben könnte. Falls Sie die Steine eingehender betrachten und auf sich wirken lassen wollen, zwischendurch auch mal Baden wollen, hätte ich noch einen Campingplatz zu empfehlen.

WOMO-Campingplatz-Tipp: Les Druides

Öffnungszeiten: 19.5. - 14.9.

Zufahrt: Im Zentrum von Carnac zuerst der Beschilderung nach La Trinité-sur-Mer folgen, dann allerdings auf die Schilder nach Beaumer folgen und rechts abbiegen. Ab hier ist der Campingplatz gut ausgeschildert.

Ausstattung: Ver- und Entsorgung, sehr schattig, Spielplatz, beheiztes Schwimmbecken, 400 m bis zum Strand.

eMail: contact@camping-les-druides.com

Von CARNAC aus erreichen wir LOCMARIAQUER über LA-TRINITÉ-SUR-MER. Die Stadt liegt am Ende eines Landzipfels, der zusammen mit der Halbinsel RHUYS den Golf von MORBIHAN fast vom Meer abtrennt. Nur ein Kilometer trennt die beiden Landzungen.

Nach der Einfahrt in den Ort ist links ein schöner Parkplatz angelegt, die Verweildauer jedoch auf 8 Stunden begrenzt, was einem Übernachtungsverbot gleichkommt. Diese 8-Stunden-Regelung treffen wir in LOCMARIAQUER häufig an. Ganz in der Nähe des Parkplatzes weist ein Schild, diesmal nach rechts, zum „GRAND MENHIR“ und dem Dolmen „TABLE DES MARCHANDS“. Seit einigen Jahren wird die Anlage wieder in ihren ursprünglichen Zustand versetzt. Dazu wurde ein Cairn über dem Dolmen aufgeschüttet und der ganze Komplex eingezäunt. Erinnerungen an KERMARIO werden wach. Nicht schon wieder!

Wir zahlen das Eintrittsgeld in Höhe von 4,60 € (Kinder 3,10 €) zunächst nur ungern, konnten wir doch vor einigen Jahren noch nach Herzenslust hier herumlaufen. Bitte verstehen Sie mich nicht falsch. Ich bin nicht geizig, ärgere mich aber, wenn für die Besichtigung eines Steines, der seit ein paar Tausend Jahren hier liegt, plötzlich Eintritt verlangt wird. Wir werden jedoch angenehm überrascht: Hier wurde mit sehr behutsamer Hand restauriert. Wenn Sie wollen, können Sie sich einem Führer anvertrauen, der Ihnen viel über den Menhir und den Dolmen erzählen kann. Sie können jedoch auch dieses Buch mitnehmen und allein auf Entdeckungsreise gehen. Auf jeden Fall bereuen wir nicht, den Eintrittspreis gezahlt zu haben, den wir als Spende zum Erhalt des Dolmens verstehen.

Den riesigen Menhir sehen wir bereits von außen. In drei Teile zerbrochen liegt er auf der Wiese. Aufgerichtet hatte er einmal eine Höhe von mehr als 20 Metern. Ob er durch Naturer-

Der Grand Menhir in Locmariaquer

eignisse zu Fall gebracht wurde oder durch religiöse Eiferer, lässt sich nicht mit letzter Sicherheit sagen. Vielleicht wurde er auch nur ungenügend im Boden verankert. Seine Bedeutung als „Menhir indicateur" ist jedoch unbestritten. Unklar ist nur, was er angezeigt hatte. War es die Einfahrt in den Golf oder wies er auf die danebenliegende Grabstätte hin?

Der Dolmen „TABLE DES MARCHANDS" lag bis 1937 völlig frei und hatte das Aussehen eines riesigen Tisches. Der bruchstückhaft erhalten gebliebene Cairn wurde teilweise wieder aufgeschüttet, so dass die Grabkammer wieder vollständig abgedeckt war. In den letzten Jahren wurde der Cairn wesentlich vergrößert und auch Hohlräume im Innern der Kammer mit Steinen aufgefüllt.

Das Bauwerk birgt viele Geheimnisse. Schon die Herkunft des Namens ist äußerst verschwommen. „Dol-ar-Marc'hadouriens" heißt wörtlich übersetzt „Tisch der Kaufleute", auf Französisch eben „Table des Marchands". Diese Deutung wird in den meisten Reiseführern propagiert. Eine Studen-

Der „Table des Marchands"

tin, der wir uns bei einer Führung anvertrauen, erklärt die Herkunft des Namens schlicht und einfach damit, dass der Dolmen einmal einer Familie namens Marchand gehörte. Wie dem auch sei, wir gehen über eine Holzbrücke in das Innere des Cairns. Die Taschenlampe, die wir vorsorglich mitgenommen haben, brauchen wir nicht. Der Dolmen ist elektrisch beleuchtet. Die am Ende des Ganges stehende berühmte Tragplatte ist sehr geschickt (und dezent) ausgeleuchtet, so dass die Gravierungen wunderbar zu erkennen sind. Es handelt sich um mehrere Reihen von Krummstäben, deren Bedeutung noch weitgehend im Dunkeln liegt. Die Deckplatte weist ebenfalls Gravierungen auf, die jedoch schwieriger zu erkennen sind. Interessant werden Sie dadurch, dass die Zeichnung auf dem Deckstein des Dolmens der Insel GAVRINIS weitergeführt wird, die immerhin 4 Kilometer von hier entfernt ist.

Verglichen mit den rigorosen Aussperrungsmaßnahmen in CARNAC ist hier jedoch ein anerkennenswerter Kompromiss zwischen dem freien Zugang und der totalen Abschottung von Megalithen gefunden worden.

Unser Weg führt uns weiter ins Zentrum von LOCMARIAQUER. Dort folgen wir den Hinweisschildern zum „Circuit des mégalithes". Der Tumulus MANÉ-ER-HROËC'H ist unserer erstes Ziel, das schon nach kurzer Zeit bei erhöhter Aufmerksamkeit rechts der Straße zu sehen ist. Das Schild ist wirklich leicht zu übersehen! Ein Trampelpfad führt uns zu dem Hügel. Glücklicherweise haben wir unsere Taschenlampe dabei und können das Innere des Grabes besuchen. Über eine Treppe erreichen wir den Eingang und müssen erst warten, bis sich unsere Augen an die Dunkelheit gewöhnt haben. Jetzt erkennen wir, im Licht der Taschenlampe, auf der rechten Seite, ca. 80 cm vom Eingang entfernt, einen verzierten Stein. Auch für die folgenden Besichtigungen sollten Sie sich merken, dass die Steinzeichnungen am besten zu sehen sind, wenn das Licht nicht von vorn, sondern extrem seitlich auf die gravierten Steine fällt. Dann treten die Einkerbungen, durch den entstehenden Schattenwurf, deutlich hervor.

Wir folgen weiterhin dem Verlauf des „Circuits" in Richtung „POINTE DE KERPENHIR" und wollen als nächstes den Dolmen „PIERRES PLATES" besichtigen. Wir wissen, dass er rechts vom Rundweg liegt, wir achten daher auf eine Möglichkeit nach rechts abbiegen zu können - und finden statt einer Straße einen Womo-Parkplatz. Was will man mehr? 100 Meter bis zum Meer, 200 Meter bis zum Dolmen, 300 Meter zum Ver- und Entsorgen. Der Weg zum Dolmen ist sowieso für Fahrzeuge gesperrt. Unter einem schattenspendenden Baum parkend, beschließen wir viererlei: Zuerst wollen wir das Angebot der

WOMO-Badeplatz: Locmariaquer

WOMO-Zahl: > 5 Gebührenfrei

Ausstattung: Ver- und Entsorgung in der Nähe, Abfalleimer, Recycling-Container, Tische und Bänke

Zufahrt: Folgen Sie vom Ortszentrum aus dem „Circuit des Mégalithes" in Richtung Pointe de Kerpenhir. Bevor die Straße direkt am Meer scharf nach links abbiegt liegen rechts der Straße zwei Parkplätze die als Stellplätze genutzt werden können. Zur Zeit wenigstens einmal wieder. Die Plätze werden in schöner Unregelmäßigkeit immer mal für Wohnmobile gesperrt oder extra ausgewiesen. Zur Ver- und Entsorgungsstation fahren Sie weiter bis zum Meer und biegen dort links ab. Nach kurzer Zeit erreichen Sie, wieder links abbiegend, den Camping Municipal de la Falaise. Dort steht die Station am Eingang außerhalb des Platzes. Aus Gründen der Frostsicherheit ist sie jedoch außerhalb der Saison nicht in Betrieb.

WOMO-Campingplatz-Tipp: Camping Municipal de la Falaise

Öffnungszeiten: 1.5. - 30.9.

Zufahrt: Siehe oben beim Badeplatz. Zufahrt wie zur Ver- und Entsorgungsstation

Ausstattung: Ver- und Entsorgung, schattig, Laden, Spielplatz, direkter Strandzugang, es ist lediglich eine Straße zu überqueren.

aufgestellten Tische und Bänke in Anspruch nehmen und etwas essen. Ein paar Meter weit müssen wir unsere Zutaten zwar tragen, aber die frische Meeresbrise bei unserer Mahlzeit tut nach so viel Kultur richtig gut. Anschließend wollen wir den Dolmen besichtigen, dann unseren Kindern am Strand die Gelegenheit geben Muscheln zu sammeln, und danach wollen wir den Rest des Rundweges mit den Fahrrädern erkunden. Vielleicht kommt ja auch die Flut bald wieder, so dass wir auch noch ein bisschen schwimmen können.

Nachdem wir satt sind und alle Utensilien wieder im Womo verstaut haben, gehen wir vom Parkplatz aus zuerst in Richtung Meer und biegen dann nach rechts ab. Ein „Menhir indicateur" weist auf die sehr schöne Allée couverte hin. Besonders beeindruckend sind die Zeichnungen im Innern. Auf vielen Steinen wird die Muttergöttin der Megalithbevölkerung auf eine ganz bestimmte Weise dargestellt. Meist handelt es sich um ovale Schildformen mit mehreren Paaren von Brüsten, die die Fruchtbarkeit symbolisieren. Im schräg einfallenden Licht der Taschenlampe erkennen wir aber auch Formen mit fischgrätenartigen Einkerbungen im Oval, die als Arme gedeutet werden. Das Besondere an dieser Allée couverte ist ihr Grundriss. Der Gang knickt etwa nach einem Drittel seiner Länge nach links ab. An dieser Stelle finden wir auf der linken Seite noch eine kleine Seitenkammer. In den Sommermonaten bietet ein junger Mann seine Dienst als Führer an und erklärt Ihnen auf Wunsch in einem etwas gewöhnungsbedürftigen Französisch die Besonderheiten der Anlage.

Jetzt sollen die Kinder zu ihrem Recht kommen. Waren die bisherigen Strände nicht gerade üppig mit Muscheln, Schne-

Steinzeichnung in der Allée couverte „Les Pierres Plates“

cken und ähnlichen sammelnswerten Meerestieren bestückt, so herrscht hier der reine Überfluss. Die vielen Menschen, die hier mit Eimern und kleinen Rechen scharenweise herumstochern, lassen auch auf das Vorhandensein wohlschmeckender Meeresfrüchte schließen. Da wir weder wissen was hier so alles gesammelt werden kann und auch nicht wüssten, wie die Funde zubereitet werden, nehmen wir gern das Angebot unserer Womo-Nachbarn an, am Abend an ihrer Mahlzeit teilzunehmen. Dabei fällt uns dann auf, dass wir auch nicht wissen, wie man die Leckereien ordnungsgemäß verspeist. Aber wir sind ja lernfähig und verbringen noch einen schönen Abend hier. Ich greife jedoch den Ereignissen vor.

Wir kommen am späten Nachmittag zu unserem Wohnmobil zurück und steigen um auf die Fahrräder um dem Verlauf des „Circuit des mégalithes“ weiter zu folgen. Nachdem alle Räder vom Ständer abmontiert sind, radeln wir dem Meer entgegen und biegen dann links ab um weiterhin die Richtung zur „Pointe de Kerpenhir“, dem westlichen Punkt der Meerenge, beizubehalten. Unterwegs kommen wir an schönen Badebuchten vorbei, meist handelt es sich um Sandstrände mit kleinen Felsbrocken. Die schmale Einfahrt zum Golfe de Morbihan ist jetzt erreicht. Auf der gegenüberliegenden Seite der Meerenge sehen wir Port-Navalo. Auch einige der Inseln im Golf sind zu erkennen.

Ab hier beginnt der Rückweg auf der „Golfseite“ der Landzunge. Nach einem guten Kilometer haben wir wieder unser Womo erreicht. Vergegenwärtigen Sie sich, dass Sie gegen den Uhrzeigersinn um eine Landzunge herumfahren, dann dürften Sie keine Schwierigkeiten mit der Orientierung haben. Nach dem bereits geschilderten Abendessen, zu dem wir die Getränke beisteuern und an dessen Ende wir eine deutsch-französische Einheitssprache pflegen, liegt ein ereignisreicher Tag hinter uns. Es wird Zeit zu Bett zu gehen.

Es klopft! Nochmal — und schon wieder. Gleichzeitig versucht jemand, unser Auto umzuwerfen. Schlaftrunken reibe ich mir die Augen. Erst als das Klopfen in ein Prasseln übergeht und die Geräusche des Sturmes nicht mehr zu überhören sind, wird mir klar, wer sich hier an unserer Behausung zu schaffen macht. Vor dem Fenster schütteln die Bäume ihre Kronen und der Wind peitscht in unregelmäßigen Intervallen den Regen an unsere Scheiben. Der Himmel ist vor lauter Grau überhaupt nicht zu sehen. Da gibt's nur Eins: Die Bettdecke bis über die Ohren hochziehen und nochmal einschlafen.

Zwei oder drei Stunden dürften seit meinem frühmorgendlichen Erlebnis vergangen sein. Die Sonne scheint jetzt, aber noch immer ziehen bedrohlich aussehende Wolken an uns vorbei. Die Straßen beginnen jedoch bereits zu trocknen, als wir unseren Parkplatz verlassen. Zuerst fahren wir — es geht gar nicht anders — zurück nach Locmariaquer und folgen dann den Wegweisern nach Auray

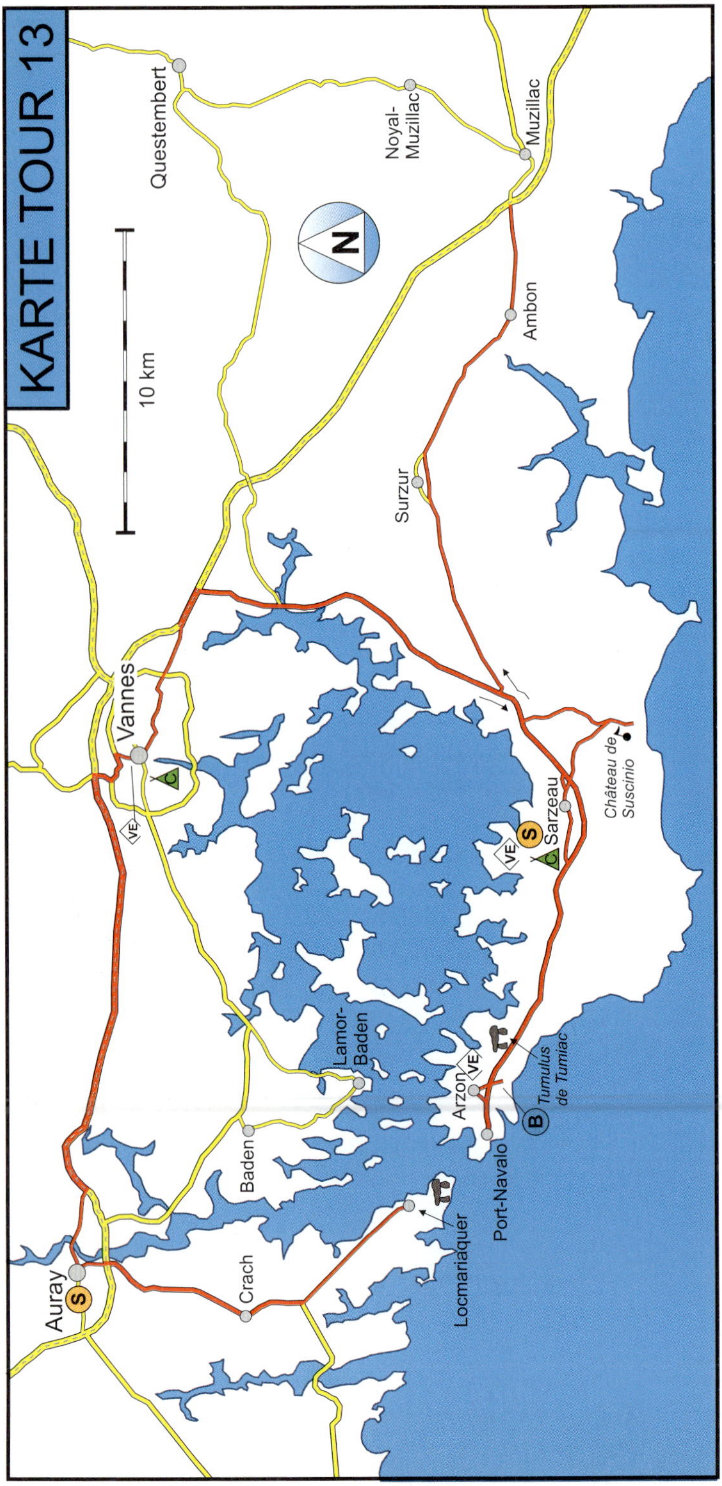
KARTE TOUR 13
10 km
N
Questembert
Noyal-Muzillac
Muzillac
Ambon
Surzur
Vannes
VE
C
Château de Suscinio
Sarzeau
S
Lamor-Baden
Arzon
Tumulus de Tumiac
B
Port-Navalo
Baden
Locmariaquer
Crach
Auray

TOUR 13 (108 km)

Locmariaquer — Auray — Vannes — Halbinsel Rhuys — Schloss Suscinio

Übernachten:	Locmariaquer, Auray, Sarzeau, Kermor
Besichtigen:	Auray, Vannes, Schloss Suscinio, Tumulus de Tumiac
Baden:	Locmariaquer, Kermor
Campingplatz:	Camping Municipal de Conleau, Le Bohat
Markt:	Locmariaquer (Di., Sa.), Auray (Mo.), Vannes (Mi., Sa.), Sarzeau (Do.)

AURAY ist hinlänglich ausgeschildert, so dass ich Ihnen den Weg nicht zu beschreiben brauche. Ein guter Ausgangspunkt zur Erkundung der Stadt ist - wie meist - das Zentrum. Folgen Sie mit uns also den Schildern zum „Centre Ville“. In einer scharfen Rechtskurve mit abknickender Vorfahrt liegt es links von Ihnen. Dort werden Sie allerdings erfahrungsgemäß keinen Parkplatz finden. Wie Sie dennoch zentrumsnah parken und sogar übernachten können lesen Sie hier im Kästchen.

WOMO-Stellplatz: Auray

WOMO-Zahl: > 5 Gebührenfrei

Ausstattung: -

Zufahrt: Bleiben Sie an der erwähnten Rechtskurve auf der Vorfahrtsstraße. Sie fahren bald darauf über eine Brücke. Gleich danach geht's links ab. Nach dem Bogen, den Sie dann fahren, halten Sie sich rechts. Folgen Sie jetzt den Parkplatz-Schildern. In Zentrumsnähe brauchen Sie eine Parkscheibe, in etwas größerem Abstand sind die Plätze zwar frei aber nicht gerade. Erst wenn Sie sich noch weiter entfernen sind sie gerade und schattig. Sie brauchen dennoch nicht meilenweit zu laufen, ich rede hier von 100-m-Schritten.

Das Zentrum finden Sie sofort, wenn Sie die Parkstraße am höchsten Punkt verlassen. In den Straßen rund um das Rathaus (Hôtel de Ville) gibt es ein paar schöne alte Fachwerkhäuser zu entdecken. Wir besuchen aber auch immer wieder gern den alten Hafen. Dieses Gebiet können Sie über mehrere Wege erreichen. Sie müssen lediglich von der Oberstadt, in der das Rathaus liegt, die Straße LOCMARIAQUER - VANNES überqueren und dann einer der steil hinunterführenden Gassen folgen. Dort finden Sie auch zahlreiche Restaurants. Für den Rückweg wählen wir den Weg durch einen Park. Nach der Brücke, die den Ortsteil ST-GOUSTAN mit der Stadt verbindet, gehen wir nach links und steigen die zickzackförmig angelegten Spazierwege hoch. Der zu überwältigende Höhenunterschied ist gewaltig, und ich bereite mich schon darauf vor, mindestens eines unserer Kinder auf den Schultern

Holzbalkon in Auray

hochzutragen. Den Beiden macht der Aufstieg jedoch soviel Spaß, dass wir nur noch erstaunt den Kopf schütteln können. Nicht nur, dass sie die Höhendifferenz springend und hüpfend überwinden, sie kommen auch, wenn Mama und Papa zu weit zurückbleiben, so nebenbei mal wieder zurückgerannt und nehmen die Strecke noch einmal in Angriff. — Aber das lernen Sie erst zu würdigen, wenn Sie nach einem ausgiebigen Essen selbst dort hochklettern. Oben angekommen geniessen wir noch einmal den herrlichen Blick über den Hafen und sind fünf Minuten später wieder am Rathaus.

AURAY verlassen wir in Richtung VANNES. Nach ein paar Hundert Metern erreichen wir die schon bekannte N 165, die in diesem Bereich vierspurig ausgebaut ist. Deshalb sind die 15 Kilometer bis VANNES eine Sache von einer knappen Viertel Stunde.

Wenn Sie Ver- oder Entsorgungsprobleme haben, müssen Sie bereits bei der Abfahrt „Vannes ouest / Centre Commercial" die Umgehungsstraße verlassen. Fahren Sie dann auf den Parkplatz des Einkaufszentrums „Carrefour". An der Tankstelle dort finden Sie eine Ver- und Entsorgungsstation. Jetons gibt's an der Kasse. Manchmal kosten sie etwas, manchmal auch nicht. Lächeln Sie die Kassiererin vorsorglich an, wenn Sie die Jetons verlangen. Bei mir hat das bisher meist geklappt. Die Abwasserentsorgung ist etwas problematisch, weil der Einlauf zu hoch sitzt.

Lassen Sie uns jetzt gemeinsam das Zentrum aufsuchen. Dann können wir uns zusammen dem Problem stellen einen Parkplatz zu finden. Auch wenn Sie noch so verzweifelt suchen müssen: geben Sie nicht auf! Die Altstadt ist wirklich sehenswert.

Es gibt Städte, in denen mir eine Groborientierung bereits nach einem oder zwei Besuchen relativ leicht fällt. Die Hauptstadt des Départements MORBIHAN gehört mit Sicherheit nicht dazu. Ich weiß nicht, welchem glücklichen Umstand wir es zu verdanken haben, dass wir immer wieder in der Nähe der „PORTE PRISON" einen Parkplatz finden. Von hier aus lässt sich ein Rundgang, an den vielen alten Fachwerkhäusern

Straßenszene in Vannes

In der Altstadt von Vannes

vorbei, nämlich gut beginnen und was bei meiner Orientierungsschwierigkeit besonders wichtig ist: gut beenden! Die Kathedrale ST-PIERRE sehen wir als erstes und sie soll uns auch wieder an unser Womo zurückführen. Wir erreichen dann den PLACE HENRI VI und können uns gar nicht sattsehen. „Guck mal, das Haus ist ja ganz schief!" bemerkt unsere Jüngste. In der Tat, wären einige dieser Häuser aus dem 16. Jahrhundert ein geeignetes Experimentierfeld für Galileo Galilei gewesen.

„Vannes et sa femme", kein Reiseführer lässt diese Skulpturen am „MAISON DE VANNES" aus. So darf auch ich Sie bitten, uns in südlicher Richtung in die RUE NOÉ zu folgen. An dem Eckhaus mit den vielen Fotografen davor, sind die berühmten Köpfe zu bewundern. Jetzt sind wir auch schon gleich am „PLACE DES LICES", den wir am anderen Ende wieder verlassen. Durch ein mächtiges Tor kommen wir aus dem befestigten Teil der Altstadt heraus. Hier liegen an einem Bach die alten Waschhäuser, die Frauen-Kommunikations-Zentren des Mittelalters. Nachdem wir eine Brücke überquert haben, wenden wir uns nach links und spazieren zwischen Park und Stadtmauer wieder zu unserem Womo zurück. Zwischenzeitlich ist auch weit und breit keine Wolke mehr am Himmel zu sehen; das Intermezzo von heute morgen ist schon fast vergessen. Wir wollen weiter. Falls Sie noch bleiben möchten empfehle ich Ihnen einen Campingplatz.

WOMO-Campingplatz-Tipp: Camping Muni[pal] de Conleau
Öffnungszeiten: 1.4. - 30.9.
Zufahrt: Vannes nach Süden verlassen. Auf der Westseite des Yachthafens Richtung Parc du Golfe entlangfahren. Ab dort gut beschildert.
Ausstattung: Ver- und Entsorgung, schattig, Spielplatz, 300 m bis zum Strand.
eMail: contact@mairie-vannes.fr

Wir verlassen VANNES in Richtung NANTES. Jetzt wollen wir noch einen Abstecher zur Halbinsel RHUYS machen. „PRESQU'ÎLE DE RHUYS“ lautet dann auch folgerichtig die Abfahrt von der N 165, an der ich fast vorbeigefahren wäre, da ich mir zwar einige Orte, nicht aber den Namen der Halbinsel eingeprägt hatte.

Nach 12 Kilometern Fahrt, die uns an der Ostseite des Golfes von MORBIHAN entlangführt, achten wir auf die Hinweisschilder zum „CHÂTEAU DE SUSCINIO“, die nach links zeigen.

Das Schloss war im 13. Jahrhundert die Sommerresidenz der bretonischen Herzöge. Heute lässt es sich dort nicht mehr residieren, da bei vielen Gebäuden des Komplexes der Dachstuhl und Teile der Geschossdecken fehlen. Trotzdem verbringen wir fast einen ganzen Nachmittag in der von einem breiten Wassergraben umgebenen Schlossanlage. Es ist weniger die Innenausstattung der noch erhaltenen Räume als vielmehr die Aussicht, die uns beeindruckt. Über unzählige Treppen lassen sich alle Türme besteigen. Auch unsere Kinder können, wenn man von wenigen schlecht gesicherten Stellen absieht, nach Herzenslust herumspringen. Die intakten Räume mit Museumscharakter liegen am Beginn des Rundganges und zeichnen sich vor allem durch schöne Fußböden aus. Durch den Innenhof und über die Eingangsbrücke verlassen wir das Schloss wieder.

Château Suscinio - Seitenflügel

Zurückgekehrt auf die D 780, lassen wir uns von den Schildern nach PORT-NAVALO leiten. SARZEAU liegt direkt neben der Straße und ist interessant für Sie, wenn Sie einen Übernachtungsplatz suchen. Auf der nächsten Seite können Sie lesen, wie Sie hinfinden.

WOMO-Stellplatz: Sarzeau 1

WOMO-Zahl: > 5 Gebührenfrei
Ausstattung: Ver- und Entsorgung, Abfalleimer
Zufahrt: 1. Direkt von der N 780 kommend, die 2. Abfahrt nach Sarzeau nehmen. Dann in die erste größere Straße nach links einbiegen. Dann sehen Sie schon das Womo-Schild. Immer dem Straßenverlauf folgen. Der Parkplatz und die Station liegen rechts der Straße.
2. Vom Château Suscinio aus biegen Sie nicht in die N 780 ein, sondern fahren unter ihr durch. Sie kommen dann aus der selben Richtung nach Sarzeau wie oben beschrieben ist.

WOMO-Stellplatz: Sarzeau 2

WOMO-Zahl: 2 - 3 Gebührenfrei
Ausstattung: Abfalleimer
Zufahrt: Folgen Sie den Schildern zum Zentrum. Dort finden Sie einen großen Parkplatz mit geraden Stellflächen. Am besten erst gegen Abend hinfahren.

WOMO-Campingplatz-Tipp: Le Bohat

Öffnungszeiten: 27.4. - 16.9.
Zufahrt: Vom Ortszentrum aus in Richtung Port Navalo fahren, bis die Schilder zum Campingplatz auftauchen.
Ausstattung: Ver- und Entsorgung, schattig, Laden, Restaurant, beheiztes Schwimmbecken, Spielplatz, 5 km bis zum Strand.

Wir sind jedoch noch nicht müde und fahren immer noch auf der D 780 gen PORT-NAVALO. Etwas überraschend taucht kurz vor ARZON auf der rechten Seite der Parkplatz am TUMULUS DE TUMIAC auf. Ein Hinweisschild vorher hätte ich schon erwartet. Schließlich ist der Grabhügel nicht nur der schönen Aussicht wegen bekannt, sondern auch schwer geschichtsträchtig. „BUTTE DE CÉSAR" heißt die Erhebung im Volksmund, was folgenden Hintergrund hat: Wir schreiben das Jahr 56 v. Chr. Ganz Gallien ist von den Römern besetzt... Ganz Gallien? Nein! Der letzte keltische Stamm, der sich Cäsar widersetzt, sind die Veneter (Nicht die von der italienischen Adriaküste, sondern diejenigen aus VANNES). Ihr seefahrerisches Know-how und ihre Schiffe mit dem flachen Kiel, die für den Golf von MORBIHAN bestens geeignet waren, stellten die Römer vor schwere Probleme und bewahrten die Veneter bis dahin vor einer Unterwerfung. Cäsar ließ Ruderboote mit ebenso flachen Kielen bauen, und eine Flaute wird den Kelten zum Verhängnis. Asterix und Obelix sind weit weg und die manövrierunfähigen Schiffe eine leichte Beute für die Römer. Nachlesen können Sie das, wenn Sie der Lateinischen Sprache mächtig sind, in Cäsars Werk „De bello gallico".

Was das alles mit dem Tumulus von TUMIAC zu tun hat? Ach ja, hier soll Julius Cäsar höchstpersönlich gestanden und den Verlauf der Schlacht verfolgt haben. Ob das der Wahrheit entspricht, oder ob die Geschichte in die lange Reihe der Bretonischen Sagen einzuordnen ist, will ich den Historikern überlassen. Logisch wäre es schon, denn von hier oben ist der Golf gut zu überblicken. Für den Imperator war die entgegengesetzte Richtung zwar nicht so wichtig, aber wenn Sie einen Blick auf den Atlantik werfen wollen, der ist von hier oben auch möglich. Und wer weiß, ob Cäsar, aus welchen Gründen auch immer, sich nicht auch manchmal umgedreht hat..?

Weiter in Richtung PORT-NAVALO fahrend, sehen wir ein paar Meter nach dem Tumulus ein Schild mit Womosymbol. Wir werden neugierig.

WOMO-Badeplatz: Kermor

WOMO-Zahl: > 5 Gebührenfrei

Ausstattung: Ver- und Entsorgung in der Nähe, Abfalleimer, Tische und Bänke

Zufahrt: Beginnen wir mit der Ver- und Entsorgungsstation: Folgen Sie am ersten Kreisel nach dem Tumulus der Beschilderung „Kerners" nach rechts. Wenn Sie auf die nächste Vorfahrtsstraße treffen geht's links ab. Außerhalb des Camping-Platzes sehen Sie dann schon die Ver- und Entsorgungsstation.

Zum Übernachten müssen wir nach Kermor..Dazu verlassen wir die Entsorgungsbucht nach rechts. Wenn Sie das Schild „Arzon" sehen, geht's links ab. Am Kreisel dann zurück Richtung Vannes. An den nächsten beiden Kreiseln müssen Sie jedesmal rechts abbiegen. Ab hier sind dann die Schilder „Parking Kermor" gut zu sehen. Die Einfahrt zum Platz ist mit einem „2-Meter-Balken" abgeriegelt. Als Womo dürfen Sie jedoch ausdrücklich durch die Ausfahrt einfahren. Was der Balken dann soll entzieht sich meinem Verständnis. Aufenthaltsdauer auf 72 Stunden beschränkt.

Als nächstes wollen wir die Meerenge zwischen LOCMARIAQUER und PORT-NAVALO auch einmal von der östlichen Seite aus überblicken. Leider sind wir da etwas enttäuscht. PORT-NAVALO ist zu sehr durchgestylt und touristisch erschlossen. Hier können wir nicht von einem x-beliebigen Punkt in irgendeine Richtung blicken. Hier sind wir auf ausgeschilderte Aussichtspunkte angewiesen, die zwischen den Ferienhäusern gerade noch Platz haben. Kaum dass wir uns versehen, sind wir schon wieder auf geschickten Wegen aus der Stadt herauskomplimentiert. Na ja, wer uns nicht will...

Ende der Sackgasse! Die nächsten 16 Kilometer müssen wir auf bereits bekanntem Weg wieder zurückfahren. Allerdings biegen wir nach Osten ab, wenn wir Schilder nach Surzur und MUZILLAC sehen.

Jetzt sollten Sie sich überlegen, ob Ihnen die Salinenlandschaft um GUÉRANDE und das Moor der GRANDE BRIÈRE wichtig sind oder ob Sie lieber gleich im Zauberwald von PAIMPONT spazierengehen. Im letzteren Fall sollten Sie nicht in die N 165 einbiegen, sondern direkt nach MUZILLAC hineinfahren. Von dort aus richten Sie sich nach den Wegweisern nach QUESTEMBERT. Wir treffen uns dann zu Beginn der Tour 15 wieder.

TOUR 14 (177 km)

La Roche-Bernard — Guérande — Île de Fédrun — Questembert

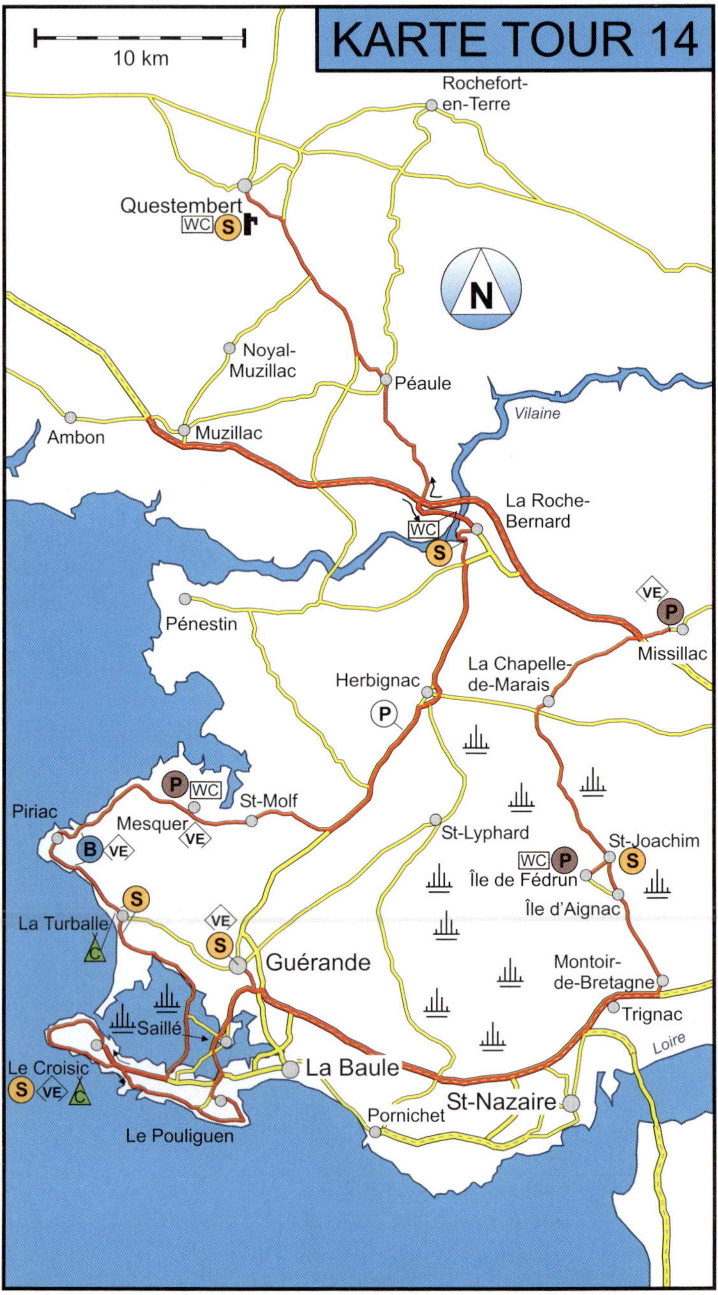

Übernachten:	Villaine-Brücke, La Roche Bernard, Mesquer, Piriac-sur-Mer, La Turballe, Le Croisic, Île de Fédrun, St-Joachim, Missillac, Questembert
Besichtigen:	Die Marais Salants südwestlich von Guérande, den Parc Régional de Brière, Île de Fédrun
Radfahren:	Durch die Salzsümpfe
Kahnfahren:	Auf den Kanälen der Grande Brière
Baden:	In der Umgebung von Piriac-sur-mer, Le Croisic
Campingplatz:	La Falaise, L'Océan
Markt:	La Roche-Bernard (Do.), Herbignac (Mi.), Guérande (Mi., Sa.), Questembert (Mo.)

Unser weiterer Weg führt uns über die bereits bekannte N 165 nach LA ROCHE BERNARD.

WOMO-Picknickplatz: La Roche-Bernard 1

WOMO-Zahl: 2 - 3 Gebührenfrei
Ausstattung: Abfalleimer, Tische und Bänke, Toilette
Zufahrt: Kurz bevor Sie die Vilaine überqueren, biegen Sie nach links ab und fahren dann gleich danach rechts auf den Picknickplatz ab. Schöner Blick über die Vilaine.

Die *Vilaine* überqueren wir auf einer über 400 m langen Brücke und erreichen LA ROCHE-BERNARD. Wir fahren dann durch die verwinkelten Gassen des Ortes zum Hafen (Port). Die Schilder nach LA BAULE sind für die nächsten 25 Kilometer richtungsweisend für uns.

Steil führt uns die Straße von der Höhe der Brücke bis zum Meeresniveau am Yachthafen hinab, der malerisch in einer

WOMO-Stellplatz: La Roche-Bernard 2

WOMO-Zahl: > 5 Gebührenfrei
Ausstattung: Abfalleimer, Recycling-Container
Zufahrt: In La Rochelle folgen Sie den Schildern zum Hafen. Dort finden Sie einen großen Parkplatz, der sich zum Übernachten eignet.

kleinen Bucht liegt. Einige Kilometer hinter HERBIGNAC fahren wir auf auf die nächste „Aire de Repos". Während unsere Kinder auf den Spielgeräten herumtoben, machen meine Frau und ich es uns an einem der Holztische bequem. Ein Schlückchen Wein wäre jetzt nicht verkehrt! Ein Stück Brot vielleicht noch? Und wenn ich schon auf dem Weg zum Auto bin, sollte ich den Käse auch noch mitbringen. Das Picknick reift zur ausgedehnten Mahlzeit heran, und das Wort „mehrgängig" erhält eine völlig neue Bedeutung.

Die Kinder sind bereits wieder beim Rutschen, als wir, über die Karte gebeugt, den weiteren Verlauf unserer Reise festlegen. Die Salinen bei GUÉRANDE schauen wir uns auf jeden Fall an und ein bisschen wollen wir auch noch das Meer genießen.

Es soll für unsere Reise das letzte Mal sein. Bei der Abfahrt überprüfe ich den Platz noch auf seine „Übernachtungsqualität" hin, kann ihn jedoch nicht empfehlen, da alle Parkplätze eine starke Neigung aufweisen. Weiter geht es auf der D 774 nach Süden.

Aber aufpassen: Bald schon tauchen die ersten Schilder nach PIRIAC-SUR-MER auf. Dort müssen Sie rechts abbiegen, wenn Sie unserer Tour weiter folgen wollen. Die Straße biegt trotz Beschilderung abrupt nach rechts ab. Noch ehe ich mich recht versehe sind wir auch schon vorbeigefahren. Dass wir nicht die Ersten sind, denen das passiert sehe ich sowohl an meinem Vordermann, der, ebenso wie wir, eine kleine Straßenausbuchtung zum Wenden benutzt, als auch an den vielen Reifenspuren in besagter Bucht. Der nächste Ort, durch den wir fahren heißt ST-MOLF. Dort ist die Verkehrsführung etwas unübersichtlich. Aber mit ein bisschen Orientierungssinn sollten Sie den weiteren Weg schon finden. In der Nähe von MESQUER finden wir noch einen Picknickplatz. Nach wenigen Kilometern

WOMO-Picknickplatz: Mesquer

WOMO-Zahl: 2 - 3 Gebührenfrei

Ausstattung: Ver- und Entsorgung, Abfalleimer, Tische und Bänke, Toilette, Recycling-Container

Zufahrt: Auf der Strecke St-Molf - Piriac in der Nähe von Mesquer auf der rechten Seite der Straße gelegen. Tagsüber viel Verkehr, nachts jedoch ruhig.

begleitet uns auf der rechten Seite schon wieder das Meer. Es ist gar keine Frage, dass wir die Küstenstraße benutzen, die auf der Michelin-Karte als besonders schön gekennzeichnet ist. Aus diese Weise kommen wir am ersten Womo-Platz PIRIACS vorbei.

WOMO-Badeplatz: Piriac 1

WOMO-Zahl: >5 In der Saison geringe Gebühr

Ausstattung: Ver- und Entsorgung, Abfalleimer, Recycling-Container

Zufahrt: Er liegt noch vor Piriac links der Straße und ist kaum zu übersehen. 50 Reisemobile können hier für 48 Stunden stehen. Bei unserem letzten Besuch war die Hölle los! Ver- und entsorgen können Sie hier gratis, wenn Sie sich bis zur Station durchkämpfen können.

WOMO-Badeplatz: Piriac 2

WOMO-Zahl: >5 In der Saison geringe Gebühr

Ausstattung: Ver- und Entsorgung in der Nähe, Abfalleimer, Recycling-Container

Zufahrt: Hinter Piriac in Richtung La Turballe in einem Ort namens Lerat sehen Sie schon das Womo-Symbol. Dort müssen Sie links abbiegen und gleich danach links auf den Stellplatz fahren. Um zum Strand zu kommen ist nur die Straße zu überqueren. Die Ver- und Entsorgungsstation erreichen Sie, wenn Sie den Platz verlassen und zwei mal links abbiegen.

Wir folgen weiter der Küstenstraße und erreichen schon bald La Turballe. Dieser Ort kann auch mit zwei Stellplätzen aufwarten und bietet zusätzlich noch einen Campingplatz.

WOMO-Stellplatz: La Turballe 1

WOMO-Zahl: >5 Gebührenfrei

Ausstattung: Ver- und Entsorgung, Abfalleimer

Zufahrt: Aus Richtung Piriac kommend liegt der Platz am Ortsanfang auf der linken Seite.

WOMO-Stellplatz: La Turballe 2

WOMO-Zahl: >5 Gebührenfrei

Ausstattung: Ver- und Entsorgung

Zufahrt: Folgen Sie im Ort der Straße möglichst meernah nach Süden. Die Richtung nach Pen Bron ist zu Beginn richtig. Sie erreichen dann den Boulevard de la Grande Falaise. Das Womo-Symbol taucht dort auf der rechten Seite auf.

WOMO-Campingplatz-Tipp: La Falaise

Öffnungszeiten: 25.3. - 31.10.

Zufahrt: Von Piriac kommend am Ortseingang von La Turballe gelegen.

Ausstattung: Ver- und Entsorgung, schattig, Laden, Spielplatz, direkter Strandzugang.

eMail: info@camping-de-la-falaise.com

Am nächsten Morgen schmieden wir einmal mehr Pläne. Sollen wir die Salinenlandschaft um GUÉRANDE wieder mit dem Fahrrad erforschen oder diesmal im Schnelldurchgang mit dem Wohnmobil durchfahren? In den letzten Auflagen fuhren wir Rad, so dass wir diesmal unser Womo benutzen wollen. Aber ich will Ihnen beide Varianten schildern. Wenn Sie das Kraftfahrzeug vorziehen, dann halten Sie sich in LA TURBALLE möglichst in der Nähe des Meeres. Sie werden dann einen Wegweiser nach PEN-BRON sehen. Dem folgen Sie so lange, bis Sie zu dem Ort stark nach rechts abbiegen müssten. Genau da fahren Sie geradeaus und überlesen dann den nächsten Abschnitt. Der ist nur für die Radfahrer gedacht. Im übernächsten Abschnitt treffen wir uns wieder.

Die Radfahrer folgen mir jetzt mit dem Womo nach GUÉRANDE und suchen sich dort einen Parkplatz. Von hier aus wollen wir nämlich eine Rundfahrt unternehmen. Die Räder sind startklar, los geht's! Wir verlassen die Stadt zuerst in Richtung LA TURBALLE bzw. PIRIAC-SUR-MER. Nach gut 10 Minuten haben wir uns schon verfahren. Das fängt ja gut an! Nach unserer Karte sollte schon längst eine Abzweigung links nach QUENIQUEN führen. Wir radeln also wieder ein Stück zurück und finden die Straße auch. Ausgeschildert sind hier jedoch KERSALIO und LE RIQUERER, die ich auf meiner Michelin-Karte nicht entdecken kann. Allein der erste Ortsname hat uns dazu bewogen, der Straße zu folgen, klingt er doch irgendwie nach Salz. Sie wissen jetzt auf jeden Fall Bescheid! Nach etwas mehr als einem Kilometer erreichen wir dann die D 92, die durch die Salinen führt. Wir biegen links ab und folgen ihr in Richtung SAILLÉ.

In dieser Richtung sind mittlerweile auch die Womo-Fahrer unterwegs, so dass folgende Beschreibung für beide Gruppen gilt. Auf Tischen, die zu beiden Seiten der Straße stehen, bieten die Salinenarbeiter, die sogenannten Paludiers, säckchenweise Salz an. Da die Konkurrenz jedoch groß und Werbung wichtig ist, können Sie an diesem oder jenem Verkäufer gleich noch die Tracht dieser Gegend bewundern.

Rechts unseres Weges liegen die Salinen. Mit dem, was im „Du Mont" so übersichtlich skizziert ist, haben die Tümpel neben der Straße allerdings wenig zu tun. Überhaupt kommt uns das Ganze reichlich unappetitlich vor. Matschige Uferzonen, undefinierbare Gewächse im brackigen Wasser, wie soll man hier Speisesalz gewinnen können? Nach einer Rechtskurve werden wir bald eines Besseren belehrt. Jetzt sind wir mitten in den Salzsümpfen. Rechts und links von uns breiten sich unüberschaubar die MARAIS SALANTS aus. Bald finden wir auch eine Bilderbuchsaline, allerdings müssen wir dazu anhalten und ein paar hundert Meter in einen kleineren Weg hineingehen.

Hier sind die verschiedenen Klärbecken und die Œillets gut zu erkennen. Aber der Reihe nach: Das ganze Gebiet wird von Kanälen, den sogenannten Étiers, durchzogen. Durch sie fließt bei Flut das Meerwasser. Über ein ausgeklügeltes System von Schleusen wird das Salzwasser, je nach Bedarf, auf die verschiedenen Becken verteilt. Dabei durchfließt es zunächst zwei Klärbecken um dann in immer kleinere Becken mit immer niedrigerem Wasserstand zu laufen. Schließlich gelangt die nun schon stark konzentrierte Sole in die sogenannten Œillets,

Saline in den Marais Salants

in denen der Wasserstand nur noch 5 cm beträgt. Dort kristallisiert das Salz aus, wird von den Paludiers am Rand der Saline getrocknet und dann mit Schubkarren zu Sammelplätzen gebracht.

Auf unserer weiteren Fahrt kommen wir an vielen solcher Salinen vorbei und können fast alle Stadien der Salzgewinnung beobachten. Die Schönsten liegen jedoch alle abseits der Straße. Kurz vor SAILLÉ scheiden sich wieder die Geister. Die Radfahrer fahren über SAILLÉ zurück nach GUÉRANDE, und fahren von dort aus nach LE CROISIC, die Autofahrer biegen rechts ab und folgen schon gleich den Schildern nach LE CROISIC.

Über BATZ-SUR-MER erreichen wir schießlich diesen Ort. Wir wollen hier nur eine kleine Rundfahrt um die Halbinsel machen

WOMO-Stellplatz: Le Croisic

WOMO-Zahl: > 5 Gebührenfrei

Ausstattung: Ver- und Entsorgung, Abfalleimer

Zufahrt: Am Ortseingang von Le Croisic stoßen Sie auf einen großen Kreisel. Dort fahren Sie in Richtung Zentrum. Sie sehen bald darauf rechts den Bahnhof. Danach biegen Sie rechts ab, am Stop-Schild dann wieder rechts und bei der nächsten Möglichkeit geht's nach links. Dann sehen Sie die Ver- und Entsorgungsstation und sind angekommen. Der Platz ist alles andere als schön, war jedoch bei unseren Besuchen fast immer vollständig belegt.

WOMO-Campingplatz-Tipp: L'Océan

Öffnungszeiten: 1.4. - 1.10.

Zufahrt: Folgen Sie unserer Route, in der wir die Halbinsel um Le Croisic entgegen dem Uhrzeigersinn umrunden. Am Bahnhof vorbei und dann immer der Hauptverkehrsstraße nach. Nachdem Sie sich durch den Ort gequält haben, wird die Bebauung lichter. Achten Sie danach auf die Beschilderung zum Campingplatz, die nach links in die Route de la Maison Rouge weist.

Ausstattung: Ver- und Entsorgung, schattig, Laden, Spielplatz, Restaurant, 150 m zum Strand.

eMail: camping-ocean@wanadoo.fr

und uns dabei von der CÔTE SAUVAGE beeindrucken lassen. In

der Saison ist der Ort hoffnungslos überlaufen, sollen die Strände in dieser Gegend doch die schönsten der BRETAGNE sein. Der Meinung kann ich mich jedoch nicht anschließen. Wenn Sie sich jetzt

Küste zwischen Le Croisic und Le Pouliguen

vostellen, dass wir die Halbinsel gegen den Uhrzeigersinn umrunden wollen, muss das Meer immer rechts von Ihnen sein. Verfahren ist also kaum möglich. Auf die beeindruckende CÔTE SAUVAGE treffen Sie auf dem letzten Abschnitt und sie zieht sich bis nach LE POULIGUEN hin.

Unsere Umrundung haben wir beendet, wenn wir wieder am Kreisel am Ortseingang von LE CROISIC ankommen. Wir bleiben noch ein paar Kilometer der Küste und damit der D 45 treu und folgen den Schildern nach LE POULIGUEN.

Ab hier wenden wir uns wieder nach Norden und folgen den Schildern nach GUÉRANDE. Wir kommen hierbei nochmals durch die MARAIS SALANTS, allerdings erwischen wir eine ungünstige Zeit und stehen eine knappe Stunde im Stau für gerade mal 7 Kilometer Fahrstrecke. Wir sind also durchschnittlich etwas schneller als ein Fußgänger. Längs der Stadtmauer von GUÉRANDE gibt es eine Ringstraße, von der wiederum in regelmäßigen Abständen kleine Straßen zu Parkplätzen abzweigen. Nach unserer Erfahrung sind die meisten Plätze für eine Übernachtung geeignet, und diese wird auch geduldet, obwohl die Stadt einen offiziellen Platz ausgewiesen hat. Von jedem der oben genannten Parkplätze sind Sie nach kurzem Fußmarsch in der Alt-

In der Altstadt von Guérande

WOMO-Stellplatz: Guérande

WOMO-Zahl: 4 Gebührenfrei

Ausstattung: Ver- und Entsorgung, Abfalleimer

Zufahrt: Je nachdem aus welcher Richtung Sie in die Stadt kommen, versuchen Sie bis zur Stadtmauer den Schildern zum Zentrum zu folgen. Wenn Sie die Mauer sehen, biegen Sie rechts ab und umrunden so die Altstadt gegen den Uhrzeigersinn. Den offiziellen Stellplatz, auf dem auch die Ver- und Entsorgungsstation steht, finden Sie auf dem Parkplatz Bel Air. Wie bereits weiter vorn ausgeführt sind auch viele andere Parkplätze entlang der Ringstraße zum Übernachten geeignet. Wir haben auf dem Parking Ste-Anne schon einige ruhige Nächte verbracht.

stadt. Durch vier Tore können wir ins Innere des von dicken Mauern umgebenen mittelalterlichen Zentrums gelangen. Hier verbringen wir unseren Abend und es fällt uns nicht schwer ein Restaurant zu finden, in dem wir den Tag ausklingen lassen.

Guérande verlassen wir spät am nächsten Tag in Richtun Nantes. Schnell erreichen wir die 4-spurig ausgebaute N 171 und müssen nur in der Nähe von St-Nazaire aufpassen, dass wir die Abfahrt, die uns weiter in Richtung Nantes führt, nicht verpassen. Trignac liegt bald hinter uns, und ich bereite mich darauf vor nach Montoir-de-Bretagne abzubiegen. War mir bisher immer die links(!) abgehende Abfahrt in Erinnerung, so muss ich jetzt umlernen. Inzwischen kommen wir über eine völlig „normale" Ausfahrt in die Brière.

Große Schilder zeigen an, dass wir uns nun im „Parc Régional de Brière" aufhalten. Ein Blick auf die Karte zeigt uns, dass dieser Regionalpark hauptsächlich aus Sumpf und Kanälen besteht. Eine einzige Straße führt durch dieses Gebiet, und in der Tat ist das Boot, neben dem Auto, hier das wichtigste Fortbewegungsmittel. In abgelegenen Orten ist die Reihenfolge oft sogar vertauscht. Früher war hier überall Meer.

Kanallandschaft im Parc Régional de Brière

Viele Ortsnamen, die mit „Île“ (Insel) beginnen belegen das. *Vilaine* und *Loire* mündeten in diesen einstigen Golf. Nach und nach versandete die Bucht. Geblieben ist eine geheimnisvolle Landschaft, die die hier lebenden Menschen geprägt hat. Als wild, unberechenbar und gewalttätig gelten sie, aber auch als stolz und selbstbewusst. Inwieweit diese Vorurteile zutreffen, finden Sie am besten in einer urigen Dorfkneipe selbst heraus. Übrigens: Ich habe mich selten so sicher gefühlt wie beim Übernachten in (oder: auf der?) ÎLE DE FÉDRUN.

Ein Kuriosum stellt die „Charte de la Brière“ dar. Seit dem 16. Jahrhundert ist das Land ungeteilter Besitz aller Gemeinden. Sinnvoll war diese Bestimmung, als die Erträge aus dem Torfabbau, der Fischerei und der Verarbeitung von Schilf und Weiden die überwiegende Einkommensquelle der Menschen in dieser Region darstellten. Heute gehen die meisten Einwohner einer Tätigkeit in den Industriebetrieben von ST-NAZAIRE nach.

Es wird Abend. Wir sind zur richtigen Tageszeit hier. Langsam verschwimmen die harten Konturen des Horizonts. Geheimnisvoll begleiten uns die mit Weiden gesäumten, düsteren Kanäle auf unserer Fahrt zur ÎLE DE FÉDRUN. Jetzt fehlt nur noch der von seiner Arbeit zurückkehrende Torfstecher in seinem schwarz geteerten Kahn, um das Postkartenmotiv komplett zu machen. Im Ernst: Wir werden diese Landschaft, die wir bisher kaum kannten, auf jeden Fall noch einmal im Herbst besuchen. Wir erwarten jetzt schon den Nebel, der sich undurchdringlich über den Kanälen ausbreitet. Vielleicht treffen wir uns da, von der feuchten Luft völlig durchnässt, an einem der kleinen Tische im einzigen Gasthaus des Dorfes sitzend.

Aber zurück zur Realität: „ST-JOACHIM“ lese ich auf einem Ortsschild. Also habe ich die erste Abfahrt zur ÎLE DE FÉDRUN schon verpasst. Erhöhte Aufmerksamkeit ist geboten. An der 1. Ampel im Ort sehe ich ein kleines Schild nach links zeigen. Wäre die Ampel nicht gerade auf Rot, hätte ich auch diesen Wegweiser nicht bemerkt.

In vielen Reiseführern wird die ÎLE DE FÉDRUN zwar erwähnt, eine genaue Beschreibung des Ortes fehlt jedoch oft. Aus diesem Grund fahren wir zuerst einmal geradeaus, was sich als gar nicht so schlecht erweist. Kurz nach dem Ortseingang taucht links ein großer Parkplatz auf. An dieser Stelle ist auch das Verkehrsbüro untergebracht. Dort können sie — zumindest

WOMO-Picknickplatz: Île de Fédrun

WOMO-Zahl: 4 - 5 Gebührenfrei

Ausstattung: Abfalleimer, Tische und Bänke, Toilette, Recycling-Container, Toiletten (werden nachts abgeschlossen)

Zufahrt: In den Ort hinfahren bis zum Parkplatz am OTSI auf der linken Straßenseite.

Île de Fédrun

während der Saison — noch weitere Informationen über die Gegend erhalten. Wenn Sie den sehenswerten Ort besichtigen wollen, sollten Sie es machen wie wir und Ihr Reisemobil auf diesem Platz stehen lassen. Zu Fuß können Sie viel mehr Eindrücke sammeln als mit einem Fahrzeug. Verlaufen können Sie sich nicht, da alle Wege wieder auf den Dorfplatz zurückführen.

Hier sind es vor allem die weißgestrichenen, strohgedeckten Häuser, die unsere Aufmerksamkeit auf sich ziehen. Eines ist schöner als das andere. Wie verschieden jedoch die Geschmäkker sein können, merken wir an der Reaktion unserer Kinder, die die Idylle absolut nicht zu würdigen wissen. Kein Eisständchen, noch nicht einmal eine Frittenbude gibt es hier, und

Kahnhafen in der Brière

für sie ist es unverständlich, warum ihre Eltern nach jeder Wegbiegung aufs Neue begeistert sind. Neben dem Heimatmuseum „Chaumière Brièronne", ist in diesem Ort auch die Verwaltung des „Parc Régional de Brière" untergebracht.

Wenn wir schon in einem Gebiet mit einem so dichten Wasserstraßennetz sind, sollten wir auf eine Kahnfahrt nicht verzichten. Sie können, wie wir, gerade ein paar Meter von unserem Übernachtungsplatz entfernt ein Boot mieten oder die Gelegenheit an einem der noch folgenden Parkplätze wahrnehmen. Es macht uns allen Spaß, von vielen Tieren begleitet, fast lautlos über die Kanäle zu gleiten.

Nach dem Abstecher zur Île de Fédrun fahren wir wieder zurück nach St-Joachim und dann auf der D 50 weiter nach

WOMO-Stellplatz: St-Joachim

WOMO-Zahl: 1 - 2 Gebührenfrei

Ausstattung: Abfalleimer

Zufahrt: Der Parkplatz neben der Kirche ist zum Übernachten geeignet. Es ist nicht besonders schön hier. Er soll eigentlich nur als Ausweichstellplatz dienen, wenn in Île de Fédrun schon zu viele Wohnmobile stehen und Sie trotzdem noch in dieser Gegend bleiben wollen.

Norden. Es tauchen links und rechts der Straße noch viele kleine Parkplätze auf, wo Sie eine Kahnfahrt buchen oder einfach nur die Atmosphäre genießen können. Schließlich erreichen wir über La Chapelle-des-Marais, kurz vor Missillac, wieder die N 165. Normalerweise sollten wir jetzt nach links abbiegen. Ganz in der Nähe gibt es allerdings noch einen Stellplatz.

WOMO-Picknickplatz: Missillac

WOMO-Zahl: 2 - 3 Gebührenfrei

Ausstattung: Ver- und Entsorgung, Abfalleimer, Tische und Bänke, Spielplatz, Telefonzelle, OTSI

Zufahrt: Von La Chapelle-de-Marais aus kommend über die Brücke über die N 165 fahren. Noch vor dem Ortseingang von Missillac liegt der Stellplatz auf der rechten Seite.

Wir folgen jetzt der N 165 wieder ein Stück „zurück" nach Westen in Richtung Vannes. Die *Vilaine* überqueren wir auf einer anderen Brücke als am Anfang der Tour. Sie liegt jedoch nur wenige hundert Meter weiter nördlich. Bald darauf biegen wir in Richtung Questembert von der Straße ab. In diesem Ort treffen wir wieder auf die Leser, die die Tour 14 ausgelassen haben und von Tour 13 gleich zur Tour 15 fahren wollten.

Bei unserem ersten Besuch in dem Ort waren wir erfreut gleich am Ortseingang an einem Kreisel rechts auf Parkplätze abbiegen zu können. Sie erschienen uns geeignet das Städtchen von dort aus zu entdecken. Alle diese Plätze sind jedoch schief und mittlerweile haben wir einen schöneren Ausgangs-

WOMO-Stellplatz: Questembert

WOMO-Zahl: 3 - 4 Gebührenfrei
Ausstattung: Wasserhahn, Toilette
Zufahrt: Wenn Sie nach Questembert kommen erreichen Sie einen Kreisel, den Sie in Richtung Elven verlassen. Kurz bevor Sie den Ort wieder verlassen folgen Sie den Schildern zum Supermarkt und biegen dazu zwei mal nach rechts ab. Sie fahren dann am Supermarkt vorbei und auf die Kirche zu. Kurz vor der Kirche halten Sie sich leicht nach links und fahren an der Längsseite der Kirche entlang. Biegen Sie dann nach links auf den Parkplatz ein. Im unteren Bereich sind die Stellplätze einigermaßen gerade.

punkt gefunden. Wegen einer Höhenbeschränkung müssen wir allerdings etwas umständlich fahren, wie Sie oben nachlesen können.

Die größten Sehenswürdigkeiten in QUESTEMBERT sind die Markthalle, eine der ältesten Frankreichs, die Sie in der Nähe der Kirche finden, und die sie umgebenden Häuser. Wir haben jedoch noch eine Idylle gefunden, die in keinem uns bekannten Reiseführer erwähnt ist. Es handelt sich um ein altes Waschhaus und eine danebenliegende Quelle. Falls Sie mit uns einen kleinen Spaziergang dorthin unternehmen wollen, müssen Sie den Parkplatz an seiner tiefsten Stelle verlassen, sich nach links wenden und der nächsten Straße nach rechts folgen. Ab jetzt geht es immer weiter geradeaus.

Waschhaus und Quelle in Questembert

Von hier aus möchte ich mit Ihnen noch in den Zauberwald von BROCÉLIANDE fahren und dazu ist PLOËRMEL, ein Ort, den wir im nächsten Kapitel erreichen, ein guter Ausgangspunkt. Viel Mystisches wird uns dort erwarten...
... und vielleicht auch der ein oder andere Stein.

TOUR 15 (148 km)

Rochefort-en-Terre — La Gacilly — Ploërmel — Tréhorenteuc — Paimpont

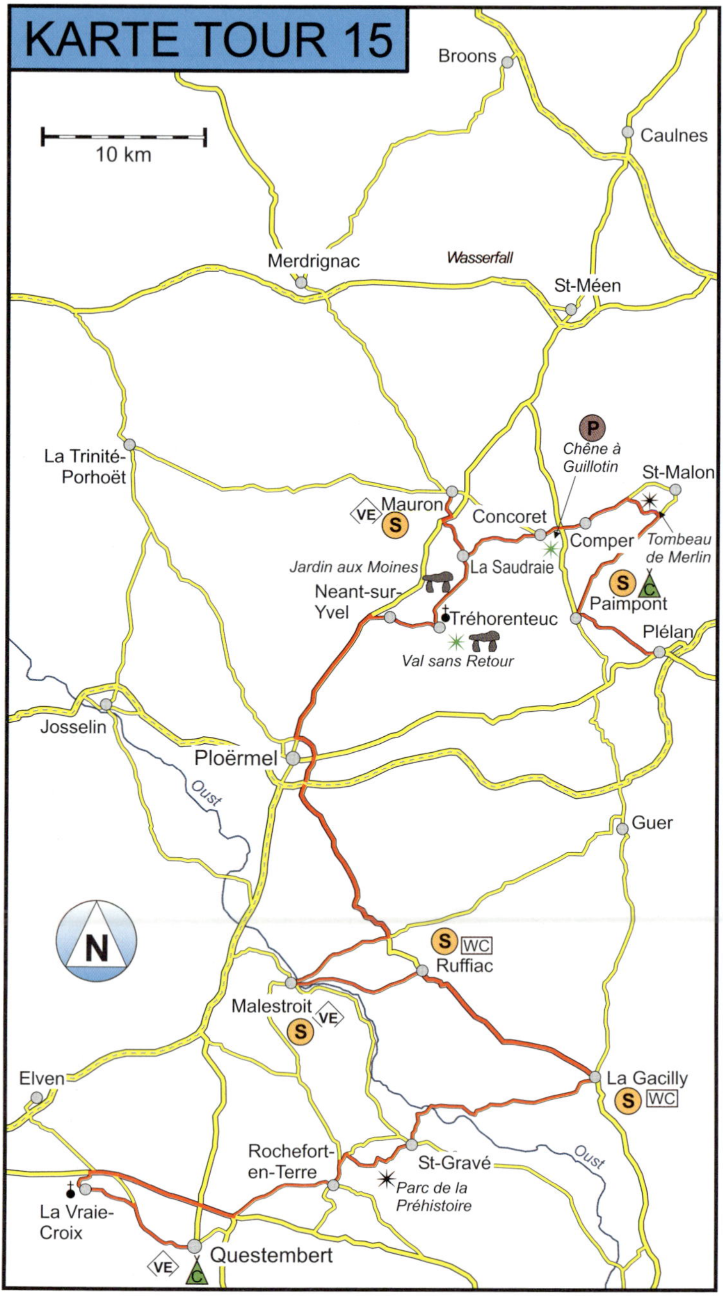

Übernachten:	Questembert, La Gacilly, Ruffiac, Malestroit, An der Kirche von Tréhorenteuc, Mauron, Chêne à Guillotin, Paimpont
Besichtigen:	Den Parc de Préhistoire, La Gacilly, Die Kirche von Tréhorenteuc, das Grab Merlins
Wandern:	Im Wald von Paimpont
Campingplatz:	L'Étang de Celac, Camping Municipal de Paimpont
Markt:	Questembert (Mo.), La Gacilly (Sa.), Malestroit (Do.), Plélan (So.)

Wir bereisen die BRETAGNE seit vielen Jahren. Wenn uns die Strände, Küsten, Menhire und Calvaires zu viel werden, flüchten wir gern in ein ausgedehntes Waldgebiet im Landesinnern und gehen dort ein oder zwei Tage spazieren. Unser bisheriger Anlaufpunkt dafür war HUELGOAT. Leider hat dieser Wald durch die Orkanschäden viel von seiner Attraktivität eingebüßt. Auf der Suche nach einer ähnlichen Gegend stießen wir auf den „FORÊT DE PAIMPONT", mit über 6500 ha das größte zusammenhängende Waldgebiet der BRETAGNE. „BROCÉLIANDE" wird der Forst im Volksmund genannt und ist unter dieser Bezeichnung auch in alten Sagen und Legenden zu finden.

Dabei sind wir auch schon beim richtigen Stichwort. Der Wald ist untrennbar mit der Artus-Sage verbunden. Auf Schritt und Tritt begegnen wir den Spuren der Ritter der Tafelrunde. Lancelot, Iwein, die Fee Morgane, Viviane und der Merlin sind in vielen geographischen Bezeichnungen noch lebendig.

Vorher wollen wir noch ROCHEFORT-EN-TERRE einen Besuch abstatten, uns in einem Park vor Dinosauriern fürchten und die Wohlgerüche in LA GACILLY erschnuppern. Bis QUESTEMBERT sind Sie in unserer letzten Tour vorgedrungen.

Ich möchte Sie hier im Ortszentrum abholen und Sie bitten mir in Richtung ELVEN zu folgen. Wenn Sie auf dem Stellplatz übernachtet haben, fahren Sie wieder zurück, am Supermarkt vorbei, dann links und wenn Sie auf die Straße kommen, die zum Ort hinausführt, geht's rechts ab.

Sie kommen dann noch an einem Campingplatz vorbei, vor dessen Toren eine Ver- und Entsorgungsstation steht.

WOMO-Campingplatz-Tipp: L'Étang de Celac

Öffnungszeiten: 15.6. - 15.9.
Zufahrt: Von Questembert aus fahren Sie Richtung Elven. Nachdem Sie Questembert verlassen haben, achten Sie auf die Beschilderung zum Campingplatz auf der rechten Straßenseite
Ausstattung: Ver- und Entsorgung, schattig, Spielplatz, direkter Zugang zum See.

Wir fahren jetzt auf einer Straße, die die einprägsame Bezeichnung D 1c trägt. Achten Sie hier auf eine Abzweigung, die Sie nach LA VRAIE-CROIX führt. In diesem über und über mit

Die Geschichte von La Vraie-Croix
oder: Warum man als Kreuzritter nicht einschlafen sollte.

Ein Kreuzritter hatte im Heiligen Land einen Splitter des Kreuzes Christ gefunden. Auf seiner Heimreise küsste er das Relikt jeden Morgen und konnte sich dadurch davon überzeugen, dass das gute Stück noch in seinem Besitz war. Kurz bevor er jedoch in seinem Heimatort angekommen war, wachte er eines Morgens auf - und die Kostbarkeit war weg. Ein Junge, der zufällig gerade des Weges kam, sah seine Verzweiflung und half ihm bei der Suche. Behende stieg er auf einen Baum und fand das Holzstück im Nest einer Elster. Dem Ritter war's ein Zeichen und er begann noch selbigen Tages mit dem Bau einer Kapelle. Da die Reliquie in luftiger Höhe gefunden wurde, konnte die Kapelle natürlich auch nicht ebenerdig stehen.

Kapelle in La Vraie-Croix

Blumen geschmückten Ort können wir nämlich eine Kapelle besuchen, unter der einst die Hauptstraße des Ortes hindurchführte. Das heißt, sie steht im 1. Obergeschoss und ist auf einem Kreuzgewölbe errichtet. Sie können über eine Treppe ins Innere des Gotteshauses gelangen. Dort wird noch immer der Splitter des Kreuzes aufbewahrt. Die Geschichte dazu können Sie oben nachlesen.

Wir setzen unsere Fahrt in Richtung Elven fort bis wir nach einem knappen Kilometer die D 775 erreichen. Ab jetzt folgen wir den Schildern nach Rochefort-en-Terre und biegen dazu am Stop-Schild nach rechts ab.

Dort wollen wir hin, weil wir einem Prospekt entnommen haben, dass wir dort ein mittelalterliches Stadtbild vorfinden würden. Das stimmt zwar, aber außer uns schauen sich noch unendlich viele andere Touristen den Ort an, so dass mir unsere Parkplatzsuche noch am eindrucksvollsten in Erinnerung ist. Am Ende der Umgehungsstraße finden wir gerade noch ein Plätzchen. Dann lassen wir uns im Menschenstrom einmal hin und einmal zurück treiben. Beschaulich — und dann auch wesentlich interessanter — können Sie Rochefort außerhalb der Saison kennenlernen.

Ganz in der Nähe unseres Parkplatzes sehen wir bereits die ersten Hinweisschilder zum „Parc de Préhistoire". Wir haben

Im Parc de Préhistoire

unseren Kindern versprochen, dass heute etwas für sie auf dem Programm steht, und dieses Versprechen wollen wir jetzt auch halten. Nach zwei Kilometern Fahrt liegen die Parkplätze schon vor uns. Leider kommen wegen einer Höhenbeschränkung nur die Busparkplätze für uns infrage. Die sind allerdings alle besetzt. Zum Glück gibt es gegenüber der Straße noch einige unbefestigte Plätze. Dort können wir bleiben.

Zuerst kommen wir zu den Sauriern. Da sind schon recht imposante Exemplare dabei. Gleich zu Beginn treffen wir auf den Brachiosaurus, der bis in eine Höhe von 23 Metern ragt. Richtig winzig sieht daneben der Urvogel Archäopteryx mit seinen 35 Zentimetern aus. Wenn ich mich nicht verzählt habe sind hier insgesamt 9 verschiedene Gattungen der ausgestorbenen Riesen zu sehen.

Lagerszene im Parc de Préhistoire

Weiter führt uns der Rundweg

Schwertransport in der Steinzeit

zu den verschiedenen Perioden der Steinzeit. Hier ist auch sehr schön die frühe Entwicklung des Menschen zu sehen. Vielfältige Aktivitäten der damaligen Bevölkerung wurden nachgestellt.

La Gacilly

Vom Fischfang und der Jagd, über die Verwendung von Feuer und Werkzeugen, bis zur Gestaltung der Freizeit kann man die damaligen Menschen beobachten. Ich muss gestehen, dass der Rundgang nicht nur unseren Kindern Spaß macht.

Zurück am Womo nehmen wir erst einmal eine kleine Mahlzeit zu uns. Die weitere Fahrt nach LA GACILLY bereitet keinerlei Schwierigkeiten. Vom Parkplatz aus geht's einfach auf der Straße, von der wir gekommen sind, weiter. Die Schilder tauchen an der ersten Abzweigung schon auf. Obwohl der Ort nicht groß ist, ist er in Deutschland recht bekannt. Schuld daran ist die Kosmetikfirma Yves Rocher, die hier ihren Sitz hat. Aber das allein macht nicht den Reiz des Städtchens aus. Vielmehr sind es die kleinen Läden mit Kunsthandwerk (aber auch Kitsch!) im Zentrum. Besonders freut es mich, nach meinem Erlebnis in ROCHEFORT, hier leicht einen Parkplatz zu finden.

WOMO-Stellplatz: La Gacilly

WOMO-Zahl: >5 Gebührenfrei

Ausstattung: Tische und Bänke, Abfalleimer, Recycling Container, Toilette, Waschbecken

Zufahrt: Zuerst den Schildern zum Zentrum folgen. Fahren Sie weiter, bis Schilder nach Redon auftauch und folgen Sie diesen. Wenn Sie einen Berg herunterfahren biegt die Vorfahrtsstraße links ab. Dort fahren Sie geradeaus zum Parkplatz für PKW und Bus. Fahren Sie ziemlich weit nach hinten, dort sind Sie durch Bepflanzungen vor dem Geräusch der Kühlfahrzeuge, die gegenüber bei einem Gewerbebetrieb stehen, einigermaßen geschützt.

Es ist erstaunlich, wieviel Geld man in so wenig Zeit ausgeben kann, um Souvenirs und Mitbringsel zu kaufen. Aber wenn ich unsere weitere Reise anschaue, haben wir dazu vor unserer Heimreise kaum noch Gelegenheit. Bis zum Ende dieser Tour kommen wir nur noch durch kleine Orte und sind viel in freier Natur unterwegs.

Auf unserem weiteren Weg, der uns über PLOËRMEL in den Zauberwald von PAIMPONT führt, machen wir noch einen Abstecher nach MALESTROIT und biegen dazu in RUFFIAC nach links ab.

WOMO-Stellplatz: Ruffiac

WOMO-Zahl: 3 - 4 Gebührenfrei

Ausstattung: Abfalleimer, Toilette

Zufahrt: Im Ort zweigt die Straße nach Malestroit an der Kirche nach links ab. Direkt hinter der Kirche ist auf der rechten Seite ein Parkplatz, auf dem 3 - 4 Womos übernachten können.

MALESTROIT haben uns Freunde empfohlen weil Ihnen die Atmosphäre in dem Ort gut gefallen hat. Spaziergänge am *Oust* entlang und kuriose Details im Ortsbild hatten sie dazu bewogen ihre Eindrücke weiter zu geben. Ich muss gestehen, dass wir den Abstecher nicht bereut haben - und das ist der Grund warum ich das Städtchen in diese Tour eingebunden habe.

WOMO-Stellplatz: Malestroit

WOMO-Zahl: >5 Gebührenfrei

Ausstattung: Ver- und Entsorgung in der Nähe

Zufahrt: Im Ort immer in Richtung Zentrum fahren bis Sie das Schild „Parking 200 pl." sehen und ihm folgen. Dann sind Sie angekommen. Zum Ver- und Entsorgen fahren Sie in Richtung Vannes. Fast am Ortsausgang sehen Sie den Supermarkt „Casino". Dort steht eine Ver- und Entsorgungsstation.

Vom oben genannten Parkplatz kommen wir schnell zur Ortsmitte. In der Nähe der Kirche finden wir an einem alten Haus sehr schöne geschnitze Figuren. Unter anderem den nebenstehenden Hasen mit Dudelsack. An diesem Haus werden Sie noch mehrere Skulpturen finden, die zum Schmunzeln anregen. Am reichen Figurenschmuck kann man erkennen, dass dieses Gebäude früher wohl eine wichtige Funktion erfüllte und zudem am Schnittpunkt zweier wichtiger Handelswege lag. Die danebenliegende Kirche fasziniert uns wegen eines außergewöhnlichen Phänomens. Suchen Sie an der Fassade die Skulpturen eines Stieres und eines Adlers. Im Sommer - gegen 15 Uhr - bilden die Schatten der beiden Figuren das Profil Voltaires. Wenn das für Sie immer noch nicht den kleinen Umweg rechtfertigt, dann darf ich vielleicht noch auf das malerische Ufer des *Oust* aufmerksam machen - oder auf einen Stadtrundweg mit erklärenden Tafeln an all den mittelalterlichen Häuser und sonstigen Sehenswürdigkeiten.

Brücke über den malerischen Oust

Unseren Ausflug in den Märchenwald von PAIMPONT starten wir von PLOËRMEL aus, das in MALESTROIT bereits ausgeschildert ist und fahren dann in nordöstlicher Richtung nach NÉANT-SUR-YVEL. Sie brauchen nicht nach

PLOËRMEL hineinzufahren, eine Umgehungsstraße führt drumherum. Bald darauf erreichen wir über die D 766 die Abfahrt nach NÉANT-SUR-YVEL. In diesem Ort haben wir schon einmal an der Kirche übernachtet. Den stärksten Eindruck hat dabei das Läutwerk der Kirchenuhr bei mir hinterlassen. Deshalb fahren wir gleich weiter nach TRÉHORENTEUC, von wo aus wir unsere Wanderung beginnen wollen. Zuvor wollen wir jedoch noch die Kirche besichtigen, die uns - wieder einmal - einige Überraschungen zu bieten hat.

WOMO-Stellplatz: Tréhorenteuc

WOMO-Zahl: 5 Gebührenfrei
Ausstattung: -
Zufahrt: In Tréhorenteuc auf dem Parkplatz gegenüber der Kirche

Im hinteren Teil der Kirche sind 14 Kreuzwegstationen dargestellt. Das allein wäre nicht erwähnenswert, da dieses Thema in vielen Kirchen zu finden ist. Interessant werden die Bilder dadurch, dass die gesamte Szenerie in den Wald von PAIMPONT verlegt wurde. Ein deutscher Kriegsgefangener namens Karl Rezabeck hat, im Auftrag des damaligen Pfarrers, diese Meisterwerke geschaffen. Der bereits verurteilte Christus trifft sich mit seiner Mutter vor dem CHÂTEAU DE RUE NEUVE in TRÉHORENTEUC. Einer der römischen Soldaten im Hintergrund soll den Maler Rezabeck darstellen. Simon von Kyrene, der Jesus half das Kreuz zu tragen, übernimmt die Bürde im „VAL SANS RETOUR“. Auf dem neunten Bild wird die Wollust durch die Fee Morgane aus der Artus-Sage dargestellt.

Die beiden Glasfenster in der Kirche von Tréhorenteuc

Den Höhepunkt stellen jedoch die beiden Glasfenster am Altar dar. Links sehen wir das Letzte Abendmahl, was für eine Kirche natürlich nicht ungewöhnlich ist. Das rechte Fenster ist ähnlich aufgebaut, zeigt aber König Artus mit seiner Tafelrunde.

Wir wandern jetzt ins „VAL SANS RETOUR", das Tal ohne Wiederkehr. Wenn Sie wollen, können Sie bereits ab der Kirche mit uns zu Fuß gehen. Folgen Sie einfach dem Straßenverlauf weiter. Sie können jedoch auch noch ein paar hundert Meter mit dem Womo auf einen Parkplatz fahren und erst dort die Wanderschuhe anziehen. Am Ortsausgang finden Sie neben einer Rechtskurve einen Parkplatz. Gehen oder fahren Sie noch ein bisschen weiter, dann erreichen Sie einen weiteren Parkplatz, der wie geschaffen dafür ist unsere Wanderung zu beginnen.

WOMO Wandertipp: Der Wald bei Tréhorenteuc

Vom Parkplatz aus wählen wir den Weg, der von der Straße wegführt. Er steigt bald darauf ein wenig an und wir erreichen einen Wald. Wenig später kommen wir an einen See. Gehen Sie dort mit uns nach links um den berühmten Arbre d'Or zu

sehen. Dazu muss erzählt werden, dass vor Jahren ein Orkan über diese Gegend hinwegfegte und ein anschließender Waldbrand einen großen Teil dieses Waldes verwüstete. Zur Erinnerung an den Brand wurde ein Baumstumpf von einem Künstler als Mahnmal mit goldener Farbe angemalt. Wir gehen wieder zurück zum See und biegen dann nach links ab. Ein kleiner Bach begleitet uns von jetzt an und bald haben wir einen zweiten See erreicht, den MIROIR AUX FÉES. Hier packen wir unsere Verpflegung aus und machen Picknick. Meine Frau und die Kinder bleiben hier, während ich noch weiter zum MAISON DE VIVIANE gehen will. Sie brauchen nicht lange zu überlegen, ob Sie dem Weg, der links herum um den See führt folgen sollen oder dem anderen. Die Beiden treffen am Ende des Sees wieder aufeinander.

Bevor Sie jetzt mit mir weiter durch das Tal ohne Wiederkehr gehen, sollten Sie Ihr Gewissen erforschen. Hier wohnt die Fee Morgane und jeder Mann, der seiner Frau jemals untreu war, wird von ihr gefangengehalten. Kommen Sie mit?

An der nächsten großen Weggabelung ist zwar eine schöne Schautafel mit Wanderwegen aufgestellt. Allerdings ist kaum etwas lesbar. Es geht jedoch noch vor der Tafen nach rechts weiter. Das erfahre ich allerdings erst durch Fragen, denn ausgeschildert ist hier nicht etwa „MAISON DE VIVIANE“, sondern „CHÂTEAU DE TRÉCESSON“. Höher und höher führt der Weg hinauf und mit jedem Höhenmeter nehmen die Orkanschäden wieder zu. Endlich taucht auf der Anhöhe ein Hinweisschild zum Haus der Viviane auf. Ich brauche mir keine Sorgen mehr zu machen, vielleicht doch etwas missverstanden zu haben. Es geht jetzt auf einem breiten Wanderweg nach links weiter. Über ein Felsplateau, von dem aus Sie eine schöne Aussicht haben, erreichen Sie die Steine, die das MAISON DE VIVIANE bilden.

Der Weg zurück ist am Anfang recht beschwerlich. Meterhohe Farnwedel haben den schmalen Trampelpfad fast vollständig überwuchert. Wenn Sie jedoch von den Steinen aus immer geradeaus abwärts gehen und sich dann eher nach links orientieren, dürften Sie keine Schwierigkeiten haben, den Weg zurück zum MIROIR AUX FÉES zu finden, zumal immer wieder ein gut zu begehendes Stück des Pfades auftaucht. Es sei denn, Morgane behält Sie hier...

Die Kinder freuen sich ihren Papa wieder zu haben, und auch meine Frau kann ein Schmunzeln nicht unterdrücken. Zurück zum Womo gehen wir wieder auf dem Weg, auf dem wir auch hergekommen sind. Nach gut eineinhalb Stunden stehen wir wieder am Wohnmobil.

Ein kleines Stückchen fahren wir wieder in Richtung NÉANT zurück, aber noch bevor wir TRÉHORENTEUC verlassen, biegen wir nach rechts in die D 141 ein. MAURON steht auf dem Wegweiser, dem wir jetzt folgen. Überraschend taucht ein Hinweisschild zum „Jardin-aux-Moines" auf, von dem wir noch gar nichts gehört haben. Klingt aber nicht schlecht, also biegen wir ab. Nach etwa 100 bis 200 Metern finden wir links der Straße einen Mini-Parkplatz auf dem wir halten. Jetzt beginnen wir zu suchen, da jeglicher weiterer Hinweis fehlt. Daher für Sie jetzt ein paar nützliche Tips um zu dem „Garten der Mönche" zu gelangen: Gehen Sie von der Straßenseite, auf der sich die Parkbucht befindet, in einen Feldweg hinein. Nach 50 Metern biegen Sie rechts in einen weiteren Feldweg ein, dem Sie bis zu dem Megalithdenkmal folgen. Wir stehen hier vor einem Grab, dass nach Ansicht der Wissenschaftler für einen wichtigen Verstorbenen errichtet wurde. Schließlich hat es die beachtliche Größe von 70 x 5 Metern. Der Volksmund weiß es natürlich besser. Die Megalithen, die Sie hier sehen, sind die versteinerten Kumpane des gar grausigen Ritters Gastern de TRÉHORENTEUC, der zu seiner Zeit hauptsächlich durch Alkoholexzesse und Plünderungen bekannt und gefürchtet wurde. Just am Pfingstsonntag wollte er wieder einmal eine seiner üblen Jagden abhalten, als es Gott zuviel wurde und er den ganzen Haufen in Steine verwandelte. Wie immer es gewesen sein mag, Sie müssen jetzt zurück zum Womo und dann wieder zur D 141. Im Weiler LA SAUDRAIE geht unsere Tour an der dortigen Telefonzelle nach rechts weiter. Zum Ver- und Entsorgen ma-

Le Jardin aux Moines

chen Sie allerdings einen Abstecher nach MAURON und fahren daher geradeaus weiter.

WOMO-Stellplatz: Mauron

WOMO-Zahl: 2 - 3 Gebührenfrei

Ausstattung: Ver- und Entsorgung in der Nähe, Telefonzelle

Zufahrt: Zuerst den Schildern nach Mauron folgen. Dort dann immer weiter in Richtung Zentrum fahren. Auf der rechten Seite sehen Sie dann an einer Sraßenkreuzung den Übernachtungsplatz. Zum Ver- und Entsorgen fahren Sie jedoch noch geradeaus weiter. Fast am Ortsende ist, ebenfalls auf der rechten Seite, ein großer LKW-Parkplatz. Dort finden Sie eine großzügige Ver- und Entsorgungsanlage, die auch von Reisebussen genutzt wird.

Wenn Sie jetzt von MAURON wieder zurück kommen müssen Sie natürlich in LA SAUDRAIE (ebenfalls an der Telefonzelle) links abbiegen, ansonsten geht's wie oben beschrieben nach rechts weiter. Wir fahren jetzt in Richtung Concoret. Achten Sie jetzt auf ein Hinweisschild auf die „Chêne à Guillotin". Das ist eine riesige Eiche, zu der Sie nach rechts abbiegen müssen.

WOMO-Picknickplatz: Chêne à Guillotin

WOMO-Zahl: 2 - 3

Gebührenfrei

Ausstattung: Abfalleimer, Tische und Bänke

Zufahrt: Ewa 50 Meter vor der Chêne à Guillotin gelegen. Die Zufahrtsbeschreibung steht im Text. Offizieller Parkplatz zum Besuch der Eiche.

Natürlich gibt es hierzu eine Geschichte zu erzählen. Der Abbé Guillotin (nicht verwandt und nicht verschwägert mit dem gleichnamigen Erfinder einer Tötungsmaschine) versteckte sich während der Revolution im Innern der hohlen Eiche weil er ungeachtet der veränderten Machtverhältnisse seinen Glauben weiter verbreiten wollte. Natürlich wurde er von den revolutionären Massen gesucht. Just als sie in der Eiche nach ihm fahnden wollten, kam dem Priester eine Spinne zu Hilfe und spann in Rekordzeit ein Netz im Eingang des Baumes. Den Verfolgern war natürlich sofort klar, dass hier seit langer Zeit niemand mehr aus- und einging und stellten ihre Suche in dieser Richtung ein. Der Abbé hatte ein bequemes Versteck gefunden - schließlich soll in der Eiche Platz für 10 Personen sein. Heute hat hier niemand mehr Hilfe nötig, allenfalls die Eiche selbst. Mehrere Stützkonstruktionen halten allzu weit ausladende Äste in ihrer Position und der Eingang ist - wohl aus gutem Grund - verschlossen. Imposant ist sie dennoch!

Unsere Fahrt geht weiter durch kleine und kleinste Straßen und Wege. Der nächste Ort durch den wir kommen, wenn wir unsere ursprüngliche Richtung beibehalten, ist COMPER. Er wäre nicht weiter erwähnenswert, wenn wer uns nicht als Wegmarke dienen würde. Nach diesem Ort müssen wir nämlich an der ersten Kreuzung nach rechts abbiegen. Erst nachdem wir in den kleinen Weg eingebogen sind, sehen wir das Hinweisschild zum Grab des Merlin, dem „Tombeau de Merlin". Ein paar Radfahrer, die gerade von dort kommen, erkennen unsere Unsicherheit und winken uns unmissverständlich in die

Das Grab des Merlin

Straße hinein. Wir sind also richtig. Bald darauf sehen wir rechts der Straße schon den dazugehörigen Parkplatz. Das Grab ist leicht auf der anderen Straßenseite zu finden und besteht mehr oder weniger aus einigen Megalithen und Bäumen, die mit einer Unzahl von Wunschzetteln behängt sind. Besonders Spanier scheinen das Grab gerne aufzusuchen. Wenn Sie auf dem Weg weitergehen, kommen Sie noch an den sogenannten Jungbrunnen (Fontaine de Jouvence). Ein Sprung über die Quelle bringt Sie in die Welt der ewigen Jugend. Zumindest ist das eine Deutung. Es kann auch sein, dass es sich um einen Kultort handelte, an dem die Neugeborenen des letzten Jahrganges von einem keltischen Priester in die Glaubensgemeinschaft aufgenommen wurden.

Wenn wir zurück ans Womo kommen, fahren wir auf der Straße weiter und biegen an der nächsten Abzweigung nach rechts ab. So kommen Sie automatisch nach PAIMPONT.

WOMO-Stellplatz: Paimpont

WOMO-Zahl: 3 - 4 Gebührenfrei

Ausstattung: Abfalleimer

Zufahrt: Wenn Sie, dem Tourenverlauf folgend, nach Paimpont kommen, finden Sie am Ortseingang auf der rechten Seite einen Parkplatz, der sich zum Übernachten eignet.

WOMO-Campingplatz-Tipp: Camping Municipal de Paimpont

Öffnungszeiten: 1.5. - 30.9.

Zufahrt: Wenn Sie Paimpot erreichen, biegen Sie scharf rechts in die N 773 ein. Dort können Sie dann der Beschilderung folgen.

Ausstattung: Ver- und Entsorgung, schattig, Spielplatz, 500 m zum See.

Wir parken im Dorfzentrum direkt am See. Ich muss gestehen, dass wir unsere Erwartungen an den Ort zu hoch geschraubt haben. Da das ganze Gebiet nach ihm heißt, habe ich ihn mir größer vorgestellt — und auch interessanter.

Die Hauptsehenswürdigkeit liegt direkt vor uns: das Kloster. In einem Teil des Gebäudes ist heute das Bürgermeisteramt untergebracht. Daneben gibt es noch eine mäßig schöne Abteikirche. Nun denn, dann wollen wir eben einen Spaziergang durch das Örtchen machen. Dabei stellen wir fest, dass es lediglich noch eine Straße gibt, die eine Besichtigung überhaupt lohnt. Unser Besuch fällt daher wesentlich kürzer aus als es eigentlich geplant war.

PLÉLAN-LE-GRAND heißt unser nächstes Ziel. Es ist in PAIMPONT ausgeschildert. Nach 5 Kilometern sind wir bereits angekommen und fahren von hier aus auf die vierspurig ausgebaute N 24 in Richtung RENNES. Wie es dann weitergeht erfahren Sie im nächsten Kapitel.

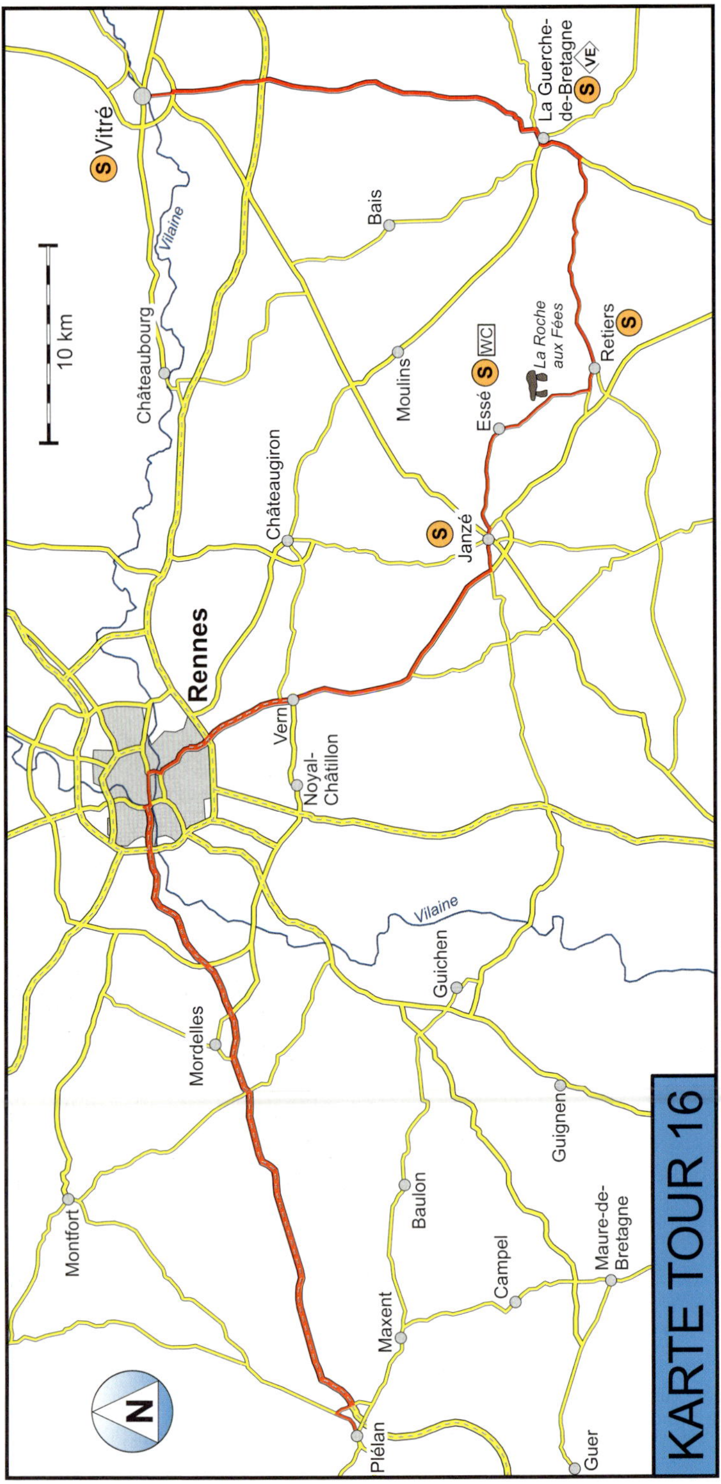

KARTE TOUR 16
10 km
N
Vitré
La Guerche-de-Bretagne
VE
Bais
Vilaine
Châteaubourg
Châteaugiron
Moulins
Essé
WC
La Roche aux Fées
Retiers
Janzé
Rennes
Vern
Noyal-Châtillon
Vilaine
Guichen
Mordelles
Guignen
Montfort
Baulon
Maure-de-Bretagne
Campel
Maxent
Plélan
Guer

TOUR 16 (116 km)

Rennes — La Roche aux Fées — Vitré

Übernachten:	Janzé, Essé, Retiers, La Guerche-de-Bretagne, Vitré
Besichtigen:	Rennes, den Dolmen „La Roche-aux-Fées“, La Guerche-de-Bretagne, die Altstadt von Vitré
Markt:	Plélan (So.), Janzé (Mi.), La Guerche-de-Bretagne (Di.), Vitré (Mo.)

Von PLÉLAN-LE-GRAND aus wollen wir als erstes der Hauptstadt der Bretagne einen Besuch abstatten. Wir fahren dazu auf die N 24, die uns direkt nach RENNES führt.

Dort folgen wir den Schildern zum Stadtzentrum (Centre Nord). Wir erreichen dann das nördliche Ufer der *Vilaine*. Die Parkplatzsituation stellt sich uns so dar, wie wir es von vielen anderen Städten kennen. Versuchen Sie trotzdem in der Nähe

des Flusses zu bleiben, dadurch ersparen Sie sich allzu weite Fußmärsche in die Innenstadt. Dem Horodateur entnehmen wir einen Parkschein für 2 Stunden, das müsste für einen Spaziergang durch die alten Vierteln ausreichend sein. Unser Parkplatz liegt in der Nähe des Palais St-Georges, die Altstadt liegt daher östlich

Palais St-Georges

unseres Standortes. Eine schöne Tour ist im Michelin Reiseführer eingezeichnet. Es macht wenig Sinn Ihnen hier ein Anzahl von Straßen und Gebäuden vorzubeten, wenn ich nicht einmal weiß, wo genau Sie parken. Die Zeichnung im Michelin ist da wesentlich hilfreicher.

Besonders beeindruckend sind für uns die Fachwerkhäuser aus dem 15. und 16. Jahrhundert. Ein einschneidendes Ereignis in der Geschichte der Stadt war ein Brand im Jahre 1720, bei dem große Teile der Altstadt zerstört wurden.

Wir verlassen die Stadt in Richtung ANGERS und fahren dann allerdings in den Ort JANZÉ hinein. Sie sollten dort ins Zentrum fahren und sorgfältig die Wegweiser beachten. Am Kreisel an der Kirche ist unser nächste Ziel, der Dolmen LA ROCHE AUX FÉES, bereits ausgeschildert. An allen folgenden Kreiseln ist dann erhöhte Aufmerksamkeit geboten. Nicht immer sind die Schilder sofort zu erkennen. Wir kommen noch durch ESSÉ. Ab hier gibt es keine Probleme mehr den Dolmen zu finden.

WOMO-Stellplatz: Janzé
WOMO-Zahl: 3 Gebührenfrei
Ausstattung: -
Zufahrt: Hinter der Kirche.

WOMO-Stellplatz: Essé
WOMO-Zahl: 2 - 3 Gebührenfrei
Ausstattung: Toiletten, Abfalleimer, Telefonzelle
Zufahrt: Vor der Kirche links abbiegen und hinter der Kirche parken.

Die Straßen werden jetzt zusehends enger, aber selbst mit einem großen Mobil werden Sie keine Schwierigkeiten haben. Vor dem Dolmen erwartet Sie schließlich ein großer Parkplatz.

Nicht weniger als 42 Steine wurden hier zum Bau des mächtigen Dolmens verwendet. Einige davon sind über 40 Tonnen schwer! Vor allem der Eingang ist für die damalige Zeit eine architektonische Meisterleistung. Im vorderen Bereich des Bauwerks können Sie nur geduckt gehen, weiter nach hinten zu können Sie sich jedoch wieder bis zu einem gewissen Maß

La Roche aux Fées

aufrichten. Nähere Informationen über den Dolmen können Sie in dem Gebäude am Parkplatz einholen. Dort gibt es auch einen Kiosk, in dem Sie Ihren Durst „morgens um 10 in Frankreich“ oder „den kleinen Hunger zwischendurch“ stillen können.

Sind Sie aufnahmefähig für die letzten Zufahrtsbeschreibungen unserer Reise? Es wird auch bestimmt nicht schwer! Folgen

WOMO-Stellplatz: Retiers

WOMO-Zahl: 4 - 5 Gebührenfrei

Ausstattung: Abfalleimer

Zufahrt: An der Gendarmerie vorbei fahren und dann noch vor der Kirche nach rechts abbiegen. Dem Schild Picknickplatz folgen. Auf dem großen Parkplatz können Sie übernachten. Unterlegkeile empfehlenswert.

Sie uns einfach auf der bisherigen Straße weiter bis Sie RETIERS erreichen. Dort setzen Sie den Blinker links und richten sich nach den Wegweisern nach LA GUERCHE-DE-BRETAGNE. Hier

WOMO-Stellplatz: La Guerche-de-Bretagne

WOMO-Zahl: >5 Gebührenfrei

Ausstattung: Ver- und Entsorgung

Zufahrt: Fahren Sie zum Ortszentrum. An der 1. Ampel biegen Sie nach links ab und folgen dann einer Rechtskurve. Rechts von Ihnen liegt jetzt ein großer Parkplatz. Fahren Sie jedoch noch ein Stück weiter, bis Sie einen Platz auf der linken Seite sehen. Dort finden Sie auch die Ver- und Entsorgungsstation. Gerader Platz mit Bäumen, der zentrumsnah liegt.

wollte ich Sie eigentlich nur auf einen erneuten Richtungswechsel aufmerksam machen. Allerdings hat meiner Frau dieser Ort beim Durchfahren schon so gut gefallen, dass ich am Ortsausgang wieder wende und in der Nähe des Zentrums einen Parkplatz suche. Ohne Ihnen jetzt genau einen Hinweis geben zu können was eigentlich besonders schön ist, möchte ich es nicht versäumen Sie auf das Städtchen hinzuweisen. Ich weiß ja, dass Sie mittlerweile zig mittelalterliche Städtchen besucht haben. Aber hatte nicht jedes seinen besonderen Reiz? Sind Sie nicht in einige davon verliebt? Mir geht es jedenfalls so. Und ob Ihnen jetzt CONCARNEAU, QUIMPERLÉ, ST-MALO oder LOCRONAN am besten gefällt, können nur Sie entscheiden.

Wir kommen zum Ende unserer Reise. Wir haben mit einer befestigten Grenzstadt, nämlich FOUGÈRES, unsere Touren begonnen und wollen sie in einer Stadt mit ähnlicher Struktur auch beenden. Das ist VITRÉ. In LA GUERCHE können Sie die Schilder leicht finden, nach 16 Kilometern haben Sie die Stadt schon erreicht.

WOMO-Stellplatz: Vitré

WOMO-Zahl: >5 Gebührenfrei

Ausstattung: -

Zufahrt: In der Nähe des Zentrums werden Ihnen zwei direkt hintereinander liegende Kreisel auffallen. Biegen Sie dort zum Bahnhof ab, und wenden Sie sich davor nach rechts. Auf dem großen Parkplatz durchqueren Sie die Kurzparkzone und können im hinteren Bereich übernachten.

Kommen wir zur Stadt selbst. Ich möchte mit Ihnen zuerst durch die Altstadt schlendern. Wenn Sie dann wollen können wir zusammen noch die Burg besichtigen. Je nach Standort sollten Sie jetzt versuchen in den verkehrsberuhigten Bereich vorzudringen. Früher oder später kommen Sie auf jeden Fall in die Vorzeigestraße „Rue de la Baudrairie", was auf die hier einst ansässige Zunft der Lederarbeiter hinweist. Hier lohnt es sich wirklich jedes einzelne Haus in Augenschein zu nehmen. Aber auch die anderen Gassen in dieser Gegend stehen ihr in nichts nach. Schlendern Sie ruhig noch ein bisschen weiter herum. Vielleicht finden Sie ja auch noch die Reste der Stadtmauer, auf denen Sie ebenfalls spazieren können.

Mittlerweile haben Sie bestimmt auch schon das Château gefunden. Sie finden im Innern außer dem Rathaus

noch schöne kunsthistorisch und architektonisch interessante Überraschungen. Das fängt bei dem dreieckigen Grundriss an und hört bei einem Dreiflügelaltar, Wandteppichen und einer Kapelle im Renaissancestil noch lange nicht auf. Es gibt allerdings auch einen ganz profanen Grund die Burg zu besuchen: Von den Türmen haben Sie eine schöne Übersicht über die Stadt und ihre engen Gassen.

In den letzten mir verbleibenden Zeilen möchte ich mich für Ihre Begleitung bedanken und Ihnen einen guten Heimweg wünschen. Im Kapitel Anreise finden Sie ja eventuell noch ein paar wertvolle Informationen für Ihre Rückreise.

Allgemeine Tipps

Adressen

Eine Anschrift brauchen Sie bereits, bevor Sie Ihre Reise überhaupt angetreten haben. Vom Französischen Fremdenverkehrsamt erhalten Sie viel nützliches Informationsmaterial.

Französisches Verkehrsbüro
Westendstr. 47
60325 Frankfurt/Main
Tel. 0190 / 57 00 25; Fax 0190 / 59 90 61
franceinfo@mdlf.de; www.franceguide.de

Französisches Verkehrsbüro
Keithstr. 4
10787 Berlin
Tel. 030 / 218 20 64
Fax 030 / 214 12 38

in Österreich:

Französisches Fremdenverkehrsamt
Argentinierstr. 41 a
1040 Wien
Tel. 01 / 503 28 90-0
ISDN 01 / 503 26 65
Fax 01 / 503 28 71

und in der Schweiz:

Französisches Verkehrsbüro
Löwenstr. 59
8023 Zürich
Tel. 01 / 211 35 61
Fax 01 / 212 16 44

Wenn Sie in der BRETAGNE größere Probleme haben, wie zum Beispiel einen Unfall, Diebstahl oder auch den Verlust der Dokumente, helfen Ihnen die diplomatischen Vertretungen gern und unbürokratisch weiter. Deutsche Konsulate gibt es in BREST und in NANTES.

Deutsches Honorarkonsulat
9, Square Commandant l'Herminier
29200 Brest
Tel. 02.98.44.35.59

Deutsches Honorarkonsulat
24, rue du Marché Commun
44332 Nantes
Tel. 02.40.49.97.97
Fax 02.40.52.18.90

Österreicher und Schweizer müssen sich direkt an Ihre Botschaften in PARIS wenden.

Österreichische Botschaft
6, rue Fabert
Paris
Tel. 01.45.55.95.66

Schweizerische Botschaft
142, rue de Grenelle
Paris
Tel. 01.45.50.34.46

Ärztliche Hilfe

Ein Thema, an das man nicht gerne denkt. Trotzdem kann es vorkommen, dass Sie oder ein Familienmitglied im Urlaub erkranken oder wegen eines Unfalles ärztliche Hilfe erforderlich ist.

Für diese Fälle besorgen Sie sich vor Reiseantritt bei Ihrer Krankenkasse die „Bescheinigung über den Sachleistungsanspruch während eines Aufenthaltes in einem Mitgliedsstaat der Europäischen Gemeinschaft E 111". Das Ausfüllen dieses Scheines ist nur wenig unkomplizierter als dessen Name. Deshalb bekommen Sie gleich noch ein Merkheft dazu mit.

Als Privatversicherter können Sie die Erstattung Ihrer Auslagen beschleunigen, wenn Sie die Umtauschquittung einer Bank zusammen mit der ausführlichen Arztrechnung bei Ihrer Versicherung einreichen.

Tipps:

» *Beim ADAC können Sie, ebenso wie bei den lokalen Fremdenverkehrsämtern (Office de Tourisme oder Syndicat d'Initiative), eine Liste deutschsprechender Ärzte in Ihrem Urlaubsgebiet anfordern. Wenn Sie der Französischen Sprache nicht mächtig sind, können Sie sich mit den Medizinern oft auch in Englisch verständigen.*

» *Den ADAC-Arzt in München erreichen Sie unter der Telefonnummer 89 22 22 22. Die Vorwahl ist 00 49.*

» *Überlegen Sie sich, ob Sie überhaupt einen Arzt brauchen. Auch die Apotheker können Ihnen in vielen Fällen weiterhelfen. Sie sprechen oft auch Englisch. Der Weg in eine „Pharmacie" ist nach einem Arztbesuch sowieso meist nötig.*

Autohilfsdienste

Ich wünsche Ihnen zwar, dass Sie sich in Ihrem Urlaub nicht über eine Panne ärgern müssen, aber passieren kann ja bekanntlich immer etwas. Sie können das Risiko mindern, wenn Sie vor Ihrer Reise das Auto noch einmal zur Inspektion in die Werkstatt fahren. Nehmen Sie bei dieser Gelegenheit auch gleich die neueste Ausgabe des internationalen Kundendienstverzeichnisses Ihrer Automarke mit.

Und wenn Sie jetzt wirklich irgendwo stehen und das Auto keinen Mucks mehr von sich gibt?

Tipps:

» *Auf den Französischen Autobahnen werden die Pannendienst ebenso gerufen wie bei uns, nämlich über die Notrufsäulen. Ansonsten können Sie sich an die „Police Secours“ wenden, die Sie an jeder Telefonzelle über die Notrufnummer 17 erreichen.*

» *Holen Sie sich vor der Abreise bei Ihrem Automobilclub oder bei Ihrer Versicherung einen (Auslands-) Schutzbrief. Damit werden nicht nur die Kosten für Pannenhilfe bis zu einer gewissen Grenze übernommen, sondern er bietet auch andere Leistungen, wie zum Beispiel Krankenrücktransport, Verzollung bei Totalschaden, Ersatzteilversand und ähnliches. Vom ADAC weiß ich, dass für Fahrzeuge, die bestimmte Maße überschreiten eine kostenlose Zusatzpolice abgeschlossen werden muss. Dabei werden bestimmte Kosten, die aufgrund einer Sonderbehandlung wegen der übergroßen Maße anfallen können, begrenzt oder ausgeschlossen. Erkundigen Sie sich danach!*

Beleuchtung

Hiermit sind nicht die Scheinwerfer Ihres Fahrzeuges gemeint, obwohl die natürlich auch funktionstüchtig sein müssen, sondern alles andere, was noch mit Licht zu tun hat.

Sie haben im Wohnbereich Ihres Fahrzeuges natürlich fest installierte Leuchten, trotzdem sollten Sie zusätzlich eine Taschenlampe mitnehmen. Wenn Sie bei Dunkelheit eine Sicherung auswechseln müssen oder außen am Fahrzeug etwas nachschauen wollen, tut Sie gute Dienste.

Tipps:

» *Wenn Sie 12-Volt-Birnen mit dem Sockel BA 15s (das ist dieser Bajonettsockel) in Ihrem Wohnbereich vorfinden, können Sie diese gegen Halogenbirnen austauschen. Der Vorteil liegt in einer höheren Lichtausbeute bei geringerer Stromaufnahme.*

» *Wenn Sie das „kalte“ Licht nicht stört, können Sie auch auf transistorgesteuerte Leuchtstoffröhren umrüsten. Selbst bei Verwendung der sogenannten Warmtonröhren können sie das gemütlichere Licht einer Glühbirne nicht ersetzen. Im „Arbeitsbereich“, wo es vor allem auf Helligkeit ankommt, haben sie jedoch Vorteile.*

» *Vergessen Sie auf keinen Fall Ihre Taschenlampe, wenn Sie Megalithgräber besichtigen wollen.*

Campingplätze

In fast jedem Küstenort und in vielen Orten im Landesinnern finden Sie Campingplätze in allen Kategorien. Das kann sowohl ein gemeindeeigener „Camping municipal“ als auch ein privater Platz sein. Die Adressen und Ausstattungen entnehmen Sie bitte den einschlägigen Campingführern. Freies Camping ist jedoch — bis auf einige Ausnahmen — in der ganzen BRETAGNE möglich und, besonders außerhalb der Saison, in den touristisch weniger erschlossenen Gebieten im Westen auch nötig. Lesen Sie hierzu auch die Abschnitte „Freies Camping“ und „Stellplätze“.

Einreiseformalitäten

Sie benötigen einen Reisepass oder den Personalausweis, Ihren Führerschein und den Fahrzeugschein. Obwohl in der Regel keine Kontrollen an der Grenze durchgeführt werden, sollten Sie diese Papiere bei sich haben.

Tipps:

» *Die Grüne Versicherungskarte ist zwar nicht vorgeschrieben, Sie sollten sie jedoch mitnehmen. Wenn Sie mit der Polizei zu tun haben, etwa nach einem Unfall, wird der Beamte erfahrungsgemäß zuerst nach der „carte d'assurance verte“ fragen.*

» *Machen Sie von den wichtigen Seiten aller Dokumente Fotokopien und bewahren Sie diese getrennt von den Originalen auf. Falls Ihnen Papiere abhandenkommen, haben Sie damit wenigstens einen Notbehelf.*

Fahrzeug

Das Auto spielt bei Ihrem Urlaub eine der Hauptrollen. Schließlich wollen Sie nicht nur, wie viele andere Touristen auch, damit in Ihr Urlaubsgebiet fahren, sondern auch noch darin wohnen. Deshalb ist es doppelt wichtig, dass Sie sich auf Ihr rollendes Heim verlassen können.

Tipps:

» *Bringen Sie Ihr Womo vor der Fahrt noch einmal zur Inspektion.*

» *Die Zweitbatterie fristet irgendwo in einem Stauraum ein einsames Dasein. Vergessen Sie nicht, auch dort den Füllstand zu überprüfen.*

» *Besorgen Sie sich Reservebirnen, Ersatzsicherungen, einen Keilriemen und — wenn Sie keinen Selbstzünder fahren — Zündkerzen. Natürlich können Sie das alles auch in Frankreich kaufen. Aber was machen Sie Sonntagsmorgens an einem einsamen Strand mit gerissenem Keilriemen?*

» *Denken Sie auch an einen Reservekanister und ein bis zwei Liter Motorenöl.*

» *Ihr Auto hat nicht nur vier oder sechs Reifen, sondern fünf oder sieben. Ein Ersatzreifen ist völlig nutzlos, wenn er nicht einsatzbereit ist. Deshalb auch dort den Luftdruck kontrollieren.*

Freies Camping

Als Wohnmobilneuling oder -mieter werden sie von verschiedenen Veröffentlichungen in Zeitschriften oder von Tabellen der Automobilclubs mehr oder weniger verunsichert Ihre Reise antreten. In diesem Land ist eine Übernachtung außerhalb eines Campingplatzes gestattet, in jenem Land gerade noch toleriert, dort kommt nur ein Campingplatzaufenthalt in Frage, hier muss man lediglich den Grundstückseigentümer fragen. Der Trend — das muss leider gesagt werden — geht dahin, die Wohnmobile auf die Campingplätze zu verbannen. Die Gründe hierfür sind vielfältiger Art:

- Die ständig wachsenden Zulassungszahlen der Womos machen die Präsenz der Fahrzeuge mittlerweile unübersehbar. Wo vor Jahren noch einsam ein Wohnmobil am Strand stand, werden mittlerweile Wagenburgen gebaut und rufen — verständlicherweise — den Unmut der Anwohner hervor. (Lesen Sie hierzu auch das Kapitel „Stellplätze")
- Es darf auch nicht verschwiegen werden, dass das Verhalten der Wohnmobilfahrer mit dazu beigetragen hat, dass Verbote erlassen wurden. Eine sich ständig vergrößernde Pfütze unter einem Fahrzeug, wird auch von einem wohlwollenden Nachbarn naserümpfend kritisiert werden. — Und das mit Recht.

In FRANKREICH werden eine oder mehrere Übernachtungen im Womo außerhalb von Campingplätzen — nach unserer Erfahrung — fast immer toleriert. Hierbei ist jedoch noch etwas anzumerken: In der Hauptsaison werden Sie mit Sicherheit Schwierigkeiten heraufbeschwören, wenn Sie an einem überfüllten Strandparkplatz Ihr Vorzelt oder Sonnensegel aufbauen und tagelang, am Klapptisch sitzend, Parkplätze blockieren, während Mütter und Väter samt Kindern und mittelschwerem Gepäck mit hängender Zunge von weit her an Ihnen vorbeiziehen. Es gehört also schon etwas Fingerspitzengefühl dazu, einen Standplatz zu suchen und zu finden. Wenn Sie längere Zeit mit aufgebautem Vorzelt und mit Tisch und Stühlen im Freien an einem Ort bleiben wollen (man nennt das amtlich „campingähnliches Leben") empfiehlt sich auf jeden Fall der Campingplatz.

Geschichte

Ich will Sie hier keineswegs mit historischen Details und einer endlosen Reihe von Herrschern langweilen, aber da Sie in Ihrem Urlaub auf Schritt und Tritt mit der Geschichte konfrontiert werden, möchte ich Ihnen wenigstens die wichtigsten Fakten aufschreiben. In der BRETAGNE müssen wir weit, weit zurückgehen um auf die ersten Siedlungsspuren zu stoßen. Wir beginnen in der Steinzeit.

4000 - 2000 v. Chr. · Jungsteinzeit

In diesem Zeitabschnitt entstehen auf der armorikanischen Halbinsel die meisten Megalithdenkmäler. Ein Volk, von dem man so gut wie nichts weiß, richtet tonnenschwere Steine auf und baut riesige Grabanlagen.

2000 - 600 v. Chr. · Kupferzeit und Bronzezeit

Jetzt werden die Menhire bearbeitet (Menhir de Champ-Dolent). Grabbeigaben aus Keramik, die in verschiedenen Museen zu bewundern sind, datieren ebenfalls aus dieser Zeit. Beile und Schmuck sind weitere Belege für die Existenz eines geheimnisvollen Volkes.

Um 500 v. Chr. · Eisenzeit

Ab jetzt weiß man, wer sich in der BRETAGNE herumtreibt: Keltische Stämme besiedeln das Gebiet und bringen die Kultur der Eisenzeit nach Armor, wie sie ihre neue Heimat nennen. Der größte Stamm dürften die Veneter sein, die sich in der Gegend von VANNES niederlassen. Zu ihnen gesellen sich die Redonen bei RENNES, die Namneten im Bereich von NANTES, die Curiosoliten um ST-BRIEUC und DINAN, sowie im Nordwesten der Halbinsel die Osismer.

56 v. Chr. · Beginn der Romanisierung

In einer spektakulären Schlacht besiegt Cäsar die Veneter im GOLF VON MORBIHAN und kann dann die ganze BRETAGNE unterwerfen. Aus dem Keltischen Armor wird Armorika.

bis 7. Jahrhundert · Britische Einwanderungen

In mehreren Wellen besiedeln britische Kelten jetzt das Gebiet. Sie selbst werden in ihrer Heimat von den Angeln und den Sachsen, die ENGLAND erobern, vertrieben. Neben ihrer keltischen Sprache bringen Sie auch ihre Kultur und das Christentum mit. Der römische Einfluss verschwindet nach und nach. Im sechsten Jahrhundert kommt es immer wieder zu Konflikten zwischen den britischen (bretonischen) Kelten und den Franken, die nach dem Untergang des Römischen Reiches ein Fränkisches Reich gegründet haben. Um 600 herrscht in der CORNOUAILLE König Gradlon (siehe Kapitel 10 und 11).

799 - 851 · Auf dem Weg zur Unabhängigkeit

799 gelingt Karl dem Großen die Unterwerfung der gesamten BRETAGNE. Jedenfalls sieht es auf den ersten Blick nach erfolgreich geschlagenen Schlachten so aus. Der Widerstandswille der Bretonen bleibt jedoch ungebrochen. Den Anfang einer ganzen Reihe von Aufständen macht König Morvan 818. Er lehnt Tributzahlungen an Kaiser Ludwig I., den Frommen, ab. Um Verständigung bemüht, ernennt der Kaiser den bretonischen Fürsten Nominoë zum Herzog der BRETAGNE. Dieser löst sich 845, mit dem Sieg über Karl dem Kahlen, aus der fränkischen Oberherrschaft. Im Vertrag von ANGERS erkennt Karl der Kahle 851 die weitgehende Selbständigkeit der BRETAGNE gegenüber Nominoës Sohn Erispoë an.

857 - 1488 · Normannen und Engländer

Seit Mitte des 9. Jahrhunderts halten die Normannen durch Überfälle die Bretonen auf Trab. 919 haben schließlich der Herzog und der Adel die Schnauze voll und beschließen, das weitere Geschehen von ENGLAND aus zu beobachten. Noch bevor die Normannen und die fränkischen Könige sich jedoch der nun geschwächten BRETAGNE bemächtigen können, erscheint die Rettung in Gestalt Alan Varveks (frz. Alain Barbe Torte), der aus ENGLAND zurückkehrt. Er besiegt die Normannen, die die BRETAGNE nun endgültig in Frieden lassen. 952 stirbt Alan Varvek und überlässt seinen Nachfolgern ein erstarkendes Land.

Erst in der Mitte des 12. Jahrhunderts fühlt sich der Herzog

Conan IV. durch FRANKREICH bedroht und schwört dem König von ENGLAND, Heinrich II. Plantagenet, die sogenannte Hulde. Durch eine dubiose Hochzeit zwischen Conans Tochter Constance und dem Sohn Heinrichs II. gerät die BRETAGNE in den Herrschaftsbereich ENGLANDS. Heinrichs Sohn Geoffroy II. Plantagenet wird schließlich 1182 - 1186 Herzog der BRETAGNE.

Aus welchem Geschlecht die Herzöge kommen, ist für die BRETAGNE weniger wichtig, als ihre Unabhängigkeit. Deshalb tritt die nächste Krise erst 1341 mit dem Tod des Herzogs Yann III. ein. Der Herrscher stirbt ohne Erben, was sowohl ENGLAND als auch FRANKREICH hellhörig macht. Im darauf folgenden Bretonischen Erbfolgekrieg unterstützt FRANKREICH den Königsneffen Charles de Blois, die Bretonen und Engländer hingegen Jean de Montfort, den Bruder des Verstorbenen. 1365 wird, nach gewonnener Schlacht, schließlich Jean de Montfort als Herzog Yann IV. im Vertrag von GUÉRANDE anerkannt.

Bis in die Mitte des 15. Jahrhunderts erlebt die BRETAGNE eine Blütezeit. Herzog François II. gibt sich zwar alle Mühe, die Unabhängigkeit der BRETAGNE zu erhalten, im Jahre 1488 werden jedoch die Bretonen von den Franzosen vernichtend geschlagen. Dies ist der Anfang vom Ende des Herzogtums BRETAGNE.

16. und 17. Jahrhundert · Der wirtschaftliche Aufschwung

Die Tochter François II., Anne de BRETAGNE, heiratet nach anfänglichem Zögern den französischen König Karl VIII. und nach dessen Tod, laut Ehevertrag, seinen Nachfolger Ludwig XII. Sie kann jedoch die Unabhängigkeit der BRETAGNE verteidigen. Im Jahre 1514 stirbt Anne de Bretagne und Ihre Tochter aus zweiter Ehe, Claude, heiratet François d'Angoulême, den späteren König Franz I. 1532 verzichtet sie auf das Herzogtum BRETAGNE, was das endgültige Aus für deren Unabhängigkeit bedeutet. Im Vertrag von VANNES wird lediglich eine Autonomie auf fiskalischem, juristischem und militärischem Gebiet zugesichert.

Von der Mitte des 16. bis zur Mitte des 17. Jahrhunderts kommen viele bretonische Gemeinden zu Reichtum. Flachsanbau, Leineweberei und Tuchhandel sind die Grundpfeiler der aufblühenden Wirtschaft. In dieser Zeit entstehen auch die „enclos paroissiaux“, die bretonischen Pfarrbezirke (siehe auch Kapitel „Kirchen und Kalvarienberge).

Den Wirren der Religionskriege, die seit 1589 das Land erschüttern, setzt Heinrich IV. mit dem Edikt von NANTES 1598 ein Ende. Den Hugenotten wird darin unter anderem Gewissensfreiheit zugesichert.

1675-1789 · Der wirtschaftliche Niedergang

Erste Unruhen breiten sich in der Bevölkerung aus. Die Bauern protestieren gegen neue Steuern, während man in RENNES gegen das von Colbert eingeführte „Stempelpapier“ Sturm läuft. Darin werden die wenigen noch verbliebenen autonomen Rechte weiter beschnitten. Im Jahr 1685 begeht Ludwig XIV. den Fehler, das Edikt von NANTES aufzuheben. Viele Hugenotten geben daraufhin ihre

Betriebe auf und verlassen die BRETAGNE. Der einst so erfolgreiche Tuchhandel kommt zum Erliegen.

Seit den zwanziger Jahren des 18. Jahrhunderts kommt es immer wieder zu Versuchen die Macht des Königs zu beschneiden: Vorboten der Französischen Revolution.

1789 - 1815 · Revolution und Rebellion

Die Begeisterung für die Revolution ist in der BRETAGNE zunächst sehr groß. Erhofft man sich doch eine Stärkung des Regionalismus und mancher träumt gar wieder von einer unabhängigen BRETAGNE. Doch das Gegenteil tritt ein: Die 1532 im Vertrag von VANNES gemachten Zusagen werden aufgehoben und die BRETAGNE in fünf Départements aufgeteilt, die bis heute Bestand haben.

Enttäuscht schlagen sich viele Bretonen auf die Seite der Königstreuen und unterstützen die sogenannte Chouannerie, eine bewaffnete Gemeinschaft, die, aus ihrem Exil in ENGLAND kommend, 1795 auf der Halbinsel QUIBERON landet und gegen die Republikaner kämpfen will. Durch Verrat misslingt dieses Vorhaben jedoch und alle Aufständischen werden, wie das damals üblich war, hingerichtet. Bis 1815 dauert es noch, bis auch die letzten bewaffneten Aufstände niedergeschlagen sind.

20. Jahrhundert · Die Bretagne von heute

Nachdem es im 19. Jahrhundert sehr still um die BRETAGNE wird, formieren sich zu Anfang dieses Jahrhunderts verschiedene nationale Parteien. Das politische Spektrum reicht dabei von gemäßigten Gruppierungen bis zum Geheimbund Gwenn ha Du, der in den dreißiger Jahren mit Anschlägen auf Eisenbahnlinien und Präfekturen auf sich aufmerksam macht.

Während des Zweiten Weltkrieges wird die Idee eines bretonischen Nationalstaates von der Deutschen Besatzungsmacht unterstützt, was dazu führt, dass nach der Befreiung viele Bretonen im Verdacht der Kollaboration mit den Deutschen stehen.

Bis zum heutigen Zeitpunkt gibt es in der BRETAGNE Autonomiebestrebungen auf allen politischen Ebenen. Spektakuläre Aktionen, wie die Attentate der „Bretonischen Befreiungsfront“ Ende der 60er Jahre, gehören jedoch zu den Ausnahmen.

Haustiere

Waldi und Muschi dürfen natürlich auch mit in die BRETAGNE. Ihre Vierbeiner müssen allerdings vorher beim Tierarzt vorstellig werden. Der stellt ihnen dann eine Tollwutimpfbescheinigung aus. Die letzte Impfung muss mindestens einen Monat zurückliegen, darf aber nicht älter als 12 Monate sein. Wenn Sie Ihren Hund regelmäßig impfen lassen, haben Sie diese Bescheinigung ja sowieso und brauchen nichts weiter zu unternehmen.

An vielen Stränden herrscht Hundeverbot, was von den Franzosen jedoch häufig ignoriert wird.

Kartenmaterial

Für die Anreise und zur Groborientierung leistet eine Übersichtskarte von FRANKREICH im Maßstab 1:1 Mio oder 1:800 000 gute Dienste. Zur Erkundung der BRETAGNE sind jedoch die Michelin-Karten im Maßstab 1:200 000 unentbehrlich. Sie brauchen entweder die Doppelkarte 230 (BRETAGNE) oder die Karten 58 (BREST - QUIMPER), 59 (ST-BRIEUC - RENNES) und 63 (VANNES - LA BAULE - ANGERS).

Tipps:

» *Kaufen Sie die Karten in Frankreich, sie sind dort an vielen Tankstellen und in Papierwarengeschäften erhältlich und wesentlich billiger als bei uns.*

Kinder

Für Kinder ist ein Urlaub mit dem Wohnmobil ideal. Die Umgebung ist vertraut, Mama und Papa sind stets in der Nähe und es ist genügend Platz im Auto, um die Lieblingsspielsachen unterzubringen. Während der Fahrt, können die Kleinen malen, puzzeln — oder auch schlafen. Ganz wie es beliebt. Wenn die Kinder mal „müssen" (immer ganz dringend!), brauchen Mami oder Papi nicht erst lange nach einer Toilette zu suchen. Das Klo ist in den meisten Fällen an Bord und kann auch mitten in der Stadt bei einem kurzen Halt am Straßenrand benutzt werden.

Natürlich verläuft ein Urlaub mit Kindern anders als ohne. Das fängt schon bei der Anreise an: Nehmen Sie sich keine zu großen Etappen vor, oder fahren Sie lange Strecken, wenn die Kinder bereits schlafen. Ein relativ sicherer Platz hierfür ist das Alkovenbett über dem Fahrerhaus. Betten im hinteren Fahrzeugbereich sind während der Fahrt gefährlich, wenn kein Gitter oder Netz verhindert, dass die Kleinen bei einem Aufprall weit nach vorne geschleudert werden.

Tipps:

» *Sorgen Sie für ausreichendes Beschäftigungsmaterial für die Fahrt. Je nach Alter Ihrer Kinder sind das Schmusetiere, Malutensilien, Cassetten, Spiele, Puzzles oder Bücher.*

» *Vergessen Sie auch nicht die Sandspielsachen!*

» *Denken Sie an die empfindliche Haut Ihrer Lieben. Sonnenhut und T-Shirt dürfen nicht fehlen. Wichtig ist auch, dass die Kleinen nach jedem Aufenthalt im Wasser erneut mit Sonnencreme eingerieben werden.*

» *Suchen Sie vor dem Urlaub noch einmal Ihren Kinderarzt auf und sagen Sie ihm, wo Sie wie lange hinfahren. Er stellt Ihnen dann gern eine Liste mit Medikamenten für den Notfall zusammen.*

» *Sind Ihre Lieblinge noch klein dürfen Sie auf keinen Fall eine Rückentrage oder einen Buggy vergessen.*

» *Lesen Sie unter dem Stichwort „Packliste", was Sie sonst noch brauchen.*

Kirchen und Kalvarienberge

Die Pfarrbezirke und Calvaires sind neben den Megalithen die eindrucksvollsten Sehenswürdigkeiten der BRETAGNE. Sie sind Ausdruck einer tiefen Religiosität dieses Volkes von Fischern und Seefahrern. Über Jahrhunderte hinweg mussten immer wieder Männer auf dem Meer ihr Leben lassen. Nicht umsonst ist der Tod (bretonisch „ankou") Mittelpunkt zahlreicher Legenden und als Sensenmann an vielen Beinhäusern und Kirchenportalen verewigt. Auch die große Anzahl der bretonischen Heiligen, man zählt 7777 (die bei weitem nicht alle von der Kirche anerkannt sind), manifestiert den Wunsch, sich bei Schicksalsschlägen einem kompetenten Helfer anvertrauen zu können. St-Miliau zum Beispiel wurde von seinem Bruder der Kopf abgeschlagen, er lief jedoch mit dem Kopf unter dem Arm weiter und hilft heute als Heiliger gegen Kopf- und insbesondere Halsschmerzen. Dass die Bretonen jedoch auch weniger dramatischen Dingen zugänglich sind, beweist St-Languis, der weltweit einzige Heilige gegen die Langeweile. Schließlich sind die Heiligen auch nur Menschen und deshalb können ihnen Fehler unterlaufen. Passiert einem Heiligen solch ein Missgeschick, so kann der unzufriedene Bretone durchaus in der Lage sein, seinem Zorn dadurch Ausdruck zu verleihen, dass die betreffende Statue mit eiskaltem Wasser überschüttet wird. Oder er dreht sie mit dem Gesicht zur Wand, damit der Heilige in sich gehen möge und seine Sache das nächste Mal besser macht. Bis ins letzte Jahrhundert hinein war dies durchaus noch üblich.

Der bretonische Pfarrbezirk (enclos paroissial) besteht aus einzelnen Elementen, die Sie überall erkennen können:

1. Die Mauer. Sie stellt die sichtbare und auch symbolische Trennungslinie zwischen dem Reich der Lebenden und dem Reich der Toten dar. In vielen Orten finden Sie innen und außen an der Mauer ein paar Steinstufen, mittels derer Sie die Mauer übersteigen können. Durch den großen Schritt, den Sie dabei machen müssen, wird Ihnen der Unterschied zwischen „drinnen" und „draußen" deutlich bewusst.
2. Die Triumphpforte. Ursprünglich war der Eintritt in den Pfarrbezirk durch dieses Tor nur den Toten vorbehalten. Ihr Triumph bestand darin, von der ewigen Verdammnis erlöst zu sein und durch den Einzug durch die Pforte, nach christlichem Glauben, zur Unsterblichkeit zu gelangen.
3. Der Calvaire. Dieser mächtige Steinblock steht oft im Zentrum des Pfarrbezirks. Die bretonischen Calvaires sind fast alle nach einem bestimmten Schema aufgebaut: Die Geschichte Christi, beginnend mit der Verkündigung Mariä bis zur Kreuzigung wird in bäuerlich-derben Bildern erzählt. Das Interessante an den ganzen Darstellungen sind die Details, aus denen die Begeisterung der Bildhauer für ihre Arbeit spricht, die aus einer bodenständigen Frömmigkeit entstand. Auch verschiedentlich auftretende Anachronismen stören da nicht: So trägt einer der Hl. Drei Könige in TRONOËN einen Wams aus der Zeit Karls VII, ein anderer trägt in PLOUGASTEL ein Kreuz an seiner Brust.

Sollten Sie nicht ganz bibelfest sein, können Sie sich das Büchlein „Große Kalvarienberge der BRETAGNE“ von Victor-Henry Debibour zulegen, das Sie in Buchhandlungen und Andenkenläden auf Deutsch erhalten können. Hierin finden Sie, neben einer allgemeinen Einführung, Erläuterungen zu den Bildern der zehn größten Calvaires. Ich habe bereits erwähnt, dass die größten Calvaires zu einer Zeit des wirtschaftlichen Blüte entstanden. Zugleich war das aber auch der Beginn der Gegenreformation. Die katholische Kirche wollte den Gläubigen den „wahren“ christlichen Weg zeigen.

4. Das Beinhaus (frz. Ossuaire). Durch die Abgrenzung des Pfarrbezirks mit einer Mauer wurde der Platz für die Gräber schon bald knapp. Deshalb wurden die Toten nach einer gewissen Zeit wieder ausgegraben und deren Knochen in das Beinhaus gebracht. Die erwachsende Konkurrenz der Nachbargemeinden trug dazu bei, dass auf die Ausgestaltung der Beinhäuser immer mehr Wert gelegt wurde. Die Interpretation der Überführung der Knochen ins Ossuaire als erster Schritt zur Auferstehung, tat ein Übriges um aus den Beinhäusern wahre Kunstwerke werden zu lassen.
5. Der Friedhof. Hier sollten die Toten ihre letzte Ruhe finden. Sie wissen bereits, warum das nicht so ist.
6. Die Kirche. Die bretonischen Gotteshäuser haben fast alle ein sehenswertes Inneres. Kunstvoll geschnitzte Kanzeln, Altäre und Taufbecken beeindrucken uns immer wieder aufs Neue. Bei vielen Kirchen finden Sie eine Vorhalle, die an den Wänden von den Figuren der Apostel geschmückt wird. Darunter stehen oft Steinbänke, auf denen früher die Honoratioren der Gemeinde sich mit dem Pfarrer besprachen. Ein weiteres Merkmal der bretonischen Kirchen ist die Vermischung von christlichen mit profanen — ja sogar heidnischen — Elementen. In der Kirche von TRÉHORENTEUC finden Sie links und rechts des Altars zwei wunderschöne Glasfenster. Während auf dem einen das Letzte Abendmahl dargestellt ist, zeigt das andere König Artus und seine Tafelrunde. An der Kirche von LA MARTYRE finden Sie über der Eingangstür eine bretonische Inschrift, in der von „ifern ien“, der kalten Hölle, die Rede ist. Diese aus der keltischen Mythologie stammende Vorstellung des Totenreiches, in der die Toten ständig frieren ist für die Bretonen durchaus logisch, denn der Winter mit seinen Stürmen war wohl die unangenehmste Jahreszeit, hat jedoch mit der Hölle nach christlichem Vorbild absolut nicht gemeinsam.

Etwas hätte ich fast vergessen: Außerhalb der Saison sind einige Kirchen nur während des Gottesdienstes geöffnet. Meist hängt dann ein Zettel an der Tür, auf dem steht, wo Sie den Schlüssel bekommen können. Scheuen Sie sich nicht, danach zu fragen. Auch wenn Ihre Französischkenntnisse gering sind, wissen die Schlüsselgewaltigen worum es geht, wenn ein Tourist bei ihnen anklopft. Ich kann mich sehr gut an meinen ersten Besuch in KERMARIA-AN-ISQUIT, irgendwann im Herbst, erinnern. Die ältere

Frau, die mir das Portal aufschloss, gab sich sehr viel Mühe. Es machte ihr Spaß, mich auf Kleinigkeiten hinzuweisen, die bei oberflächlicher Betrachtung verborgen geblieben wären. Verstand ich etwas nicht, suchte sie nach anderen Worten oder erklärte mit Gesten, was sie meinte. Die selbe Frau sah ich ein paar Jahre später, im Sommer, in der Kirche müde neben einem Tisch mit Ansichtskarten stehen und erschöpft die Figuren des Totentanzes erläutern. Zum wievielten Mal schon für diesen Tag?

Kleidung

Da die BRETAGNE weder im Tiefen Süden noch im Hohen Norden liegt, packen Sie am Besten das ein, was Sie auch zu Hause anziehen würden. Da der Wind jedoch wesentlich stärker blasen kann, packen Sie noch einen oder zwei Pullover mehr ein. Und weil der Wind auch mal Regenwolken mitbringt, sollten Sie auch dafür gerüstet sein.

Kühlschrank

In den meisten Womos sind Electrolux-Absorberkühlschränke eingebaut. Da die Geräte ohne bewegliche Teile auskommen, stellt sich so gut wie kein Verschleiß ein. Die Geräte können wahlweise mit 12 Volt, 230 Volt oder Gas betrieben werden, wobei der Betrieb über die Batterie möglichst nur während der Fahrt gewählt werden sollte.

Tipps:

» *Wenn Sie noch ein älteres Modell besitzen, ist es wichtig, vollkommen waagrecht zu stehen. Überprüfen können Sie das mit einem Glas Wasser, das Sie auf den Tisch stellen, denn jedes Grad Neigung verschlechtert die Kühlleistung.*

» *Die sogenannten lageunabhängigen Geräte vertragen eine Neigung von 15 %. Sie werden Ihr Fahrzeug jedoch sicher nicht in dieser Schräglage parken, denn dann wird's für Sie auch ungemütlich.*

» *Bei Gasbetrieb brennt ein kleines Flämmchen auf der Kühlschrankrückseite. Zur Überwachung der Flamme haben sich die Electrolux-Techniker ein kleines Fensterchen in der hintersten Kühlschrankecke einfallen lassen. Abgesehen davon, dass die Flamme nur bei Dunkelheit gut sichtbar ist, muss vorher auch noch das untere Kühlschrankfach umgeräumt werden, damit die Sicht auf das Fenster nicht durch die Butter und den Käse versperrt wird. Nachdem Sie ein paar Mal, auf dem Boden liegend, vergeblich die Flamme gesucht haben, werden Sie, wie wir, auch dazu übergehen, von außen am Kiemenblech zu horchen, ob Sie das Zischen der Flamme noch hören. Glücklicherweise haben die neueren Kühlschränke eine elektrische Zündung, die beim Verlöschen der Flamme sofort automatisch nachzündet.*

» *Jetzt verrate ich Ihnen noch, was Sie machen können, um die bestmögliche Kühlleistung zu erreichen.*

· Ganz wichtig ist eine gute Belüftung des Aggregates. Haben Sie zwei ausreichend große Kiemenlüfter (für Zu- und Abluft) in der Außenwand montiert?
· Auch der beste Kühlschrank kann nicht gut kühlen, wenn er gleichzeitig der direkten Sonneneinstrahlung ausgesetzt ist. Stellen Sie sich möglichst so, dass die „Kühlschrankseite" Ihres Womos nach Norden zeigt.
· Benutzen Sie so oft wie möglich die Betriebsart „Gas"! Im 12-Volt-Betrieb ist im Nu Ihre Zweitbatterie entladen. Dann brauchen Sie sich natürlich nicht zu wundern, wenn Ihnen die Butter morgens entgegengelaufen kommt.

Lebensmittel

Zwei Tage sind wir in der Regel unterwegs, bis wir in der BRETAGNE ankommen und ich muss gestehen, dass wir auch zu denen gehören, die am Wochenende losfahren. Wir müssen also von zu Hause soviel Verpflegung mitnehmen, dass wir bis Montag nicht verhungern. Natürlich ist das übertrieben, denn es gibt ja noch die Restaurants. Aber das ist ein anderes Kapitel (siehe Restaurants). Wir decken uns jedenfalls für die ersten Tage mit schnell und einfach zuzubereitenden Gerichten ein.

Tipps:

» *Kommen Sie ja nicht auf die Idee, etwas das mit Fisch zu tun hat, mit in die BRETAGNE zu nehmen! Die Auslagen in den bretonischen Fischgeschäften (sogar die Fischtheken in Supermärkten) sind ein Augenschmaus und strotzen vor Frische.*

» *Das Angebot an Fleisch ist in etwa mit unserem zu vergleichen. Lamm- und Hammelfleisch wird allerdings wesentlich häufiger angeboten, als in Deutschland und hat auch einen anderen Geschmack. Die Schafe weiden oft auf den sogenannten Salzwiesen in Küstennähe, was ihr Fleisch besonders würzig macht.*

» *Mit den bretonischen Würsten konnte ich mich bisher nicht anfreunden und unterlasse daher jede Stellungnahme. Lassen Sie sich überraschen!*

» *Beim Käse ist es genau umgekehrt: Ich habe noch keinen gefunden, der mir nicht schmeckt. Schwelgen Sie in der riesigen Auswahl und probieren Sie sich langsam durch. Am Ende Ihres Urlaubs haben Sie bestimmt einige Lieblingssorten. Merken Sie sich die Namen für den nächsten Urlaub. Sie kommen doch wieder!?*

» *Baguettes gehören mittlerweile zum Standard in deutschen Bäckereien. Daraus dürfen Sie jedoch nicht den Umkehrschluss herleiten, in Frankreich könnten Sie in jeder Bäckerei dunkles Brot erhalten. Sie bekommen es — müssen aber suchen. Im Übrigen bieten die Theken der Bäckereien eine Vielzahl von Teilchen und Kuchen an, die Sie einfach probieren müssen.*

Literatur

Ein Buch, das Sie bei Ihrem Womo-Urlaub in der BRETAGNE brauchen, haben Sie bereits vor sich liegen. Natürlich kann ich nicht auf alle Interessengebiete eingehen und möchte Ihnen im Folgenden noch zu einigen Büchern raten, die wir auf unseren Reisen in die BRETAGNE immer wieder gern mitnehmen.

Ein „Muss“ für jeden, der sich näher über die Megalithen, Calvaires und Kirchen informieren möchte:

Frank und Almut Rother — Die Bretagne, DuMont Kunst-Reiseführer, DuMont Buchverlag, Köln

Danach kommt auf meiner persönlichen „Bestenliste“:

Jochen Grashäuser, Walter Schäffer — Bretagne, Reisehandbuch, Michael Müller Verlag, Erlangen

Sehr schön geschrieben und unterhaltsam zu lesen:

Hermann Schreiber — Die Bretagne, Keltenland am Atlantik, Süddeutscher Verlag, München

Für Literatur- und Kunstfreunde:

Ludwig Harig — Gauguins Bretagne, ein Tagebuch, Ellert & Richter Verlag

Jetzt endlich in Deutsch erschienen:

O.-L. Aubert — Keltische Legenden aus der Bretagne, Édition Coop Breizh, F-29540 Spézet

Die nächsten drei Bände sind in FRANKREICH an vielen Kiosken und in den meisten Zeitschriftenläden auf Deutsch erhältlich:

Victor-Henry Debibour — Große Kalvarienberge der Bretagne, Kunstverlag Jos le Doare, F-29150 Châteaulin

P. R. Giot — Menhire und Dolmen, Megalithdenkmäler in der Bretagne, Kunstverlag Jos le Doare, F-29150 Châteaulin

Jacques Briard — Die Megalithen der Bretagne, Éditions Jean-Paul Gisserot

Eine sehr gute Einführung in die Keltische Mythologie ist diese Nacherzählung der Artus-Sage :

Marion Zimmer Bradley — Die Nebel von Avalon, S. Fischer Verlag, Frankfurt

Wenn wir schon bei der Mythologie sind:

Franjo Terhart — Magisch Reisen Bretagne, Goldmann Verlag, München

Damit Sie auch alles verstehen:

Langenscheidts Universal-Sprachführer Französisch, Langenscheidt, Berlin und München

Leider bisher nur in französischer Sprache erhältlich:

Maud Ovazza — La forêt de Brocéliande, Éditions ouest-france, F-35000 Rennes

Total unnötig, aber für den, der Spaß an fremden Sprachen hat recht interessant:

Beatris Jouin — Premier vocabulaire breton, Éditions ouest-france, F-35000 Rennes

Beatris Jouin — Petite grammaire du breton, Éditions ouest-france, F-35000 Rennes

Und nicht zu vergessen:

Die Asterix- und Obelix-Comics aus dem Delta Verlag, Stuttgart oder die französische Ausgabe der Dargaud Éditeurs S.A.

Medikamente

Arzneimittel, die Sie regelmäßig einnehmen müssen, brauchen Sie natürlich auch im Urlaub. Lassen Sie sich von Ihrem Arzt die nötige Menge verschreiben. Die folgenden Tipps verstehen Sie bitte nur als Anregung, Sie sollen schließlich keine komplette Apotheke mit sich führen.

Tipps:

» *Ihr „Arztkoffer", den sie sowie an Bord haben, ist der Erste-Hilfe-Koffer. Gehen Sie damit zu einer Apotheke und lassen Sie den Inhalt überprüfen. Verschiedene Teile sind nur begrenzt haltbar. Nebenbei wird eventuell verbrauchtes Material wieder aufgefüllt.*

» *Am häufigsten reagieren die Verdauungsorgane auf die geänderten Ess- und Lebensgewohnheiten im Urlaub. Gegen Durchfall helfen, ganz unproblematisch, Kohletabletten. Was Sie bei Verstopfung brauchen, kann Ihnen Ihr Apotheker sagen, wenn Sie sowieso schon mal dort sind.*

» *Wenn Sie mit Kindern unterwegs sind lesen Sie im Kapitel „Kinder" nach, was Sie brauchen.*

» *Denken Sie auch daran, dass jemand reisekrank werden könnte. Nicht jedem PKW-Mitfahrer bekommt das Fahrgefühl im Wohnmobil.*

» *Zum Schluss noch 3 Mittel, die Sie immer dabeihaben sollten:*
1. Zedan oder ein ähnliches Mittel auf Zedernöl-Basis gegen Mückenstiche
2. Einen Insektenstift „zur Beseitigung des Juckreizes nach Insektenstichen", wenn 1. versagt hat.
3. Sonnenöl

Packliste

Eine Kopiervorlage der Packliste zum Abhaken finden Sie auf Seite 231.

Radfahren

Ihre Fahrräder sollten Sie ruhig mitbringen, wenn Sie die BRETAGNE besuchen. Bei einer Geschwindigkeit von 20 km/h können sie nämlich viel mehr entdecken, als wenn Sie mit dem Womo durch die Landschaft fahren.

Besonders reizvolle Touren können Sie dabei auf der Halbinsel QUIBERON machen, wenn Sie sich nicht gerade ein Wochenende in der Hauptsaison aussuchen. Steigungen brauchen Sie dabei nicht zu fürchten, aber der Wind kann Ihnen schon Schwierigkeiten bereiten. Viel gemütlicher können Sie die in Tour 13 beschriebene Rundfahrt in LOCMARIAQUER bewältigen. Auch die Fahrt durch die Salinen um GUÉRANDE gehört zu den leichteren Übungen. Für nächstes Jahr habe ich mir allerdings vorgenommen, mein Womo in ST-THÉGONNEC zu parken und dann zu den umliegenden Calvaires zu radeln. Vielleicht kommen Sie meinem Plan ja zuvor?

Tipps:

» *Falls Ihr Womo nicht mit einem Fahrradträger ausgerüstet ist, achten Sie bei einem Kauf vor allem auf die Abstandshalter, die dafür sorgen, dass die Räder im oberen Bereich auseinander gehalten werden. Da ich selbst in der Zubehörbranche tätig bin, wurde ich schon mit den aberwitzigsten Konstruktionen konfrontiert. Jedes Rad sollte am Grundträger befestigt sein. Ein Abstandshalter von Fahrrad zu Fahrrad bringt außer einer Menge Scheuerstellen recht wenig.*

» *Wenn Sie bereits einen Heckträger montiert haben und Sie sich ebenfalls über die unzureichenden oberen Befestigungen ärgern, möchte ich Ihnen empfehlen, auf die Abstandshalter der im Handel befindlichen Alu-Träger-Systeme auszuweichen. Da die Alu-Rohre jedoch wesentlich dicker sind als die üblichen kunststoffbeschichteten Stahlrohre, müssen Sie einen kleinen Trick anwenden: Besorgen Sie sich im Baumarkt Isolation für Heizungsrohre. Dazu messen Sie den Durchmesser Ihres Grundträgers und kaufen die Isolation in der entsprechenden Stärke. Auf das so ummantelte Rohr können Sie dann Ihren Abstandshalter anschrauben. Das hat sogar noch den Vorteil, dass Scheuerstellen weitgehend vermieden werden.*

Reisezeit / Klima

Als wir vor Jahren in unserem Bekanntenkreis unsere Vorliebe für die BRETAGNE zur Sprache brachten, sahen wir unsere Gegenüber oft im Geiste den Mantelkragen hochschlagen und sich vor Kälte die Hände reiben. In der Tat steht die BRETAGNE in dem Ruf ein rauhes Land mit ebensolchem Klima zu sein. Gewiss — eine Sonnengarantie wie in den einschlägigen Urlaubsorten im Süden FRANKREICHS können Sie sich nicht erhoffen, und die sehr schöne „Côte des Abers“ konnten wir erst beim dritten Anlauf ohne Regen genießen. Aber es erwartet Sie trotz allem in der BRETAGNE ein sehr mildes Klima. In der Schule haben Sie gelernt, dass der Golfstrom das Klima in diesem Gebiet beeinflusst. Wie sich dieser

Einfluss auswirkt erfahren Sie ganz massiv im Herbst, Winter und Frühjahr. Wir sind schon an Weihnachten bei knietief liegendem Schnee weggefahren und haben uns zwei Tage später in der BRETAGNE am blühenden Stechginster erfreut. Ende Oktober waren abendliche Stadtbesichtigungen mit offener Jacke möglich und an Ostern sahen wir schon sonnenhungrige Franzosen am Strand liegen.

Im Sommer ist das Klima mit dem südwestdeutschen vergleichbar, wenn auch der Wind etwas stärker wehen kann. In den übrigen Jahreszeiten ist es deutlich wärmer als bei uns.

Restaurants

FRANKREICH und Restaurants gehören einfach zusammen. Haute cuisine, Nouvelle cuisine, alles das sind französische Ausdrücke. — Aber Sie sind ja in der BRETAGNE. Hier wird meist konventionell gekocht. Das heißt jedoch nicht, dass Sie hier nicht gut essen können. Die bretonische Küche lebt vor allem von der Frische ihrer Zutaten, weniger von der Experimentierfreudigkeit der Köche.

Die BRETAGNE ist im Norden, Westen und Süden vom Meer umgeben. Deshalb ist es nicht verwunderlich, dass Meeresprodukte den größten Teil der Speisekarte einnehmen. Ich selbst bin zu wenig Feinschmecker um Ihnen dieses oder jenes Restaurant zu empfehlen. Verlassen Sie sich da ruhig auf den „Guide Michelin“, den Sie sowohl in DEUTSCHLAND als auch in FRANKREICH erwerben können.

Für eine kurze Mahlzeit können Sie eine der vielen Crêperien aufsuchen. Sie können dort eine große Anzahl dieser berühmten dünnen Pfannkuchen probieren.

Wenn Sie schließlich ein Restaurant gefunden haben, müssen Sie auch die Speisekarte lesen können. Die wichtigsten Ausdrücke habe ich hier für Sie zusammengestellt:

Fische

Anchois .... Sardelle
Anguille .... Aal
Cabillaud .... Kabeljau
Carpe .... Karpfen
Congre .... Meeraal
Dorade .... Brassen
Equille .... Sandaal
Hareng .... Hering
Lieu noir .... Seelachs
Lotte de mer .... Seeteufel
Loup de mer .... Seebarsch
Maquereau .... Makrele
Merlan .... Wittling, Merlan
Merlu .... Seehecht
Plie .... Scholle
Raie .... Rochen
Saumon .... Lachs
Sole .... Seezunge
Thon .... Thunfisch

Truite .... Forelle
Turbot .... Steinbutt

Sonstige Meerestiere

Araignée .... Seespinne
Bouquet .... Seekrebs
Coque .... Herzmuschel
Coquille St-Jacques .... Jakobsmuschel
Crabe .... Krabbe
Crevette .... Garnelen
Écrevisse .... Flusskrebs
Grenouille .... Frosch
Homard .... Hummer
Huîtres .... Austern
Langouste .... Languste
Moules .... Miesmuscheln
Poulpe .... Krake
Praire .... Venusmuschel
Seiche .... Tintenfisch
Tourteau .... Taschenkrebs

Fleisch

Agneau .... Lamm
Bifteck .... Beefsteak
Boeuf .... Rind
Cervelle .... Hirn
Côtelette .... Kotelett
Escalope .... Schnitzel
Foie .... Leber
Langue .... Zunge
Lapin .... Kaninchen
Lièvre .... Hase
Mouton .... Hammel
Porc .... Schwein
Sanglier .... Wildschwein
Saucisses .... Würstchen
Veau .... Kalb

Geflügel

Canard .... Ente
Dinde .... Pute
Faisan .... Fasan
Oie .... Gans
Poule .... Huhn

Getränke

Cidre .... Apfelwein
Bière .... Bier
Eau minérale .... Mineralwasser
Vin .... Wein
- blanc .... Weißwein
- de table .... Tischwein
- du pays .... Landwein
- rouge .... Rotwein

Sprache

Rechnen Sie nicht damit, dass Sie sich in der BRETAGNE auf Deutsch verständigen können. Wenigstens ein paar Brocken Französisch sollten Sie sich aneignen. Wenn Sie Bruchstücke Ihres Schulfranzösisch in Ihren heutigen Alltag hinüberretten konnten, gebrauchen Sie es! Ihr Gesprächspartner wird bemüht sein, sich Ihnen verständlich zu machen.

Die wichtigsten Redewendungen habe ich Ihnen hier zusammengestellt:

Ja/Nein .... Oui/Non
Guten Tag .... Bonjour
Guten Abend .... Bonsoir
Auf Wiedersehen .... Au revoir
Bitte .... S'il vous plaît
Danke .... Merci
Verzeihung .... Pardon
Sprechen Sie...
Deutsch? .... Parlez-vous allemand?
Englisch? .... Parlez-vous anglais?
Was kostet das? .... Ça fait combien?
Können Sie das aufschreiben? .... Voudriez-vous l'écrire?

Da die Franzosen sehr höfliche Leute sind, sollten Sie jedem dieser Ausdrücke entweder „Monsieur" oder „Madame" folgen lassen. Wenn Ihnen beim Wandern auf einsamen Wegen jemand entgegenkommt und schlicht und einfach „bonjour" sagt, können Sie mit ziemlicher Sicherheit davon ausgehen, dass Sie einem Ausländer begegnet sind.

Im Westen der BRETAGNE wird sogar noch ab und zu Bretonisch gesprochen. Zugegeben, es kommt selten vor, aber die Sprache erlebt eine Wiedergeburt. In vielen Schulen wird sie wieder gelehrt, viele Künstler bedienen sich ihrer, an den Universitäten in RENNES und BREST gibt es einen Lehrstuhl für Bretonische Sprache, und auch die Behörden unterstützen diese Bestrebungen, indem neben den französischen Orts- und Hinweisschildern auch die ursprüngliche bretonische Schreibweise aufgeführt wird. Im Folgenden gebe ich eine Übersicht über wichtige bretonische Ausdrücke, die Ihnen immer wieder (hauptsächlich als Bestandteile von Ortsnamen) begegnen werden.

aber - Mündung *(Aber Wrac'h)*
ankou - der Tod
ar - vor
beg - Landzunge *(Beg-Meil)*
bihan - klein (Morbihan = kleines Meer)
braz - groß
coat, goat, coët, goët, hoët - Wald (Huelgoat)
dolmen - dol = Tisch, men = Stein
douar - Platz
guic, gui - Weiler, Markt
gwenn - weiß

hir - lang (Menhir = langer Stein)
ker - Dorf, Haus (viele Ortsnamen)
koz - alt
lan, lann - Kirche, Kloster (viele Ortsnamen: Lannion, Lannilis)
loc - heiliger Ort, Kloster (viele Ortsnamen: Locronan, Locunolé)
men - Stein (menhir, dolmen)
menez - Berg (Menez-Hom)
mor - Meer
noz - Nacht
penn, pen - Kopf, Landzunge, Kap
plou, pleu, plé, plo, ploe - Pfarrei (unzählige Ortsnamen)
trez - Sand
ty, ti - Haus

Die Aussprache fällt uns Deutschen relativ leicht. Die Betonung liegt auf der vorletzten Silbe, was von den Franzosen allerdings selten berücksichtigt wird. Die Buchstaben werden ähnlich wie im Deutschen ausgesprochen, und bei einem Laut haben wir sogar einen Vorteil. Das „c'h“ wird wie ein „ch“ im deutschen Wort „Dach“ ausgesprochen, was in FRANKREICH kaum einem Nicht-Bretonen gelingt. (Aber freuen Sie sich nicht zu früh: Versuchen Sie mal „Penmarc'h“ korrekt auszusprechen!). Für den Ort Ploumanac'h reicht die Bandbreite der Aussprache (neben der bretonischen Variante) von „Plumanasch“ bis „Plumanak“. Also keine Angst...

Steine, Steine, Steine

Die Megalithen der BRETAGNE sind weltweit berühmt und für viele Urlauber der alleinige Grund für eine Reise. Auf Dolmen, Menhire, Cromlec'hs und Cairns treffen Sie an vielen Stellen. Was es mit den einzelnen Begriffen auf sich hat, möchte ich kurz erklären:

Menhir

Das ist die Bezeichnung für einen aufrecht stehenden Stein. Die größten sind über 10 Meter hoch. Der Grand Menhir in LOCMARIAQUER erreichte gar die stattliche Höhe von über 20 Metern. Leider liegt er heute zerbrochen am Boden. Einige Menhire wurden über weite Strecken transportiert bevor Sie aufgerichtet wurden. Über den Sinn der Steine ist bisher noch wenig bekannt. Manche von ihnen stehen neben einer Grabkammer oder weisen auf bestimmte geografische Besonderheiten hin. Der oben genannte Grand Menhir soll den Seefahrern die Einfahrt in den GOLF VON MORBIHAN angezeigt haben. Daher hat man für solche Menhire den Begriff „menhir indicateur“ geprägt.

Alignements

Wenn mehrere Menhire hintereinander stehen spricht man von einem Alignement. In der BRETAGNE treten die Alignements zumeist in mehreren parallelen Reihen auf. Besonders in der Gegend um CARNAC treffen Sie auf tausende in Alignements angeordneten Menhire. Diese Reihen sind zumeist nach bestimmten astronomischen Punkten ausgerichtet. Über deren Sinn gibt es jedoch bisher auch nur Vermutungen.

Cromlec'h

Hierunter versteht man eine Reihe von Menhiren, die kreisförmig angeordnet ist. Oft bildet ein Cromlec'h den Abschluss mehrerer Alignements. Auf der Insel ER LANIC im GOLF VON MORBIHAN bilden jedoch zwei Cromlec'hs eine große liegende Acht. Auch hier gibt der Sinn der Steinsetzungen Anlass zu Spekulationen. Es erscheint jedoch nicht allzu abwegig anzunehmen, dass im Zentrum der Cromlec'hs religiöse Handlungen stattfanden.

Dolmen

„Tisch aus Stein" lautet die Übersetzung des Wortes aus dem Bretonischen. Auf mehreren senkrechten Steinplatten ruht eine tonnenschwere Deckplatte. Die Funktion dieser „Räume" als Grabkammern scheint mittlerweile gesichert zu sein.

Allée couverte

Schließt sich an einen Dolmen noch ein Gang aus mehreren auf senkrechten Stützplatten liegenden Deckplatten an, so spricht man von einer Allée couverte. Häufig sind die Stützsteine dieser „Ganggräber" mit Ritzzeichnungen verziert. Besonders schöne Gravierungen sind in Pierres-Plates bei LOCMARIAQUER zu sehen. Dort finden Sie auch den „Table des Marchands", dessen Zeichnungen auf dem Deckstein in einer Grabkammer auf der 4 km entfernten Insel GAVRINIS weitergeführt werden.

Cairn, Tumulus

Man geht davon aus, dass die Grabkammern in Dolmen und den Allées couvertes früher mit Erde (Tumulus) oder Steinen (Cairn) bedeckt waren und erst in späteren Jahrhunderten durch Erosion freigelegt wurden. Einen sehr schönen Cairn gibt es auf der Insel CARNE nördlich von PLOUDALMÉZEAU und in LOCMARIAQUER (Manéer-Hroëck). Der „Table des Marchands" in LOCMARIAQUER ist wieder in seinen ursprünglichen Zustand versetzt worden und mit einem Steinhügel abgedeckt.

Stellplätze

Bevor ich dieses Buch schrieb, habe ich mir lange überlegt, ob ich überhaupt schöne Stellplätze veröffentlichen soll oder nicht. Da Sie das Buch jetzt in Ihrer Hand halten, wissen Sie, wie ich mich entschieden habe. Ich möchte Sie an dieser Stelle jedoch noch einmal bitten weiterzufahren, wenn bereits zwei Wohnmobile auf einem „inoffiziellen Platz" stehen. Ansonsten kann es sehr schnell zu Verboten kommen, die uns alle treffen! Es gibt unzählige Übernachtungsplätze. Schlimmstenfalls stehen Sie eben eine Nacht nicht ganz so idyllisch, wie Sie sich das vorgestellt hatten, haben dafür aber die Gewissheit auch in einigen Jahren noch in der BRETAGNE frei stehen zu können. In diesem Zusammenhang verweise ich auf Parkplätze oder Marktplätze in den Dörfern oder möchte Sie auf die allgegenwärtigen LKW-Parkplätze an den Ortsrändern hinweisen. Sie können von dort aus einen wunderschönen Abend in den Gasthäusern der betreffenden Gemeinde verbringen und werden kaum das Auge des Gesetzes auf sich aufmerksam machen.

Tipps:

- *Das Schild „camping interdit" hat seinen Grund, und sei es nur der, dass im betreffenden Ort schlechte Erfahrungen mit Campern gemacht wurden. Reden Sie sich nicht damit heraus, dass Sie ja „eigentlich nicht campieren". Respektieren Sie das Verbot.*
- *Die Verwaltungen und die Polizei sind auch in der BRETAGNE Ihre Freunde und Helfer. Fragen Sie, wo Sie eine oder zwei Nächte im Womo verbringen können. Meist werden Sie auf sehr schöne Plätze verwiesen.*
- *Wenn sie mehr als 2 oder 3 Tage an einem Ort bleiben wollen, empfehle ich Ihnen, auf einen Campingplatz auszuweichen. Viele Orte in der BRETAGNE verfügen über einen „Camping municipal", einen gemeindeeigenen Campingplatz, auf dem Sie für wenig Geld, unterkommen können. Weitere Campingplätze entnehmen Sie den aktuellen Campingführern.*
- *Als „alter Hase" wissen Sie, wo Sie stehen können, und wo nicht. Ich kann Ihnen versichern, dass Sie in der BRETAGNE — besonders außerhalb der Saison — viele Stellplätze finden werden, die Sie nicht enttäuschen.*
- *Es gibt in der BRETAGNE — wie überall — regionale Unterschiede. In Touristengebieten wie der Gegend um ST-MALO und MONT SAINT-MICHEL, der Gegend um CARNAC, CONCARNEAU und der Halbinsel QUIBERON ist es natürlich schwerer einen Standplatz zu finden als z.B. im äußersten Nordwesten der BRETAGNE. An der Côte de granit rose zwischen PERROS-GUIREC und TRÉGASTEL sind sogar auf fast jedem Parkplatz Schilder, die das Übernachten im Womo untersagen, wenn nicht sogar der Platz für Reisemobile gänzlich gesperrt ist. Dafür finden Sie an der Côte des Abers Traumplätze zu jeder Jahreszeit.*
- *Einen ganz einfachen Ratschlag möchte ich Ihnen nicht vorenthalten: Falls Sie innerhalb eines Ortes nächtigen, schlüpfen Sie ganz kurz in die Rolle eines Anwohners: Würden Sie (als Anwohner) sich über Sie (als Womo-Fahrer) ärgern? Falls ja, stehen Sie offensichtlich falsch hier. Ich selbst versuche immer so zu stehen, dass ich möglichst keine „Nachbarn" habe.*

Tankstellen

Das Tankstellennetz ist so dicht wie in DEUTSCHLAND. Die Preise unterscheiden sich nicht sonderlich von den deutschen. Sowohl in DEUTSCHLAND als auch in FRANKREICH finden Sie preiswerte und teure Zapfsäulen.

Tipps:

» *Auch in Frankreich gilt, dass Sie in den großen Supermärkten am preiswertesten tanken können. Achten Sie hierbei aber auf die Durchfahrthöhe an den Zapfsäulen. Die Supermarkttankstellen sind meistens für PKW ausgelegt.*

Toilette

Ein großer Teil der Womos verfügt über einen Waschraum mit Toilette oder eine Toilette, die in einem Sitzkasten untergebracht ist. Der Eimer mit Deckel ist mittlerweile Seltenheit geworden, die Spültoilette fast die Regel. Die am häufigsten verwendete Variante ist die tragbare Toilette, bestehend aus Oberteil mit Frischwasser und einem zum Entleeren abtrennbaren Unterteil für die Fäkalien. Die fest eingebaute Toilette mit separatem Fäkalientank ist von der Bequemlichkeit zwar überlegen, in der Entsorgung jedoch problematischer. Ein Zwitter stellt die sehr beliebte Cassette dar. Der Sitz ist fest installiert, der Fäkalientank kann jedoch von außen entnommen und zur Entleerungsstelle gebracht werden. Allen Varianten gemeinsam ist die Tatsache, dass Chemie zugesetzt werden muss, um Geruchsbildung und Gärprozesse zu unterbinden. Bis vor einigen Jahren wurde hierzu die chemische Keule Formaldehyd eingesetzt. Bald hat man jedoch gemerkt, dass Formaldehyd außer den Bakterien im Fäkalientank auch den Bakterien in kleinen und mittleren Kläranlagen den Garaus machte, was dort absolut unerwünscht ist. Berichte über die Krebsgefahr von Formaldehyd taten ein Übriges, um die Hersteller der Toilettenchemikalien zum Umdenken zu zwingen. Mittlerweile gibt es Flüssigkeiten, die auf eine völlig andere Weise arbeiten und zugleich biologisch unbedenklicher sind. Ihr Fachhändler berät Sie hierbei gern. Für fest eingebaute Fäkalientanks gibt es inzwischen auch ein Mittel, das nicht — wie alle anderen — nach dem Fassungsvermögen des Tanks dosiert wird, sondern als „Impfung" in immer gleicher Dosierung in den Tank gegeben wird, ganz gleich wie groß er auch sei.

Es bleibt nach wie vor das Problem der Entsorgung. Mit einem tragbaren Tank und Chemikalien ohne Formaldehyd können Sie problemlos in jeder öffentlichen Toilette Ihre Geschäfte loswerden. Fest installierte Tanks benötigen eine spezielle Entsorgungsstation. Die sind allerdings nicht so dicht gesät. Welche Stationen geeignet sind, können Sie im Service-Teil nachlesen. Das Faltblatt AL 34 „Service-Stationen für Wohnmobile in Europa" vom ADAC nennt noch einige zusätzliche Plätze außerhalb der Tourenvorschläge in der BRETAGNE.

Tourismus

Eingangs habe ich bereits erwähnt, dass die BRETAGNE im Sommer stellenweise stark von Touristen frequentiert wird. Der Massentourismus beschränkt sich jedoch auf bestimmte Orte und Regionen. Der größte Teil des Landes ist nach wie vor den Individualisten vorbehalten. Wenn Sie es irgendwie einrichten können, besuchen Sie die BRETAGNE nicht in der Hauptreisezeit.

Verkehr

Die französischen Autobahnen und Nationalstraßen sind alle in einem guten Zustand. Auch die meisten hier beschriebenen Straßen sind für alle Wohnmobile befahrbar. Lediglich im äußersten Nordwesten liegen einige Menhire abseits der größeren Straßen, nur über Feldwege zu erreichen. Dies ist jedoch bei der Routenbeschreibung vermerkt. Auch wenn für bestimmte Straßen Einschränkungen für die Fahrzeughöhe oder das Gesamtgewicht bestehen, die für Womo-Fahrer relevant sind, habe ich darauf hingewiesen.

Die Höchstgeschwindigkeit in Ortschaften beträgt 50 km/h! In älteren Unterlagen ist oft noch 60 km/h angegeben. Auf Landstraßen dürfen Sie 90 km/h schnell fahren, und wenn gar 2 Fahrstreifen in jede Richtung vorhanden sind, beträgt das Limit 110 km/h. Diese beiden Grenzen verringern sich um jeweils 10 km/h bei Nässe. Auf Autobahnen dürfen Sie 130 km/h fahren — wenn Sie können! Bei Nässe 110 km/h. Ist Ihr Führerschein noch jünger als ein Jahr? Dann gilt für Sie generell Tempo 90.

Tipps:

» *Die Innenstädte der größeren Orte sind oft für Fahrzeuge über 3,5 t gesperrt. Für Städte, die Sie lediglich durchfahren wollen, ist das für Sie von Vorteil. Es exstiert dann nämlich eine gut ausgebaute Umgehung für den Schwerverkehr (Itinéraire Poids Lourds), die Ihnen ein mühsames Zurechtfinden und den Stop-and-go-Verkehr in der fremden Stadt erspart. Problematisch wird es dann, wenn Sie die betreffende Stadt besuchen wollen. In diesem Fall ist es wohl meist besser, wenn Sie sich am Cityrand einen Parkplatz suchen und die Stadt zu Fuß beschen, als dass Sie sich mit Ihrem Gefährt durch die engen Straßen quälen.*

Verkehrszeichen

Die Verkehrszeichen sind natürlich mit unseren identisch. Die Zusätze habe ich hier erklärt:

Accès interdit .... Einfahrt verboten
Camping-car .... Womo
Carrefour .... Große Kreuzung
Cédez le passage .... Vorfahrt gewähren
Chantier .... Baustelle
Déviation .... Umleitung
Feux .... Ampel
Hauteur limitée .... Höhenbeschränkung
Passage à niveau .... Bahnübergang
Ralentissez! .... Langsam fahren!
Rappel .... Erinnerungshinweis
Sens unique .... Einbahnstraße

Stationnement interdit	Halteverbot
Vehicules lents serrez à droite	Langsame Fahrzeuge rechts fahren!
Vent latéral	Seitenwind
Vitesse controlée	Geschwindigkeit wird überwacht
Vous n'avez pas la priorité	Sie haben keine Vorfahrt

Wanderungen

Zum Wandern haben Sie in der BRETAGNE reichlich Gelegenheit. Sie können auf dem Fernwanderweg GR 34 die gesamte Nordostküste entlanglaufen, und lernen anschließend noch das Landesinnere, die wunderschöne Landschaft um HUELGOAT kennen. Das soll allerdings nicht das Thema dieses Buches sein. In den bereits erwähnten Michelin-Karten sind die Fernwanderwege eingezeichnet und es bleibt Ihnen überlassen, welchen Küstenabschnitt sie sich erwandern wollen. Sehr empfehlenswert sind der „Sentier des Douaniers" zwischen PERROS-GUIREC und TRÉBEURDEN und die Wanderwege in den Wäldern von HUELGOAT und PAIMPONT.

Wasserversorgung

In Ihrem Womo verfügen Sie vermutlich über eine Frischwasserreserve von 20 bis 150 Litern. Kleinere Wassermengen werden oft in Kanistern aufbewahrt, was die Befüllung natürlich erleichtert. Ab 50 Litern kommen fest installierte Tanks zum Einsatz. Bei jede Tankstop bietet sich grundsätzlich die Möglichkeit das Trinkwasser aufzufüllen. Gegen ein kleines Trinkgeld wird Ihnen jeder Tankwart erlauben Ihren Wassertank aufzufüllen. (Wobei das Trinkgeld der entnommenen Wassermenge entsprechen sollte.) Kanister können an jedem Wasserhahn gefüllt werden, ein Schlauch zum Befüllen der eingebauten Tanks ist jedoch nicht immer vorhanden. Daher empfiehlt sich die Mitnahme einer speziellen „Trinkwassergießkanne“, die sich an jedem Wasserhahn füllen lässt und mit der man den eigenen Wassertank problemlos auffüllen kann. Weitere Tipps finden Sie im „Allgemeinen Wohnmobil-Handbuch“, das als Band 5 dieser Reihe erhältlich ist.

Wenn Sie Bedenken bezüglich der Wasserqualität haben, oder Ihren Wassertank nicht innerhalb von 2 - 3 Tagen leeren können, empfehle ich Ihnen, das Wasser mit einem Mittel auf Silberionen-Basis zu behandeln. (Z. B. Micropur oder Certisil Argento.) Hierbei wird Ihr Trinkwasser einerseits entkeimt, andererseits haltbar gemacht. Nach 2 bis 3 Stunden Einwirkungszeit ist damit behandeltes Wasser keimfrei und 6 Monate haltbar. Eine Veralgung müssen Sie jetzt nicht mehr befürchten. Die Tatsache, dass ich ausgerechnet ein Mittel auf Silberionen-Basis empfehle, hängt damit zusammen, dass es gegenüber de anderen auf dem Markt befindlichen Mitteln Vorzüge aufzuweisen hat:

- Es ist geruchs- und geschmacklos.
- Es ist 10 Jahre haltbar.
- Es wirkt durch Silberionen und ist daher frei von Chlor und Jod.

Die Entkeimungstabletten erhalten Sie bei Ihrem Fachhändler in der richtigen Dosierung für Ihren Wassertank.

WUPS – der WOMO-Urlaubs-Partner-Service

Regelmäßig zur Vorurlaubszeit liest man sie in Zeitungen und einschlägigen Zeitschriften, die Suchannoncen der Wohnmobilfamilien, die sich nicht allein auf weite Tour wagen wollen:

> Ost-Spanien, 4 Wo. Jul./Aug. Wir 42/43/12 männl./ Hund, mit Wohnmobil suchen Begleitfamilie/n mit Kindern 9-13 J. u. eig. Wohnmobil, Tel.....

Ob sie wohl Erfolg haben? Wir wünschen es ihnen!
Was aber sind die Beweggründe für die "Partnersuche auf (Ferien-) Zeit"?
Sie können sich selbst die Gründe zusammensuchen, denn Sie hatten ja auch schon mal diese Idee. Da ist die lange Fahrt mit ihren Tücken, bei der man sich bei Problemen helfen kann. Übernachtungen in einsamer Umgebung – mit einem Partner wäre einem da viel wohler.
Gemeinsame Unternehmungen machen viel mehr Spaß; den Grill wirft man abwechselnd an (und nimmt nur einen mit), Einkäufe und Wasserholen, gemeinsam oder im Wechsel, aber nur mit einem Auto; abends, da hat man den passenden Gesprächspartner und ganz wichtig: die Kinder haben Spielgefährten im passenden Alter.

Die Liste der Vorteile gemeinsamen Reisens ließe sich noch erheblich verlängern – und so waren wir auch gar nicht verwundert, dass wir geradezu mit der Nase darauf gestoßen wurden:

„WOMO-Verlag, unternehmt da mal etwas!“

Wir haben uns zusammengesetzt und beraten, entwickelt, verworfen und verbessert. Was wir schließlich ausgebrütet haben, lässt sich am einfachsten mit folgendem Sätzchen umschreiben:
Durch **WUPS** soll jedem Interessenten ohne den geringsten finanziellen Aufwand eine passende Urlaubspartnerfamilie vermittelt bekommen.
Das ideale Medium dafür ist das Internet!

Wie nimmt man teil?

In unserem Internetforum unter: **http://wups.womo.de** können Sie sich kostenlos mit allen wichtigen Daten wie Urlaubsziel, Reisezeit, eigenem Alter (und dem evtl. mitreisender Kinder), eMail-Adresse sowie Lieblingsaktivitäten eintragen (oder von Freunden mit Internetanschluss eintragen lassen).
Es liegt nun an jedem einzelnen, den passenden Partner aus den angegebenen Daten, ergänzenden eMails oder Kurznachrichten zu ermitteln.
Jedem Teilnehmer ist es selbst überlassen, wie viele Daten er angeben möchte oder nicht (bei uns ist jeder sein eigener Datenschützer). Selbst ohne Angabe von Telefonnummer oder eMail-Adresse ist eine Kontaktaufnahme per Kurznachricht möglich, die kein anderer lesen kann!
Wir wünschen schon jetzt doppelten Spaß im gemeinsamen WOMO-Urlaub.

Zeitungen

Im Sommer sind an vielen Kiosken deutschsprachige Zeitungen zu erhalten. Sie sind meist vom Tag zuvor. „Der Spiegel“ und „Stern“ sind im Zeitschriftenladen (Maison de la Presse) das ganze Jahr über erhältlich. Dazu gesellen sich, je nach Jahreszeit und Ortsgröße, noch verschiedene Blätter der Regenbogenpresse.

Ab und zu sollten Sie sich jedoch auch eine französische Tageszeitung zulegen, selbst wenn Ihre Sprachkenntnisse nur mangelhaft sind. Der größten Regionalzeitung in der BRETAGNE, „ouest-france“, können Sie nämlich auf den letzten Seiten alle kleineren und größeren lokalen Festlichkeiten entnehmen. Den Ort und das Datum verstehen Sie sowieso, und ob es sich um ein Fisch-, Hummer-, Austern-, Hafen- oder Kirchenfest handelt, erkennen Sie mit Hilfe Ihres Sprachführers. Der zweite Grund für die Lektüre der „ouest-france“ ist die ebenfalls auf einer der letzten Seiten abgedruckte Gezeitentabelle. Es gibt etliche Inselchen, die Sie nur bei Ebbe trockenen Fußes erreichen können. Damit Sie in gleicher Weise auch wieder den Rückweg antreten können, ist es schon wichtig zu wissen, wann die Flut einsetzt.

Service-Teil

Auf den folgenden Seiten habe ich viele Daten und Adressen zusammengetragen, die Ihnen als Wohnmobilfahrer die Planung der Tour erleichtern soll.

Die Feste, Umzüge und sonstigen lokalen Veranstaltungen sind hier nur aufgeführt, wenn sie überregionale Bedeutung haben. Wenn Sie sich dem Trubel aussetzen wollen, ist Ihnen die folgende Übersicht sicherlich dienlich. Ansonsten betrachten Sie sie als Warnung vor chaotischen Verkehrsverhältnissen.

Feste entlang der Route

In der gesamten Bretagne

Es gibt kaum ein Dorf, das nicht sein „Fest Noz" feiert. Eine typisch bretonische Feierlichkeit, mit Wein, Musik und Tanz. Dudelsack und Bombarde sind bereits von Weitem zu hören, die Zahl der Tänzer steigt kontinuierlich mit der Uhrzeit und dem Alkoholkonsum an. Natürlich gilt: Je kleiner der Ort, um so urtümlicher das Fest. Wann die Veranstaltungen stattfinden können Sie in der Regel nur den ausgehängten Plakaten oder einer Lokalzeitung entnehmen.

Tour 1

Mont St-Michel: Fest des Erzengels Michael am 29. September

St-Malo: Nelkenfest am 3. Sonntag im Juli

St-Malo: Jazzfestival Anfang August

Tour 2

Erquy: Fest des Meeres Anfang August

St-Brieuc: Fackelprozession Notre Dame d'Espérance

Tour 3

Paimpol: Fest der „Neufundland- und Islandfischer" am 3. Sonntag im Juli

Tour 4

Perros-Guirec: Wallfahrt Notre Dame de la Clarté am 15. August

Tour 5

Huelgoat: Wallfahrt Notre Dame des Cieux am 1. Sonntag im August

Tour 9

Brest: Internationale Dudelsack-Festspiele am 1. Wochenende im August

Plougastel-Daoulas: Erdbeerfest am 3. Sonntag im Juni

Tour 10

Locronan: Troménie am 2. Sonntag im Juli

Locronan: Klassisches Musikfestival im Juli und August
Douarnenez: Möwenfest am 3. Sonntag im Juli
Camaret: Segnung des Meeres am 1. Sonntag im September
Penmarc'h: Kormoranfest am 2. Sonntag im August
Pont l'Abbé: Fest der Stickerinnen am 2. Sonntag im Juli
Tour 11
Quimper: Großes Cornouaille-Fest am 4. Wochenende im Juli
Concarneau: Fest der blauen Fischernetze am vorletzten Sonntag im August
Pont-Aven: Ginsterfest am 1. Sonntag im August
Quimperlé: Fest von Toulfouën mit Vogelmarkt am Pfingstmontag
Quimperlé: Festival „Musique Mosaïques" am 2. Wochenende im Juli
Tour 11 A
Lorient: Festival Interceltique in den ersten beiden Augustwochen
Tour 12
Carnac: Menhirfest am 3. Sonntag im August
Tour 13
Vannes: Kleinkunstfestival im April
Vannes: Historisches Volksfest am 2. Wochenende im Juli
Vannes: Jazzfestival in der Woche vor dem 4. Julisonntag
Vannes: Arvor-Fest am 2. Wochenende im August
Tour 14
Île de Fédrun: Brière-Fest mit Lastkahnrennen in der ersten Augusthälfte
Tour 15
Rochefort-en-Terre: Pardon von Notre-Dame de la Tronchaye am Sonntag nach dem 15. August

Ver- und Entsorgung

Gas: Die grauen deutschen Gasflaschen mit 5 oder 11 kg Inhalt können Sie in der Nähe von LORIENT füllen lassen.

Fa. Sicogaz
Kergrenne
56530 Queven
Tel. 97.05.15.82

Der Ort QUEVEN ist, von QUIMPERLÉ kommend, über die N 165 gut zu erreichen. Dort müssen Sie sich allerdings auf eigene Faust zum Industriegebiet KERGRENNE durchkämpfen, da die Beschilderung recht spärlich ist.

Packliste

Dokumente und Wertsachen
- O Reisepässe
- O Kinderausweise
- O Führerscheine
- O Kfz-Schein
- O Schutzbrief
- O Grüne Versicherungs-karte
- O Krankenscheine
- O Impfausweis
- O Impfpass Haustier
- O Devisen
- O Bargeld
- O Euroschecks
- O Scheckkarten
- O Kreditkarten

Kleidung
- O Unterhemden
- O Unterhosen
- O Strümpfe
- O Strumpfhosen
- O Schlafanzüge
- O Hemden/Blusen
- O T-Shirts
- O Pullis
- O Hosen
- O Röcke
- O Kleider
- O Jacken
- O Mützen
- O Hausschuhe
- O Sandalen
- O Schuhe
- O Wanderschuhe
- O Badesachen
- O Sonnenhüte
- O Regenbekleidung

Bad
- O Handtücher
- O Waschlappen
- O Seife
- O Duschgel
- O Shampoo
- O Haarbürste/Kamm
- O Zahnbürsten
- O Zahnbecher
- O Zahnpasta
- O Rasierzeug
- O Creme
- O Sonnenmilch
- O Maniküretui
- O Schminkutensilien
- O Deodorant
- O Fettstift
- O Spiegel
- O Papiertaschentücher
- O Tampons

Toilette
- O Spezialpapier
- O Toilettenchemie

Kinder
- O Kindersitze
- O Fahrradsitze
- O Spielsachen
- O Sandspielsachen
- O Spiele
- O Schmusetiere
- O Kinderbücher
- O Malsachen

Küche
- O Spüllappen
- O Spülmittel
- O Geschirrtücher
- O Küchenrollen
- O Flaschenöffner
- O Korkenzieher
- O Dosenöffner
- O Schere
- O Streichholz
- O Töpfe
- O Pfannen
- O Tassen / Gläser
- O Teller
- O Besteck
- O Sieb

- O Kochlöffel
- O Schneebesen
- O Suppenlöffel
- O Soßenlöffel
- O Tee-/Kaffeefilter
- O Tee-/Kaffeekanne
- O Gewürze
- O Salz
- O Zucker
- O Zwiebeln
- O Knoblauch
- O Tee
- O Kaffee
- O Milch
- O Kakao
- O Getränke
- O Fertiggerichte
- O Nudeln
- O Püree
- O Reis
- O Würstchen
- O Suppen
- O Eier
- O Marmelade
- O Butter, Margarine
- O Joghurt
- O Müsli

Haushalt

- O Nähzeug
- O Sicherheitsnadeln
- O Waschmittel
- O Wäscheleine
- O Wäscheklammern
- O Klebeband
- O Müllbeutel
- O Schmutzwäschetüte

Unterhaltung

- O Spiele
- O Bücher
- O Kassetten
- O Radio

Papiere

- O Straßenkarten
- O Wanderkarten
- O Reiseführer
- O Sprachführer
- O Adressenliste
- O Schreibzeug

Bett

- O Bettücher
- O Kissen
- O Decken

Apotheke

- O Persönliche Medikamente
- O Schmerztabletten
- O Durchfalltabletten
- O Mittel gegen Mückenstiche
- O Antiseptisches Puder
- O Wundsalbe
- O Heftpflaster
- O Fieberzäpfchen
- O Fieberthermometer
- O Hustensaft
- O Verhütungsmittel

Sonstiges

- O Fotoapparat
- O Filme
- O Akkus
- O Fernglas
- O Taschenlampe
- O Uhr
- O Kompass
- O Sonnenbrille
- O Regenschirm
- O Rucksäcke
- O Decke zum Draufsetzen
- O Luftmatratzen
- O Bademattte
- O Campingmöbel
- O Schlauchboot
- O Grill
- O Holzkohle
- O Werkzeugkasten

Stichworte

Zum Schluss:
In eigener Sache, oder der Sache aller!?

Urlaub mit dem Wohnmobil ist etwas ganz besonderes. Man kann die Freiheit genießen, ist ungebunden, dennoch immer zu Hause, lebt mitten in der Natur wo man für sein Verhalten völlig selbst verantwortlich ist!

Seit mehr als 15 Jahren geben wir Ihnen mit unseren Reiseführern eine Anleitung für diese Art Urlaub mit auf den Weg. Außer den umfangreich recherchierten Touren haben wir viele Tipps allgemeiner Art zusammengestellt, unter ihnen auch solche, die einem WOMO-Urlauber eigentlich selbstverständlich sein sollten. Weil wir als Wohnmobiler die Natur in ihrer ganzen Schönheit und Vielfalt hautnah erleben dürfen, haben wir auch besondere Pflichten ihr gegenüber, die wir nicht auf andere abwälzen können.

Jährlich erhalten wir viele Zuschriften, Grüße von Lesern, die mit unseren Reiseführern einen schönen Urlaub verbracht haben und sich herzlich bei uns bedanken. Wir erhalten Hinweise über Veränderungen an den beschriebenen Touren, die von uns bei der Aktualisierung der Reiseführer Berücksichtigung finden.

Aber: Wir erhalten auch Zuschriften über das Verhalten von Wohnmobilurlaubern, die sich egoistisch, rücksichts- und verantwortungslos der Natur und ihren Mitmenschen, nachfolgenden Urlaubern und Einheimischen, gegenüber verhalten.

In diesen Briefen geht es um die Themen Müllbeseitigung, Abwasser- und Toilettenentsorgung. Es soll immer noch Wohnmobilurlauber geben, die ihre Campingtoilette nicht benutzen, dafür lieber den nächsten Busch mit Häufchen und Toilettenpapier „schmücken“, die den Abwassertank nicht als Tank benutzen, sondern das Abwasser unter das WOMO trielen lassen, die ihren Müll neben dem Wohnmobil liegenlassen und davondüsen, alles frei nach dem Motto: „Nach mir die Sintflut!“

Liebe Leser!

Wir möchten Sie im Namen der gesamten WOMO-Familie bitten: Helfen Sie aktiv mit, diese Schweinereien zu unterbinden! Jeder Wohnmobilurlauber trägt eine große Verantwortung, und sein Verhalten muss dieser Verantwortung gerecht werden. Bestimmt hat mancher, dem Sie auf Ihrer Tour begegnen und der sich unwürdig verhält, das gleiche Büchlein in der Hand wie Sie. Er weiß zumindest jetzt, worum es geht. Sprechen Sie ihn an und weisen Sie ihn auf sein Fehlverhalten hin. Der nächste freut sich, wenn er den Stellplatz sauber vorfindet, denn auch er hat sich seinen Urlaub verdient!

Vor allem aber: Wir erhöhen damit die Chance, dass uns unsere über alles geliebte Wohnmobil-Freiheit noch lange erhalten bleibt. Helfen Sie mit, den Ruf der Sippe zu retten! Verhindern Sie, dass einzelne ihn noch weiter in den Schmutz ziehen!

Wir danken Ihnen im Namen aller WOMO-Freunde

Ihr WOMO-Verlag

Info-Blatt für das WOMO-Buch: Bretagne '04

(ausgefüllt erhalte ich 10% Info-Honorar auf Bestellungen direkt beim Verlag)

Lokalität: Seite: Datum:

(Stellplatz, Campingplatz, Wandertour, Gaststätte, usw.)

unverändert gesperrt/geschlossen folgende Änderungen:

Lokalität: Seite: Datum:

(Stellplatz, Campingplatz, Wandertour, Gaststätte, usw.)

unverändert gesperrt/geschlossen folgende Änderungen:

Lokalität: Seite: Datum:

(Stellplatz, Campingplatz, Wandertour, Gaststätte, usw.)

unverändert gesperrt/geschlossen folgende Änderungen:

Lokalität: Seite: Datum:

(Stellplatz, Campingplatz, Wandertour, Gaststätte, usw.)

unverändert gesperrt/geschlossen folgende Änderungen:

Lokalität: Seite: Datum:

(Stellplatz, Campingplatz, Wandertour, Gaststätte, usw.)

unverändert gesperrt/geschlossen folgende Änderungen:

Lokalität: Seite: Datum:

(Stellplatz, Campingplatz, Wandertour, Gaststätte, usw.)

unverändert gesperrt/geschlossen folgende Änderungen:

Meine sonstigen Tipps und Verbesserungswünsche:

Der WOMO® -Pfannenknecht

ist die saubere Alternative zum Holzkohlengrill.

* Kein tropfendes Fett,
* Holz statt Holzkohle,
* vielfältige Benutzung –
* vom Kartoffelpuffer bis zur Gemüsepfanne.

Massive Kunstschmiedearbeit, campinggerecht zerlegbar, Qualitäts-Eisenpfanne von Rösle, bequeme Handhabung im Freien, einfachste Reinigung.

Nur 45,50 € – und nur bei WOMO!

Der WOMO® -Knackerschreck

ist die universelle und **sofort sichtbare Einbruchssperre**.

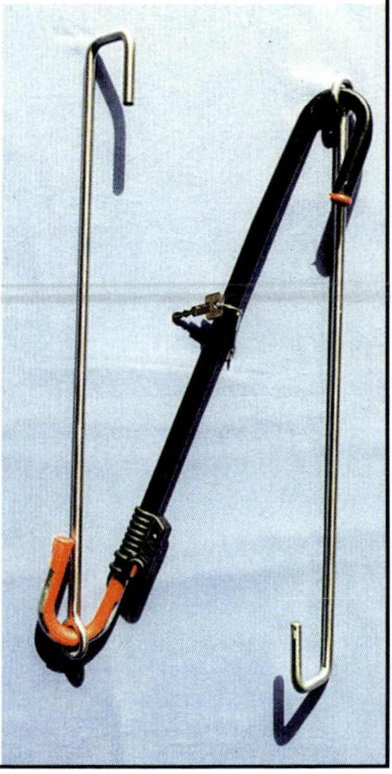

* Wird einfach in die beiden Türarmlehnen eingehängt, zusammengeschoben und abgeschlossen.
(tagsüber unter Einbeziehung des Lenkrades, nachts direkt, somit ist Notstart möglich).
* Passend für Ducato, MB Sprinter sowie VW (LT & T4).
* Krallen aus 10 mm starkem Edelstahl, d. h. nahezu unverwüstlich.

Nur 37,50 € – nur bei WOMO!

Wir bestellen:

- ❑ Allgemeines Wohnmobil Handbuch .... 14,90 €
- ❑ Allgemeines Wohnmobil Kochbuch .... 12,90 €
- ❑ Mit dem Wohnmobil nach Belgien/Luxemburg .... 14,90 €
- ❑ Mit dem Wohnmobil in die Bretagne .... 14,90 €
- ❑ Mit dem Wohnmobil ins Elsaß .... 14,90 €
- ❑ Mit dem Wohnmobil nach England .... 14,90 €
- ❑ Mit dem Wohnmobil an die franz Atlantikküste (Nordhälfte) . 14,90 €
- ❑ Mit dem Wohnmobil an die franz Atlantikküste (Südhälfte) . 12,90 €
- ❑ Mit dem Wohnmobil nach Griechenland .... 14,90 €
- ❑ Mit dem Wohnmobil nach Irland .... 14,90 €
- ❑ Mit dem Wohnmobil nach Finnland .... 14,90 €
- ❑ Mit dem Wohnmobil nach Island .... 14,90 €
- ❑ Mit dem Wohnmobil nach Korsika .... 14,90 €
- ❑ Mit dem Wohnmobil nach Kroatien (Dalmatien) .... 14,90 €
- ❑ Mit dem Wohnmobil durch Languedoc/Roussillon .... 14,90 €
- ❑ Mit dem Wohnmobil in die Normandie .... 14,90 €
- ❑ Mit dem Wohnmobil nach Norwegen (Nord) .... 14,90 €
- ❑ Mit dem Wohnmobil nach Norwegen (Süd) .... 14,90 €
- ❑ Mit dem Wohnmobil auf die Peloponnes .... 14,90 €
- ❑ Mit dem Wohnmobil nach Polen (Norden/Masuren) ..... 14,90 €
- ❑ Mit dem Wohnmobil nach Portugal .... 14,90 €
- ❑ Mit dem Wohnm. durch Provence & Côte d'Azur (Westhälfte) 14,90 €
- ❑ Mit dem Wohnm. durch Provence & Côte d'Azur (Osthälfte) . 14,90 €
- ❑ Mit dem Wohnmobil durch die Pyrenäen .... 14,90 €
- ❑ Mit dem Wohnmobil nach Sardinien .... 14,90 €
- ❑ Mit dem Wohnmobil nach Schottland .... 14,90 €
- ❑ Mit dem Wohnmobil nach Schweden .... 14,90 €
- ❑ Mit dem Wohnmobil nach Sizilien .... 14,90 €
- ❑ Mit dem Wohnmobil nach Spanien (Nord) .... 14,90 €
- ❑ Mit dem Wohnmobil nach Spanien (Ost) .... 14,90 €
- ❑ Mit dem Wohnmobil nach Spanien (Süd/Andalusien) ... 14,90 €
- ❑ Mit dem Wohnmobil nach Süd-Italien (Osthälfte) .... 14,90 €
- ❑ Mit dem Wohnmobil nach Süd-Italien (Westhälfte) .... 14,90 €
- ❑ Mit dem Wohnmobil nach Süd-Tirol .... 14,90 €
- ❑ Mit dem Wohnmobil durch Toskana & Umbrien (Westhälfte) 14,90 €
- ❑ Mit dem Wohnmobil durch Toskana & Umbrien (Osthälfte).. 14,90 €
- ❑ Mit dem Wohnmobil durchs Trentino/Gardasee .... 14,90 €
- ❑ Mit dem Wohnmobil durch die Türkei (West) .... 14,90 €
- ❑ Mit dem Wohnmobil durch Ungarn .... 14,90 €
- ❑ WOMO-Pfannenknecht mit Qualitäts-Eisenpfanne .... 45,50 €
- ❑ WOMO-Knackerschreck mit Edelstahlkrallen .... 37,50 €

Hinweis:

Passend zu unseren WOMO-Reiseführern bieten wir die jeweils besten Autokarten, die Grünen Reiseführer von Michelin, die Kauderwelsch-Sprechführer und die Rother-Wanderführer an.

Bitte in unserem Internet-Shop unter: **www.womo.de** auswählen und gleich mitbestellen!

Selbstverständlich erhalten Sie alle unsere Bücher auch in Buchhandlungen, im Campinghandel und bei Wohnmobilvermietern.

Alle Preise in € [D]. Preisänderungen vorbehalten.

Absender:

Datum

Unterschrift

Bre'04

WOMO®-VERLAG

Versandabteilung

Wiesenweg 4-6

98634 Mittelsdorf/Rhön